April/Mai
1999

re
22.4.03

Günter von Hummel
Herzsprache – Eine Psychoanalyse des Herzens

Günter von Hummel

Herzsprache

Eine Psychoanalyse des Herzens

Quintessenz

Anschrift des Autors:
Günter von Hummel
Allacher Straße 98
W-8000 München 50

Die Deutsche Bibliothek – CIP-Einheitsaufnahme

Hummel, Günter von:
Herzsprache : Eine Psychoanalyse des Herzens /
Günter von Hummel. – München : Quintessenz, 1992
ISBN 3-928036-30-0

Umschlaggestaltung und -zeichnung: Atelier Höpfner-Thoma, München
Gesamtherstellung: Ebner Ulm
ISBN 3-928036-30-0
Printed in Germany

Vorwort

Fast 25 Jahre Forschungen mit eigenen Mitteln. Tätigkeiten in Kliniken und Verbänden sowie ausgiebiges Literaturstudium und Arbeit mit Herzpatienten in eigener Praxis haben wir benötigt, um dieses Buch zu schreiben. Wir, d. h. neben dem Autor vor allen anderen Dr. R. Ellinger, der lange Jahre die Gesellschaft für Infarktverhütung in Schorndorf leitete und 1990 verstarb. Ihm sind zahlreiche Anregungen und Untersuchungen zu verdanken, die in den Rundbriefen der Gesellschaft regelmäßig veröffentlicht wurden. Zwei Herzgruppen in München, die ich 10 Jahre lang leitete, haben ebenfalls viel dazu beigetragen, einen neuen Weg in der Auseinandersetzung des Menschen mit seinem „Herzen" zu finden. Schließlich war es aber die Psychoanalyse, insbesondere die des französischen Strukturalisten J. Lacan und die psychoanalytische Arbeit mit „Herz"-Kranken, die die endgültige Spur gewiesen hat.

Es hat nämlich wenig Sinn, den vielen und mit Praxis oder Theorie überfrachteten Wegen zu folgen, bevor man sich eine „Sprache" angeeignet hat, die man, wo es ums „Herz" geht, Herzsprache nennen muß. Lacan hat herausgearbeitet, daß die Struktur jenes Fremden, Anderen, Inseitig-Unbewußten, wie es für jeden von uns das „Herz" ist, die gleiche Struktur wie die der Sprache hat: „Das Unbewußte ist die Sprache des Anderen". Doch erst einmal ist es ein weiter Weg zu zeigen, warum nur über die „Sprach"-Struktur des Herzens eine wirkliche Lösung des Herzproblems möglich ist. In den ersten zwei Teilen dieses Buches zeigen wir, warum über die somatische Medizin und die Psychologie der Herzkrankheit hinaus ein solcher Weg auch nötig ist. Im dritten Teil, hoffe ich, lösen wir unser Versprechen dann ein, wie man es macht, Herzsprache zu sprechen.

Inhaltsverzeichnis

1. Der Körper in den Netzen des Diskurses

1.1 Wahrheit und/oder Realität

Das Herz kann nicht von selber sprechen. Das wäre das einfachste, daß ein Herz sich selbst dem andern mitteilte – einfach so, lautlos, unsichtbar, damit es Herzsprache gäbe. Der griechische Philosoph Parmenides konnte noch auf der Suche nach dem, „was das Sein wäre", behaupten, daß es sich selbst mitteilt, wenn man es nur genau genug beobachtet. Aber in Wirklichkeit sagt er es, Par-menides, und Philosoph, der er ist – reißt er sich dann das Sein unter den Nagel. Er behauptet einfach das Sein. Manchmal geht das in der Medizin auch so: Man setzt einem Patienten einfach ein Kunstherz ein und behauptet, daß es genau das Herz sei, das jetzt das fehlende des Patienten ersetzt. Es vermittelt sich – dieses Herz – genau dadurch, daß es ein Motor, eine Pumpe mit vier Kammern und einer entsprechenden Zahl von Adern daran ist, und eben durch diese Definition ist es austauschbar, ist es ein Sein wie das andere Sein. Ist es Ein-Sein.

Man spürt, daß da etwas nicht unterschieden wird, etwa so etwas wie das Sein und der Sinn, die Realität und die Wahrheit: Wie sollte man die beiden auch immer säuberlich trennen? Im Fluß des Lebens fragen wir uns, was wirklich ist und was nicht, und das genügt. Daß etwas echt ist, unwandelbar, einfach Faktum! Unverfälschtes Sein: Was soll man da philosophieren und unterscheiden zwischen einer Realität, die nackt und hart ist, und einer Wahrheit, die anklingt an so etwas wie Ehrlichkeit, tieferen Sinn und Erhabenheit?

Man muß es wohl einfach so anfangen, wie alles anfängt, als Geschichte: Z. B. Herzkrankheiten gibt es, Krankheiten der Herzkranzgefäße, die durch arteriosklerotische Verengungen (Stenosen) der Gefäßinnenwände entstehen. Aber sie entstehen auch durch Krämpfe (Spasmen) der Gefäßmuskulatur, vielleicht auch durch Zusammenwirken von Spasmen an den Stellen, wo schon exzentrische (nicht die ganze Rundung betreffende) Verengungen bestehen. Man weiß es noch nicht so genau. Einige wissenschaftliche Autoren belegen durch umfangreiche Literatur, daß kein Zusammenhang zwischen Herzkrankheiten, insbesondere Herzinfarkt, und Herzkranzgefäßleiden besteht[333]. Da wird noch geforscht. Der Herzinfarkt ist noch ein großes Rätsel[4]! Ein Sein ohne Wahrheit, eine Wissenschaft, die viele Realitäten kennt.

Wir könnten auch etwas anderes wählen als gerade Herzkrankheiten. Den Krieg vielleicht oder den Krebs. Das Wachsen der Pflanzen oder die Evolution der Schmetterlinge. Es ist eigentlich egal. Überall geht es um ein Sein, dessen Zusammenhang mit uns wir genau hinterfragen müßten. Wir müßten Ökologie und Philosophie vielleicht mit einer Anthropologie zusammenbringen – das wäre nicht weniger ein ungewisses Unterfangen. Letztlich kommt es auf das gleiche heraus, nämlich zu finden, worin die Wahrheit, die uralte Wahrheit immer neu ist und mit der Realität zusammenhängt. S. Freud z. B. fand sie zu Beginn dieses Jahrhunderts in der Formel: Jeder Mensch trägt ein Begehren mit sich herum, das ihm unbewußt ist. Das *ist* Realität und das *ist* Wahrheit, doch sie sagt sich nicht mehr so treffend. Das Wort „unbewußt" ist schon so abgenutzt, verbraucht. Zudem hat sich die Konzeption des Unbewußten bei körperlichen Krankheiten nicht so bewährt. Der Krieg, der Krebs, das Herz sagen sich nicht so leicht von selber, wie es die Einfälle der Nervösen taten. Letztlich gibt es also kein Sein, das gleich die Wahrheit wäre, sie offen und sichtbar vor sich hertrüge, sich gleich so sehr als wahr mitteilte, daß sie voll und ganz stimmte, daß sie Wissenschaft wäre: Wahrheit und Realität in einem. Ineins.

Gerade aber darum geht es: um eine Wissenschaft, die sich selbst mitteilt, die das Subjekt einschließt und nicht immer nur etwas zum Objekt ihrer Forschungen macht. Die Wahrheit und Realität vereint. Kehren wir zu unseren Herzkrankheiten zurück. Es gibt sie zwar, diese Kranken, aber man kann der zugrunde liegenden Krankheit nach der bisherigen Auffassung kein einheitliches Sein zusprechen. Das drückt sich nämlich in den unterschiedlichen Verläufen aus, die die sogenannte Koronare (= Kranzgefäße) Herzerkrankung bei einem Mann nehmen kann, der über Schmerzen in der Brust klagt, besonders bei Belastung, aber auch gelegentlich in Ruhe, und der abgespannt und nervös ist und dem Freunde daher geraten haben, sich doch untersuchen zu lassen.

Der Mann wird an einen Spezialisten überwiesen, der ihm nach einer gründlichen Untersuchung einschließlich eines Belastungs-EKGs empfiehlt, eine Herzkatheteruntersuchung durchführen zu lassen (durch eine Beinschlagader in die linke Herzkranzader). Eines der Hauptgefäße sei erheblich verengt, ein zweites gering. Es wird empfohlen, durch einen erneuten Katheter eine mechanische Aufweitung dieses Gefäßes vornehmen zu lassen, eine sog. PTCA. Basta – so einfach ist das!

Davon, daß er sich wegen der Intrigen am Arbeitsplatz quält, kein Wort! Natürlich hätte er sagen können, daß bei Aufregungen im Geschäft die Schmerzen manchmal stärker sind. Aber der erste Arzt hat ihn auf die Zigaretten hingewiesen, und da ist zweifellos etwas dran. Die enthalten nämlich zu wenig Nikotin, haben jetzt Wissenschaftler bestätigt[1]! Mehr Nikotin würde weniger schaden. Ohne Filter und mit naturbelassenen Tabaken würden Hunderttausende von Menschen länger leben. Aber die Tabakindustrie würde dann möglicherweise weniger Zigaretten verkaufen. Das Ganze ist nämlich eine psychologische Frage, weil das Verlangen nach dem Rauchen mit dem Nikotingehalt zusammenhängt, dagegen der Teer- und Kohlenmonoxydgehalt das eigentlich Schädliche ist. Mit mehr Nikotin würde weniger geraucht, und somit würden letztlich weniger Teerstoffe aufgenommen.

Stimmt das? Wir haben doch geraucht wegen des ganzen Flairs, der Lust an der abgründigen Gelassenheit, an der nihilistischen Gebärde, der Sicherheit im Auftreten gegenüber dem anderen Geschlecht und was weiß Gott mehr! Wer will denn das in Beziehung setzen zum „Ramus interventricularis anterior" (mittlere Herzkranzarterie) und zu den Schmerzen im linken Arm, die immer morgens beim Weg zur Arbeit auftreten! Ja natürlich, morgens ist die Luft kalt, und Kälte gilt als typischer Auslöser des Angina-pectoris-Schmerzes. Aber etwa die Hälfte der Angina-pectoris-Kranken bestätigt diesen Zusammenhang nicht – oder handelt es sich bei diesen nur um Leute, die undefinierbare Brustschmerzen hatten, weil nämlich 40% aller Patienten, die Herz-Brust-Schmerzen haben und die zum großen Teil auch arbeitsunfähig werden, gar nichts am Herzen fehlt[602]? Oder die Raucher aus Angeberlust oder Söhne diabetischer Mütter waren (denen Statistiken häufiger eine KHK [Koronare Herzkrankheit] zuweisen)? Neuere Studien belegen aber, daß Zigaretten mit viel oder wenig Nikotin sich gleichermaßen auf das Infarktgeschehen auswirken[134]. Entscheidend ist nämlich, wie man raucht[644]! Wer gefährdet ist, also falsch raucht, läßt sich übrigens ganz einfach herausfinden: Man bestimme nur die Kohlenwasserstoff-Hydroxylase (ein Enzym) aus den Alveolar-Makrophagen (Zellen der Lungenschleimhaut), sagen die Wissenschaftler[644]. Ein Angebot allerdings, das möglicherweise weder Realität (weil kaum jemand es durchführen lassen wird) noch Wahrheit (weil wahrscheinlich doch wieder nicht ganz erwiesen) ist.

Auf einer Tagung des „Tobacco Health Institute" in Kentucky wurden zahlreiche, nunmehr unumstößlich bewiesene Einzelheiten über das Rauchen zusammengetragen, z. B. daß Rauchen den Fibrinogenspiegel (Blutgerinnungsstoff) im Blut erhöht, daß es Fetteinlagerungen in den Gefäßen erzeugt[798]. 13 Jahre nach Aufgeben des Rauchens reduziert sich das Sterberisiko um genau 5,5%. Die Autoren stellen fest, daß die letzten Puzzle-Bausteine zum Wissen über das Rauchen bald bekannt sein werden[798]. Trotzdem nimmt das Rauchen weltweit zu. Aussichtslos, Wahrheit und Realität hier zusammenzubringen?

Die Sache wird diffizil, und es wundert uns nicht, daß wir über die Wirklichkeit des Herzinfarktes noch wenig wissen. Vielleicht gibt es *den* Infarkt gar nicht, und wir müssen uns fragen, was zwischen Wahrheit und Realität sonst noch zu finden ist, eben an Sein (was man dann eine Ontologie nennt). Nur, wenn wir dann davon reden, kommen wir erst einmal nicht davon los, daß es immer noch Mythos ist, Geschichte, weil man das Sein ja erzählen muß: Nicht irgendein Mann geht zum Arzt, sondern Herr X, der Betriebsschlosser ist, geht zu seinem Hausarzt, von dem er sonst nicht viel hält. Aber seine Frau hat ihn jetzt gedrängt, weil er ihr gegenüber häufiger Bemerkungen von Schmerzen in der Brust gemacht hatte, die manchmal bei körperlichen Anstrengungen bei der Arbeit auftreten. Eigentlich sind es nicht ganz exakt „körperliche Anstrengungen". Die Schmerzen sind nämlich meist dann da, wenn der Meister ihn gebeten hat, doch noch schnell dies und das zu erledigen und es dann auch noch körperlich anstrengend wird. Ja, wenn der Meister ihm das einfach barsch befohlen hätte, dann hätte er es ihm schon zurückgegeben. Aber der tut immer so unterschwellig bettelnd, so jovialisierend freundlich ...

1.2 Zweierlei Herzinfarkte

Genau besehen geht er nicht zu irgendeinem Arzt, sondern er geht zu Dr. A. der der naturwissenschaftlichen Auffassung ist, der Herzinfarkt sei eine Folge der arteriosklerotisch verengten Kranzgefäße. Nicht alle naturwissenschaftlichen Ärzte sind dieser Auffassung[3,333]. Einige meinen, er entstünde durch Stoffwechselstörungen in der Herzmuskelzelle selbst[2,64], da sich immer wieder Infarkte bei einwandfreien Koronargefäßen finden, oder er sei gar Ausdruck einer vorwiegend seelischen Erkrankung. Prof. Eliot fand in seinem Sektionsgut bei 7% aller an Infarkt Verstorbenen, bei denen bis zu 33% ihres Herzens durch den Infarkt zerstört war, gesunde, normale Koronararterien[271]. Manche Untersucher haben nachgewiesen, daß bei Männern unter 30 Jahren und bei Frauen unter 40 Jahren in über 30% der Fälle beim Herzinfarkt keine Veränderungen an den Koronarien gefunden werden konnten[610,613]. Andere Untersucher fanden sogar bei fast 60% der Koronarkranken keinen Koronarbefall[244]! Von Frauen, die die Pille nehmen, weiß man, daß sie häufiger einen Infarkt bekommen, doch man findet bei ihnen ebenfalls so selten eine Verengung der Kranzgefäße, daß man schon von einem eigenen Krankheitsbild gesprochen hat, das nichts mehr mit den herkömmlichen Infarktmechanismen zu tun hat[245]. Beim sogenannten plötzlichen Herztod finden sich sogar in über 70% keine entsprechenden Koronarveränderungen, weil offensichtlich vom Herzmuskelgewebe selbst ausgehende Rhythmusstörungen die Ursache sind, bei denen Stoffwechselvorgänge eine entscheidende Rolle spielen[230,645]. An diese Stelle paßt auch die Beobachtung des genau umgekehrten Vorganges, daß nämlich Herzinfarkte durch Verengung der Kranzgefäße (Koronarien) bei rheumatischer Gefäßentzündung extrem selten auftreten, obwohl eine solche Gefäßbeteiligung bei 20% aller Rheumakranken zu finden ist[430]. Das gleiche gilt für Kranke mit der Werlhofschen Erkrankung, die sich durch starke Blutgerinnselbildung speziell auch in den Koronarien auszeichnet: trotzdem kaum Infarkte[431]! Auch von Untersuchungen aus dem Koreakrieg (1950 bis 1953) sind bei jungen amerikanischen Gefallenen im Alter von 20 bis 25 Jahren hochgradige Gefäßveränderungen bekannt (z. T. mit Totalverschlüssen), ohne daß die Betreffenden je einen Herzinfarkt gehabt hätten (sog. Koreastudie[701]).

Schon einfache anatomische oder pathophysiologische Befunde allerdings lassen eine teilweise Erklärung dieser Widersprüche zu. Anitschkow unterschied eine „gutartige", eher sogar mit einer Erweiterung des Gefäßes einhergehende Koronarsklerose (Koronarverdickung), die meist bei älteren Personen nachweisbar ist, von einer mehr bösartigen, verengenden Form jüngerer Personen[443], ein Phänomen, das auch neuerdings wieder belegt wurde[446]. Zudem stellte Schoenmackers eine „elastische", die durch ihre Dehnbarkeit prognostisch ebenfalls gutartiger ist, einer mehr „unelastischen Koronarsklerose" gegenüber[444]. Weiter sind Rückbildungen schon bestehender Verengungen auch im mittleren und höheren Lebensalter sogar bei bis zu 20% der Betroffenen beschrieben[445], so daß also eine fixierte, starre Veränderung dieses Krankheitsbild nicht typisch charakterisiert. Man muß der Koronarsklerose die Koronarinsuffizienz gegenüberstellen, die die eigentliche Pathophysiologie besser erfaßt. Diese – definiert als „Mißverhältnis von Blutangebot und -bedarf des Herzmuskels" – läßt sich jedoch wieder in 14 bis 17 Unterformen gliedern[603], so daß man besser gleich – so meinen die Autoren des Handbuches für Innere Medizin – vom „multifaktoriellen Geschehen der Koronarsklerose" ausgehen sollte. Dieses nimmt jedoch dann fast das ganze Buch ein. Im Grunde genommen gibt es überhaupt nur eine sehr ungenaue Zuordnung (auch was die noch später zu diskutierenden Risikofaktoren angeht) von Krankheit, Infarktereignis auf der einen Seite und Herzkranzgefäßbefall auf der anderen.

Die Auffassung vom stoffwechselbedingten Infarkt im

Gegensatz zum herzkranzgefäßbedingten ist auch eine speziell deutsche Eigenheit. Noch vor dem Krieg war das Gollwitzer-Meier-Institut in der deutschen Herzforschung führend, und man beschäftigte sich dort noch sehr viel mit dem Herzstoffwechsel. Unter dem Einfluß der amerikanischen Medizin nach dem Krieg rückte das Kranzgefäß mehr in den Vordergrund der hiesigen Untersuchungen, während in Ostdeutschland z. B. bei Prof. v. Ardenne weiterhin eine ganz andere, mehr auf die Herzmuskelzelle gerichtete Untersuchungstätigkeit vorherrschte. Seit Ende der 60er Jahre gab es auf der Medizinischen Woche in Baden-Baden regelmäßig Tagungen dieser „alternativen Kardiologie", die immer sehr gut besucht waren und sind. Ist die Einheit von Realität und Wahrheit nur politisch zu verstehen?

Der Pathologe G. Baroldi widmete der Frage dieser verschiedenen Infarktmechanismen sein Hauptwerk und hat auch plausible Erklärungen für dieses widersprüchliche Phänomen bereit: Es handle sich einerseits um einen Vorgang, der sich in der Herzmuskelzelle selber abspielt (tetanische oder versagende Nekrose (Zelltod[611]), während andererseits bei einem Koronargefäßverschluß eine Koagulationsnekrose auftritt, die flächenhaft große Gewebsteile betrifft. Durch ein weiteres Fortschreiten dieser tetanischen Nekrose, die er auch Myocytolyse nennt und die auch andere Autoren so benannt haben (Myofibrillärer Zelltod[231]) komme es dann in einzelnen Zellen zum Infarkt, und ein Thrombus (Gerinnsel) im Koronargefäß entstehe höchstens sekundär. Baroldi konnte nachweisen, daß es ausreichend Verbindungsäste (Kollateralen) zwischen den einzelnen Herzkranzarterien gibt und daß selbst hinter sehr stark verengten Gefäßen noch ein ausreichender Blutstrom vorhanden ist[224,225]. Dies konnte neuerdings bestätigt werden: Die Kollateralen sind in der Lage, sich bei Bedarf um das 25fache zu erweitern[226]! Andere Autoren fanden sogar eine über 50fache Erweiterungsfähigkeit der Kollateralgefäße[604], so daß praktisch nie ein Infarkt auftreten müßte, wenn die

Kranzgefäße Zeit hätten, diese Kollateralen auszubilden. Baroldi wies auch nach, daß die das Gefäß verstopfenden Thromben in keinem zeitlichen Zusammenhang mit dem Infarktereignis stehen[71], so daß man annehmen könnte, daß sie Folge und nicht Ursache des Infarktes sind.

Obwohl für die Untersuchungen von Kollateralen eigentlich nur anatomische Untersuchungen nötig sind, gibt es bis heute keine festen Erkenntnisse über ihre wirkliche Bedeutung[605]. Derzeit überwiegt allerdings die Ansicht, daß Kollaterale – wie Baroldi behauptete – doch eine erhebliche Vorbeuge- und Verhinderungsfunktion für den Herzinfarkt haben. 71 % aller Patienten mit einer Eingefäßerkrankung (nur ein Kranzgefäß ist verengt) haben nach sechs Wochen doppelt so viele Kollaterale. Verschlimmert sich die Koronarsklerose, so haben innerhalb nur kurzer Untersuchungsabstände mehr als doppelt so viele Personen Kollateralen ausgebildet[606]. Aus diesen Gründen verwundert es also nicht, wenn man in Sektionen in 44 % der Fälle mit Totalverschlüssen und in 88 % der Fälle mit schweren Stenosen keine Herzinfarkte in dem entsprechenden Versorgungstrakt dieser Arterien fand[607,608]. Was ist aber dann die Ursache des Infarktes? Immerhin wurde jetzt in Amerika die erste prospektive Studie durchgeführt, die die Wichigkeit dieser Ersatzgefäße beweist[22].

Die Behauptungen Baroldis bestätigen ebenfalls amerikanische Untersucher, die fanden, daß vermehrt Thrombosen auftraten, je länger ein Infarkt zurückliegt[700]. Auch radioaktive Thrombusuntersuchungen belegten dies weiterhin[703]. Umgekehrt hatten im Koreakrieg junge amerikanische Kriegsgefallene – wie wir schon erwähnten – häufig arteriosklerotische Totalverschlüsse ihrer Kranzgefäße, ohne herzkrank gewesen zu sein oder einen Infarkt gehabt zu haben[701]. Unterstützen lassen sich diese Beobachtungen auch durch exakte Thalliumszintigraphien, die G. Dobrinski in Paris durchgeführt hat und die beweisen, daß entgegen herrschender Meinung kein Druckabfall im Kranzgefäß hinter der Verengungsstelle nachweisbar war[612]. Überhaupt war die Thalliumszintigraphie eine Möglichkeit zu zeigen, daß es stoffwechselbedingte Aufnahmestörungen in der Herzzelle selber gibt, die nichts mit vermindertem Koronarfluß zu tun haben[614]. Sehr eindrucksvoll belegte Prof. Jennings mit tierexperimentellen Untersuchungen, daß metabolische Effekte, wie z. B. verminderter Verlust energiereicher Phosphate in der Zelle, einen Schutz für das minderdurchblutete Herz darstellen[340]. Er hatte nämlich an Hunden die Kranzgefäße zeitweise unterbunden und sozusagen auf diese Weise das Herz gegen den Zelltod trainiert. Setzte er dann eine länger Unterbindung, so konnte er feststellen, daß die „trainierten" Hunde wesentlich besser abschnitten als die, denen man solche vorbereitenden zeitweisen Unterbindungen nicht gesetzt hatte. Schaper und Pasyk konnten nachweisen, daß schon vier Tage bei einem stark verengten Gefäß genügen, damit sich ein derart ausreichender Kollateralkreislauf ausbildet[431]. Deshalb bringen oft die „leichteren" Stenosen den schnelleren Tod[447]. Einige Untersucher fanden sogar, daß schon beim Auftreten von Spasmen der Kranzgefäße ausreichend Kollateralen zum Einsatz kommen und evtl. auch einen derartigen Trainingseffekt haben wie bei dem Hundeexperiment[43,735].

Im ausführlichen Handbuch für Innere Medizin, Band Koronarerkrankungen, wird bestätigt, daß es letztlich unklar ist, warum eindeutig nachgewiesene Herzinfarkte bei einwandfreien Koronarien vorkommen[330]. Man versucht zwar das Problem dadurch zu erklären, daß im akuten Stadium ein Verschluß des Kranzgefäßes durch eine Thrombose entstünde, die sich nachher relativ rasch wieder auflösen würde, aber gerade dieses Argument kann die Gegenmeinung, daß der Thrombus erst nach abgelaufenem Stoffwechselinfarkt sozusagen sekundär entsteht, noch eher bekräftigen, indem eben überhaupt die Wichtigkeit eines thrombotischen Geschehens betont wird. Man muß annehmen, daß es einen Zellfaktor gibt (z. B. die zitierten

Phosphate), der unabhängig vom Kranzgefäß eine wichtige Rolle bei der Entstehung oder Verhütung des Herzinfarkts spielt. Dieser Faktor könnte dafür verantwortlich sein, daß bei seinem Fehlen erst nachträglich eine Thrombose in der Koronararterie entsteht, wie es verschiedene Untersuchungen nahelegten[432,433]. Z. B. erschien radioaktiv markiertes Fibrinogen (Blutgerinnselbestandteil) erst nach dem Infarkt im Koronarthrombus[433]. Die Behauptung, daß sich bei jüngeren Patienten ohne Koronarveränderung nur durch einen Spasmus ein Thrombus bilden soll, klingt unglaubwürdig[434], noch dazu, wo in derselben Arbeit behauptet wird, daß schwere psychische Belastungssituationen dem Infarktereignis unmittelbar vorausgingen. Rauchen und Streß sollen genügen, daß sich in einem gesunden Gefäß eine Thrombose bildet und ein Infarkt entsteht?

Neuere Untersuchungen ergaben, daß es wohl bei jedem Infarkt einen dynamischen Wechsel von Verschluß und Wiedereröffnung eines Gefäßes gibt und daß es sich also bei der Stenose um einen lebendigen, nicht eindeutig anatomischen oder pathogenetischen Faktoren zuordnenden Krankheitsprozeß handelt[95]. Hierzu paßt auch das Paradox der sogenannten dilatativen Koronarophathie, eine Krankheit, bei der die Koronarien erheblich erweitert sind und trotzdem Infarkte auftreten. Das Blut fließt in diesen erweiterten Gefäßen zwar langsamer oder pendelt etwas hin und her; manchmal ist dieses Pendelverhalten aber ausgerechnet nur dann zu beobachten, wenn man die üblichen koronardurchblutungsverbessernden Medikamente gibt[96]. Warum helfen diese gefäßerweiternden Mittel, wenn andererseits bereits erweiterte Gefäße sich infarktbegünstigend auswirken? Kann die negative Wirkung auf die bereits erweiterten Gefäße wirklich darin zu sehen sein, daß diese noch mehr erweitert werden, obwohl über ein gewisses Maß hinaus nicht mehr erweitert werden kann?

Man weiß auch, daß eine Kalziumüberladung der Zelle durch hohe Katecholaminspiegel, Magnesium- oder Vitamin-D_3-Mangel zustande kommen[615] kann und somit auf Zellebene Infarkte möglich sind[616]. Prof. Dörr nannte dies „elektive Parenchymnekrose"[71], ein Begriff, der sich praktisch genau mit dem von Prof. Gillmann im Deutschen Ärzteblatt veröffentlichten Begriff der „infarktoiden Nekrose" trifft[341]. Prof. Gillmann hatte nämlich diesen Streit zwischen den Befürwortern der Herzkranzgefäßtheorie und deren Gegnern, die eben der Ansicht sind, der Infarkt entstehe ohne wesentliche Beteiligung der Koronargefäße, aufgegriffen und eine Kompromißlösung vorgeschlagen: Beide Infarktmechanismen seien denkbar und griffen normalerweise wohl ineinander über. Ein Abwägen, welcher Typus bei jemandem mit Angina pectoris überwiegt, sei für die Behandlung wichtig.

Das Problem zeigt sich auch schon an der einfachen klinischen Tatsache, daß viele Menschen nur oder vorwiegend in Ruhe Herzanfälle haben, während es natürlich für die Kranzgefäßverengung typisch ist, daß bei körperlicher Belastung Schmerzen auftreten, weil dann nicht genug Blut durch die verengten Adern strömen kann. Der Kardiologe Prinzmetal und nach ihm andere konnten einen Zusammenhang mit Verkrampfungen (Spasmen) auch an sonst gesunden Arterien für diese Schmerzform nachweisen. Dennoch ist bis heute nicht klar, woher die Spasmen genau kommen und was sie wirklich für die Entstehung eines Infarktes bedeuten[44,609,72,73]. Manchmal verursachen die Spasmen nämlich gar keine Schmerzen, sondern nur Rhythmusstörungen[90]. Die Unterscheidung von der vegetativen Angina, die durch Reizung im vegetativen Nervensystem (Halssympathikus) wohl hauptsächlich durch Halswirbelleiden entsteht, ist schwierig. Schmidt-Vogt unterscheidet daher zehn verschiedene Angina-pectoris-Formen, von denen die Second-wind-Angina ebenfalls eine rätselhafte Spielart ist[90]. Die Patienten können bei dieser Erkrankungsform nach einer akuten Schmerzphase plötzlich – als ob sie durch eine Wand hindurchgegangen wären, weshalb diese Form auch „Walk-through-Phänomen" heißt – wieder schmerzfrei lange Strecken auch unter Anstrengung gehen. Auch hierin ist erneut ein Beweis zu sehen, daß es keine Zuordnung der klinischen, ätiologischen, pathogenetischen, anatomischen und metabolischen Faktoren der „ischämischen" Herzerkrankung untereinander gibt.

Daß es sich beim Koronarspasmus um einen Nervenreiz handelt, der bis zum Gefäß durchgeht, wie der Londoner Kardiologe Prof. Maseri vermutet[632], ist unwahrscheinlich, denn warum kommt so etwas dann nicht bei jedem einmal vor, bei dem starke Nervenreize z. B. über die Halswirbelsäule zum Herzen geleitet werden? Halswirbelsäulensyndrome sind in der alltäglichen Praxis sehr häufig, und Zusammenhänge zwischen Herz und Wirbelsäule wird jeder Arzt bestätigen können. Doch welcher Art diese Zusammenhänge sind, ist nicht genau bekannt. Aber ein unmittelbares, direktes Infarktgeschehen, das einfach vom Kopf ins Herz geleitet wird, klingt unplausibel. Manche Autoren vermuten in 40% aller Infarktfälle einen Koronararterienspasmus[92]. Englische Forscher fanden, daß allein Angst mit überstarker Atmung (Hyperventilation) zu schweren spastischen Kranzgefäßdurchblutungsstörungen führen kann[94]. Andere schließen Alkohol als Ursache für Spasmen nicht aus[802]. Wahrscheinlich versteht aber jeder unter dem Begriff „Spasmus" etwas anderes. Es gibt nämlich auch eine generelle Spasmuskrankheit, bei der ganz unterschiedliche Organe und Organsysteme betroffen sind wie z. B. Kopf, Herz und Hände in Form von Migräne, Infarkt und Morbus Reynaud, was sich nur schwer unter einer einheitlichen naturwissenschaftlichen Erklärung vereinen läßt[97]. Auch Cannon vom National Institut of Health vermutet bei vielen Angina-pectoris-Kranken einen Nerven-Rückenmarksfaktor, der sich auf alle glatten Muskelzellen auswirkt (Speiseröhre, Herz)[803]. Neuerdings konnte ein solcher Faktor, der für nicht koronar bedingte Herzmuskelerkrankungen und Angina pectoris verantwortlich ist, in

Form eines gestörten Katecholaminspeicherverhaltens nachgewiesen werden[805].

So ist auch weiterhin bis heute die hohe Milchsäureproduktion beim Herzkranken nicht geklärt. Während die gängige Meinung sie als Resultat des Sauerstoffmangels auf Grund der Durchblutungsnot deutet, weisen andere Untersucher auf Enthemmung der Sauerstoffvorgänge in der Muskelzelle selbst hin, die ebenfalls zu deutlichem Lactat-(Milchsäure)Anstieg führt[227]. Bei älteren Menschen ist ohnehin bekannt, daß eine langsame Kalziumüberladung der Zelle stattfindet, die dann sozusagen von innen her den Zelltod bewirkt[234]. Auch vom Theophyllin, einem Asthmamittel, wissen wir, daß es die Herzkranzgefäße nicht erweitert, wohl aber die Angina-pectoris-Beschwerden senkt[344], was wohl auf einem Zelleffekt beruht (verbesserter Zellstoffwechsel durch Anhebung des cGMP). Wir gehen auf Stoffwechselbefunde später nochmals ein. Ebenso auf Befunde, wonach Krämpfe der Kranzgefäße z. B. durch Säurereiz aus der Speiseröhre entstehen[246].

Denken wir weiter an das noch völlig ungelöste Problem der Amyloidose (Kolloid-Eiweißablagerung), die in 14% beim älteren Menschen die Kranzgefäße einengt, wobei nur etwa die Hälfte mit einer Angina-pectoris-Symptomatik korreliert[138]. Auch in dem neuen Buch von G. Riecker[356] wird bestätigt, daß sich in 20% der KHK-Kranken keine Gefäßwandveränderungen finden lassen (S. 95). Man versucht das damit zu erklären, daß sog. Paraproteinämien (Bluteiweißkrankheiten) oder Kohlenmonoxydvergiftungen und anderes mehr Veränderungen an den Kleinstgefäßen hervorrufen würden. Doch in der täglichen Praxis sind solche Erkrankungen von untergeordneter Bedeutung. Es wird auch darauf hingewiesen, daß Veränderungen der Koronarreserve (Kranzgefäßdurchblutungsreserve) bei Erkrankungen der Herzmuskelzelle vorkommen[77]. Aber wie und welche Rolle das spielt, wird nicht gesagt. Übrigens ist von der Schilddrüsenüberfunktion schon lange bekannt, daß sie den

Sauerstoffverbrauch in der Herzmuskelzelle erhöht und so Angina pectoris entstehen kann, ohne daß verengte Gefäße vorliegen müssen.

Zudem stützen noch andere Fakten die These, daß der Herzinfarkt nicht nur Folge eines Koronarverschlusses ist. So ist seit dem zunehmenden Kokainmißbrauch bekannt, daß durch Kokain Herzinfarkte entstehen[57,617,232]. Der Mechanismus scheint genau der zu sein, den Baroldi als tetanische oder versagende Nekrose beschreibt, denn man findet Herzmuskelzellen in Dauerkontraktur und kann sich den Mechanismus auch gut über eine Kalziumüberladung durch exzessiv einströmende Katecholamine erklären[619,620]. Die Tatsache, daß man auch vermehrte Koronarsklerose bei Kokainkonsumenten findet, widerspricht dem nicht, weil ein derartiger Personenkreis sicher auch mit zahlreichen sonstigen Schädigungseinflüssen lebt. Aber es sind auch Fälle beschrieben, wo Kokain bei einwandfreien Gefäßen und ohne Vorliegen von sonstigen schädlichen Risikofaktoren (auch kein Nikotinabusus) zum Infarkt führte[633]. Weitere toxische Myokardinfarkte sind von Lösungsmittelmißbrauch und durch Zytostatika (Adriblastin) bekannt[621,622]. Interessanterweise, aber vielleicht durchaus dazu passend kann diese toxische Herzkrankheit mit Strophantin behandelt werden, bezüglich dessen Wirkungen beim Infarkt die Meinungen sehr gespalten sind (siehe spätere Stellungnahme)[91]. Beim „Schnüffeln" von Toluol, aber auch beim Inhalieren des bekannten Narkosemittels Halothan wurden eindeutig Herzinfarkte bei einwandfreien Koronarien beobachtet. Ursachen waren Herzhypertrophie und toxische Myokarditis, also letztlich metabolische Veränderungen in den Herzmuskelzellen selbst[93]. Bei den Zytostatika ist sogar der genaue Schädigungsmechanismus weitgehend geklärt, und es ist erwiesen, daß er sich in den Mitochondrien der Herzmuskelzelle abspielt[76]. Auch Amphetamin, ein Aufputschmittel, kann Infarkte bei unauffälligem koronarangiographischem Befund verursachen, wobei hier die Erhöhung des Sauerstoffverbrauchs der Herzmuskelzelle diskutiert wird[78]. Gerade ein solcher Mechanismus, daß hier ein Zuviel an Sauerstoffumsatz anstatt ein Zuwenig die entscheidende Schadstelle markiert, wird uns noch beschäftigen.

Unter vielen weiteren derartigen Mechanismen sollte auch noch der strahleninduzierte Infarkt (bzw. KHK) erwähnt werden, der nach Röntgenbestrahlungen im Brustraum auftritt, das kaum mit den bisherigen und bekannten Ursachen in Einklang zu bringen ist, die zu Koronarveränderungen führen[623,624,233]. Besonders die Hochvolt-Bestrahlung wird hier angeführt[634]. Im übrigen gilt das gleiche, nämlich die Fraglichkeit der Bedeutung von Gefäßverengungen für den dahinterliegenden Infarkt, auch für das Gehirn. In neuerer Zeit ist man immer mehr dazu übergegangen, Verengungen der Halsschlagader bei weitem nicht mehr so häufig zu operieren, weil die Zusammenhänge nicht eindeutig sind und die Nutzen-Risiko-Relation der Operation ebenso nicht eindeutig zu belegen ist[345].

In diesem Zusammenhang müssen wir nochmals auf das Phänomen des plötzlichen Herztodes hinweisen, dem z. B. in England jährlich 100 000 Patienten erliegen[346]. Unter dem Begriff des plötzlichen Herztodes versteht man das Auftreten eines tödlichen Infarktes oder infarktähnlichen Ereignisses ohne vorherige Anzeichen, dem nach Angaben anderer Autoren ein Siebtel aller KHK-Kranken erliegt[347]. Sicher lassen sich auch hier bei vielen in der Sektion dann Kranzgefäßveränderungen nachweisen; ein gesicherter Zusammenhang ergibt sich daraus aber nicht, und bei einem großen Prozentsatz findet man eben auch hier wieder völlig gesunde Verhältnisse am Herzgefäß[348]. Man kann nur sagen, daß meistens eine besondere „elektrische Instabilität" am Herzen vorliegt, d. h., daß das Herz sehr für Rhythmusstörungen empfänglich ist, die bei starker Ausprägung wie z. B. Kammerflimmern schnell zum Tode führen können. Dafür werden immer wieder körperliche Überanstrengungen auch beim Sport als Ursache genannt[349,350]. Das gesundtrainierte

Herz erliegt dann doch irgendwelchen Stoffwechselüberlastungen, für die z. B. wieder die bekannten Katecholamine oder Mineralstoffstörungen (Kaliummangel) angeschuldigt werden[351]. Dazu paßt, daß Hitze oder akute Infekte als Risikofaktoren, deren Wirkung auch nicht über die Koronargefäße erklärt werden kann, hierfür in Frage kommen[352]. Der gefäßunabhängige Stoffwechselfaktor wird noch deutlicher, wenn z. B. allein durch Hyperventilation (Überatmen) bei einem jungen Mann infolge einer Blutuntersäuerung ein tödlicher Infarkt auftritt[353]! Da also elektrische Faktoren hier so wichtig sind, hat man auch zur Vorbeugung dieser plötzlichen Todesfälle Herzrhythmusmittel eingesetzt, soweit dies überhaupt möglich ist, da die Gefährdung ja so schwer vorhersagbar ist. Doch es ist ohnehin egal: Ein vorbeugender Effekt dieser Mittel gegen diesen auch als „Sekundenherztod" bekannten Vorgang ist nicht erwiesen[354].

Halten wir zusammenfassend noch einmal fest: Es gibt keine einheitliche Realität der „Koronaren Herzerkrankung", die wir hier einmal in Anführungszeichen setzen müssen. Je nachdem, welche Wahrheit man anwendet, ob man mehr die Arteriosklerose, die funktionellen pathophysiologischen Zusammenhänge oder die Klinik im Vordergrund sieht, die KHK verändert chamäleonhaft ihr Gesicht. Wir sehen die Realität immer nur durch die Brille einer Wahrheit, von der wir aber wieder nicht wissen, auf welcher Realität sie beruht. Der Erstbeschreiber der Angina pectoris sah vor mehr als hundert Jahren etwas ganz anderes als wir heute. Er sah eigentlich das, was wir heute ein oberes Quadrantensyndrom nennen würden, nämlich Schmerzen, eine Brustenge, die durch Nerveneinflüsse aus dem Nervenganglion des Sympathikus (vegetativer Nervenstrang) der Halswirbelsäule links oben kommen[646] (Nerven-Rückenmarksfaktor, auf den wir nochmals zurückkommen). Demgegenüber sehen wir heute in einer Verengung der größeren Herzkranzgefäße durch Sklerosierung (Verhärtung) und Thromboisierung (Gerinnselbildung)[355] etwas, das nach neuesten Auffassungen[356] noch einmal kurz gefaßt so aussieht:

1 Unterschiede im endothelialen Zellturnover (Gefäßzellwachstum).
2 Thrombogenese (Gerinnungsvorgänge).
3 Transcytose, Rezeptorkrankheit (Gefäßzellstoffwechsel)[74].

Zu Nr. 1: Verstärkte Strömung in den Blutgefäßen, hier also speziell in den Herzkranzgefäßen, führt nämlich zu einem verstärkten Zellwachstum, was die Gefäßwand sich verdikken läßt und anfällig macht für Ablagerung und Geschwürbildung. Verstärkte Strömung kann es z. B. schon bei erhöhtem Blutdruck geben. Wie plausibel die von den Professoren Benditt und Benditt aufgestellte Theorie der Zellwucherung ist, schildert Prof. Dörr in einer Übersichtsarbeit über die Arteriosklerose im Deutschen Ärzteblatt[136]. Auch andere Forscher erwähnen Zellwucherung als Hauptfaktor der Arteriosklerose[804]. Trotzdem ist sie in dem Ganzen weniger als ein Mosaiksteinchen.

Zu Nr. 2: Vorwiegend der Tissue-Faktor (Gewebegerinnungsfaktor) bewirkt Gerinnungsvorgänge an der Gefäßzellwand, die sich dann zu Blutkoagel zusammenlagern, zur Plaquebildung führen. Auch immunologische Vorgänge mit bedeutsamer Beteiligung der T-Lymphozyten sind hier erwähnenswert. Doch sind auch Untersuchungen bekannt, wonach Thrombosen schon durch rein geistigen Streß verursacht werden[137]. (Zum Wie bedarf es weiterer Hunderte von Mosaiksteinchen.)

Zu Nr. 3: Vermehrte Stoffwechselaufnahme von Proteinen (Eiweißstoffen), vor allem Cholesterinproteinen, führt zur Bildung krankhafter Stellen an der Gefäßwandzelle.

Dies ist eine sehr vereinfachte Darstellung der eben im Grunde so viel komplexeren Vorgänge, doch zeigen gerade diese neuesten Erkenntnisse die ganze Problematik. Denn es gibt keinen Zweifel, daß alle diese Faktoren ursächlich am Geschehen des Infarktes beteiligt sind. Trotzdem hat man den Eindruck, daß gerade die immer detailliertere Betrachtung und die immer größere Anhäufung von Faktoren in diesem Puzzle (Thrombosen, HLA-System, Interleukin, Gerinnungskaskade und weitere hundert Faktoren) die Kenntnis der wirklichen Ursache auch wieder verschleiern. Wo das ganze Spiel dann nämlich beginnt, weiß man deswegen immer noch nicht. Der Zusammenhang geht verloren. Man weiß nur, daß am Ende verhärtete, entzündete, verdickte oder verschlossene Gefäßwände resultieren, die den Herzmuskel in Sauerstoffnot bringen. Oder nicht einmal das weiß man. Prof. Schäfer brachte eine Gegenüberstellung dieser „Widersprüche" 1981 in der Zeitschrift Erfahrungsheilkunde und bot als Lösung an, doch gestörte „Rückkoppelungsprozesse" vorwiegend aus dem Nervensystem als Ursache der Infarktentstehung zu sehen[647]. Wenn sich also die Vorgänge schon nicht am Herzen klären lassen, dann eben im Hirn!

Eine entscheidende Bedeutung spielt hier die Rolle des sog. autonomen, und zwar insbesondere des sympathischen Nervensystems, das hier dann allerdings gar nicht mehr so sympathisch ist[342]. (Sympathisches und parasympathisches Nervensystem sind die zwei Teile des vegetativen Nervensystems, das die Organfunktion ohne unsere willkürliche Beeinflussung, z. B. die Herzschlagfolge, Magen-Darm-Bewegung, steuert.) So hat man gefunden, daß bestimmte Infarkte gehäuft in der Nachbarschaft sympathischer Nervenfasern auftreten[343]. Auch andere Forscher bestätigen, daß dabei die sog. Streßhormone, die Katecholamine, eine entscheidende Rolle spielen[231]. Ein plötzlicher Wechsel der parasympathischen zur sympathischen Aktivität findet im Gehirn während der sog. REM-(= Traumschlaf-)Phasen statt, während denen man gehäuft Angina-pectoris-Anfälle registriert hat[500]. Wir wissen längst aus der Neurophysiologie, daß diese Phasen mit Aktivitäten im Limbischen System zusammenhängen, wo „Erregungen“ über einen gesetzten Reiz hinaus selbständig weiterkreisen[636,639]. Neuronen organisieren sich zwischen Innen- und Außenwelt selbst[635], bilden im Sinne einer Selbstorganisation im negativen Falle eine Art Störherd im Gehirn[59]. Auch wissen wir von Unfallopfern mit Gehirnschäden, daß es über derartige Streßnerven oder Hormonbahnen zu Herzmuskelschädigungen kommt[60,640]. Auf der mehr psychologischen Seite entsprechen diese Vorstellungen der zur Zeit recht modernen „Coping-Strategie“, d. h. einer Art angeborenen oder auch entwickelten Reiz-Reaktionsstrategie, die wie automatisch abläuft und sich auf die Organe auswirken kann[636]. Herzattacken treten in den frühen Morgenstunden besonders häufig auf, was dem Umschlagen eines solchen Copings bzw. einer begleitenden vegetativen „Umschaltung“ zuzuschreiben sein könnte[637]. Dementsprechend findet man bei KHK-Patienten vermehrt Katecholamine im Nachtharn[638]. Amerikanische Untersucher berichten von Herzmuskelverdickungen bei chronischen Panik-Attacken, einem rein psychologisch definierten Syndrom[641]. Der Voodoo-Mechanismus ist also auch bei uns noch in vollem Gange, und wir fragen uns also, ob wir beim Herzkranken nicht besser das Hirn behandeln – zumindest das Limbische System, denn Koronar-Spasmen (Krämpfe der Koronararterien) treten nur auf, wenn dieses System intakt ist. Beim narkotisierten Tier fand man sie z. B. nicht[647]. Ebenso nicht bei rückenmarksgeschädigten Personen, die daher vor Herzinfarkt mehr geschützt seien[68].

Vielleicht sind derartige Mechanismen auch bei den Herzinfarkten mit im Spiel, die z. B. durch ein Thoraxtrauma, einen Autounfall etwa mit erheblicher Brustkorbprellung entstehen. Derartige Infarkte finden sich nämlich manchmal ebenfalls bei einwandfreien Koronargefäßen, und der Mechanismus ist nicht endgültig geklärt[618,675,676]. Dänische Untersucher fanden, daß bei 50% aller stumpfen Thoraxtraumen im Szintigramm Herzmuskelveränderungen nachweisbar sind[788]. Die Autoren fanden in einem Fall keine Gefäßveränderungen und vermuteten eine sofortige Wiedereröffnung des traumatisch geschädigten Gefäßes, eine Erklärung, die letztlich unbefriedigend bleibt. Auch andere Forscher sehen keine klaren Zusammenhänge zwischen anatomischen Veränderungen und der klinischen Symptomatik bei derartigen Herzkontusionen[800]. Wie schwierig die Zuordnung zu Herzkranzgefäßveränderungen bei Herztod nach Trauma und Schock ist, zeigen weitere Berichte[796]. Vor allem beim Fußballsport (Thoraxprellung beim Torwart) und durch Preßdruck auf den Brustkorb bei anderen schweren Arbeiten sind Herzinfarkte beschrieben, die wohl auf direkte Herzmuskelschäden zurückgehen[691,692]. Ist es nicht doch der gleichzeitige Unfallschock, der über das zentrale Nervensystem Blockierungen im Herzstoffwechsel auslöst, die sich dann zu den Spasmen und mechanischen Quetschungen addieren?

Doch wollen wir uns hier trotz eklatanter Widersprüche nicht festbeißen, nicht fixieren auf eine andere Realität, wenn sie nichts bringt für das wirkliche Sein des Menschen. Zwar würde aus diesen letztgenannten Erkenntnissen durchaus eine andere Konsequenz z. B. für die Behandlung vieler Angina-pectoris-Kranker folgen, und es wäre dann einfach ein Plädoyer für eine differenzierte Diagnostik und Therapie, doch wäre dann dieses Manuskript nichts anderes als wieder ein Fachbuch für Fachleute, wo doch die Fachpublikationen ohnehin nicht mehr übersehbar sind. Es wäre eine Realität für eine andere Realität, die deswegen nicht mehr an Wahrheit brächte. Warum nicht auf der Ebene des Diskurses bleiben, auf dem wir sind? Denn beispielsweise auch wenn Herr X zu einem anderen Arzt, aber mit gleicher Auffassung wie Dr. A gegangen wäre, hätte es sein können, daß dieser etwas ganz anderes mit ihm unternähme: Er hätte ihn auf das Fahrradergometer gesetzt, bei der Belastung Veränderungen im EKG festgestellt, die Diagnose einer Koronarerkrankung gestellt – wobei er eine Zweigefäßerkrankung wie oben beschrieben nur vermuten kann – und ihm daraufhin vorerst einmal zwei Medikamente gegeben (ein Nitrat und einen Betablocker), ihn vor Streß gewarnt und in der folgenden Woche wiederbestellt. Denn selbst innerhalb der gleichen Richtung in der Medizin gibt es keine einheitlichen Auffassungen. Die Ärzte draußen in der Praxis müssen sich auf die Alltagsbeschwerden ihrer Patienten einstellen und können nicht immer die Therapiepläne umsetzen, die man am grünen Tisch in der Klinik aufstellt. Meist tastet man sich in der Praxis viel vorsichtiger heran, denn der Patient, den man gleich zum Herzkatheter schickt, kommt vielleicht nie mehr wieder und konsultiert erst mal einen anderen Arzt. Zudem gibt es individuelle Unterschiede.

Doch wie dem Individuum gerecht werden? Das Wort „Individuum" täuscht hier, denn es ist der kleinste Teil einer Gattung, der Gattung Mensch natürlich. Doch was ist ein Mensch? Hat er ein Katzen- oder Hundeherz, an deren Herzkranzgefäßen wir unsere Medikamente testen? Ist das Herz des Herrn X ein x-beliebiges Herz? Ist das Menschenherz des Chirurgen ein anderes als das Menschenherz des Patienten? Denn wir haben keine Untersuchungen darüber, ob die stressige Koronarchirurgie zumindest beim Operateur nicht gerade die Krankheit fördert, die er mit seinem Schnitt heilen will! Kann ein Herzinfarktforscher es sich leisten, selber einen Infarkt zu haben? Es geht hier um mehr als ums Individuum. Es geht ums Sein des Kranken, doch auch das reicht nicht aus. Es geht irgendwie darum, wie man in diesem Sein die Spaltung von Subjekt (Operateur oder Patient) und Objekt (Herz) aufheben kann. Es geht um eine Wissenschaft vom Subjekt. Um ein Herz-Sein, Her-zs-Ein!

Das Sein des Leidenden ist auch ein subjektiv anderer Zustand als der des Gesunden. Es ist der Zustand eines Subjekts, das sich also nicht in noch so objektiven Begriffen fassen läßt. Worin liegt dann die Berechtigung unserer Messungen, der Myokardszintigramme (Messung eingespritzter radioaktiver Substanzen über dem Herzmuskel), des Einschwemmkatheters, mit dem wir über die Armvene die

Druckverhältnisse der Lungenkapillaren und damit der Funktion der linken Herzkammer bestimmen können? Oder gar der Linksherzangiographie, wo ein über die Beinschlagader eingeführter Katheter einen Farbstoff in die Herzkranzgefäße bringt und uns genaue Bilder dieser Adern liefert? Mit diesen Befunden tritt der Kardiologe dann ans Bett des Kranken und erklärt ihm das Ganze, so gut es geht . . .

Da eben, das spürt man sofort, ist noch irgendwo ein Sprung, irgend etwas, das auf der Strecke bleibt. Gewiß bemüht sich der Arzt, der Wahrheit so gerecht wie möglich zu werden, wägt die Ergebnisse ab. Aber, weiß Gott, für den Kranken rinnt da schon längst etwas dahin: für ihn, der sich quält, sickern die Erwartungen, Ängste, Hoffnungen wie das Blut unter der Bettdecke in die kahlen Krankensäle der Zeit. Zählen schon die Skandierungen des lauten Treibens auf der Intensivstation um ihn herum, der Takt der Ungewißheit, der Rhythmus der Schmerzen, das Grübeln über die liegengebliebene Arbeit, die Reaktion der Freunde. Und dann diese Gedanken, die ihm selbst ein Geheimnis sind, ihn stören, als ob er sich selbst, er seinem Herzen, sein Herz ihm im Wege stünde. Wie sollte man das objektivieren?!

Da ist ein Sprung, wenn man spürt, wieviel Leiden an Apparaten erst nötig ist, um zum eigentlichen Leben zu gelangen. Das Sein des Subjekts läßt sich nicht so leicht einfangen. Aber auch wir haben es nicht so leicht und sind immer wieder in der Versuchung, eine Geschichte mit einer neuen zu erklären, das zu tun, was die Kranken dann auch oft tun, wenn sie nicht weiterkommen, nämlich wieder zu einem anderen Arzt zu gehen oder sich irgendeine Erklärung zurechtzuschmieden. Der Schwager unseres Patienten dagegen hatte schon vor Jahren einen Infarkt, und man erwog eine Bypassoperation bei ihm (Einpflanzung einer Umgehungskranzarterie aus einer Beinader). Gott sei Dank, meint er, ist es nicht dazu gekommen. Die vielen Medikamente, die er jetzt bekommt, helfen aber auch nicht immer richtig. Von den Nitraten bekommt er oft schlimme Kopfschmerzen, auch von den sog. Kalziumantagonisten. Jemand hat ihm etwas von der Chelattherapie erzählt, die etwas als Außenseitermethode gilt. Aber auch sie hat Nebenwirkungen, kostet sehr viel, hilft angeblich nicht. Also hat er es doch gelassen und mogelt sich so durch.

1.3 Mathematische Sprachspiele

Wie also zu einer Wissenschaft kommen, zu einer Wissenschaft des Seins, des Seins des Subjekts, wenn man so sagen will – aber möglichst objektiv? Einer Wissenschaft des Subjekts, wie wir oben sagten, wo aber dann das Herz des Individuums (hier kann man von Individuum sprechen) ein Subjekt sein müßte! Man kann es drehen, wie man will: Aus der Realität des Herzens wird keine Wahrheit des einzelnen Menschen. Es bleibt beim Sein einer widersprüchlichen Krankheit. Wir kommen aus der Ontologie nicht heraus. Es fehlt das Ganze, das Eine.

Die Kardiologen allerdings haben schon einen Ausweg gefunden, nämlich mit Hilfe der Mathematik, der Statistik. Sie forschen, sie machen sog. Studien, Epidemiologie. Tausende, Zigtausende von Menschen, die herzkrank oder gefährdet sind, werden über Jahre hinweg untersucht und nachbeobachtet. Derartige Forschungen fördern dann immer wieder Faktoren zutage, die eine gewisse statistische Wahrscheinlichkeit bei der betreffenden Herzerkrankung spielen, z. B. das Rauchen oder das Blutcholesterin. Dieses Risikofaktormodell hat sich bisher sehr gut bewährt. Außer Rauchen und Cholesterin zählen vor allem dazu noch Bluthochdruck, Übergewicht, Diabetes, Bewegungsmangel. Der Vorteil des Risikofaktormodells liegt vor allem darin, daß die einzelnen Faktoren meist leicht zu bestimmen sind; sie sind allgemein verständliche und plausible Werte, die gut in statistische Zusammenhänge eingepaßt werden können. So ist sicher für das Rauchen das Risiko gut belegt[357], und es ist auch nachgewiesen, daß der Arzt, vor allem der Hausarzt, der seinen Patienten kennt, hier großen Einfluß auf ihn hat. Wenn man bedenkt, daß schon Passivrauchen von Kindern bei diesen die Cholesterinrezeptoren im Körper ändert[358], mag man ermessen, wie bedeutend nur solch ein einziger Faktor sein kann. Wir brauchen dem gar nichts hinzuzufügen. Lieber kein Buch mehr über den Herzinfarkt schreiben, wenn garantiert wäre, daß man weltweit diesen Risikofaktor deutlich reduzieren könnte. Aber darin spiegelt sich ja die ganze Problematik unserer Untersuchung wider, daß es leider so unrealistisch ist, an ein derartiges Unterfangen zu glauben. Hier ist ein großes Stück Wahrheit (nämlich daß Rauchen der Risikofaktor Nr. 1 ist) mit einem winzig kleinen Stück Realität verbunden. Genau hier zu einem besseren Verhältnis zu kommen, war unser Ausgangspunkt.

So gut sich also sicher mit dem Risikofaktormodell in der Allgemeinpraxis und auch in der Reha-Klinik arbeiten läßt, weil jedem diese Phänomene klargemacht werden können und auch die Zusammenhänge plausibel zu machen sind, so wenig sind sie wirklich wissenschaftlich und so wenig sind sie in der Alltagspraxis in den Griff zu bekommen. So sind nicht einmal die erstaunlichen Veränderungen des Risikoprofils in den USA exakt zu erklären. Dort ging z. B. in dem Zeitraum von 1968 bis 1975 die Sterblichkeit durch Koronare Herzkrankheit bei Männern zwischen 35 und 74 Jahren um 24 % zurück[642]. Es wird aber diskutiert, daß dies auch wesentlich auf die Verbesserung der medizinischen Behandlung zurückgeht; zudem erkranken jetzt auch mehr Jüngere und sterben auch mehr Ältere am Infarkt. Es ist also vorwiegend eine Verschiebung, von der die mittleren Jahrgänge profitieren. Weiterhin sind die Erkrankungsziffern wahrscheinlich nicht in gleichem Maße abgesunken wie die Sterbeziffern (dies ist auch viel schwieriger zu beurteilen, da es ja auch noch stumme Erkrankungen gibt). Viele Studien haben gezeigt, daß eine Verminderung der Risikofaktoren mit einer Verminderung der KHK einhergeht, wie z. B. die

„Drei-Städte-Studie" in den USA, und es ist auch anzunehmen, daß sich vieles auf ein geändertes Bewußtsein bezüglich des Herzinfarkts in der Bevölkerung zurückführen läßt. Trotzdem fehlen harte Daten, und die USA haben immer noch eine hohe Rate an KHK und Infarkten (in den fünfziger Jahren hatten sie die höchste Infarktrate).

Dazu kommt, daß man schließlich immer wieder neue Risikofaktoren entdeckt hat (z. B. Harnsäure, chron. Infekte, Streß), die das Konzept ausufern ließen. So werden immer wieder z. B. die Blutgruppe[249] und das Fibrinogen (ein Blutgerinnungsstoff) als eigenständiger Faktor betont[250,251]. Neuere Untersuchungen messen ihm eine völlig eigenständige Bedeutung bei[784]. Das gleiche gilt für zuviel Insulin[252] oder zu hohe Thrombozytenzahlen[139]. Aber auch wieder die eitrigen Zähne, die man schon in den fünfziger Jahren für alles haftbar machte, fanden jetzt finnische Forscher als besonders herzriskant[253,140]. Schon mehrmals belegt und neuerdings wieder bestätigt wurde die Sialinsäure als eigenständiger Risikoindikator[677], aber in den kardiologischen Alltag hat diese Erkenntnis keinen Eingang gefunden. Man ist wohl mit diesem sich stets ausweitenden System überfordert. Zudem ist mit solchen statistischen Mitteln der letzten Wirklichkeit nicht auf die Spur zu kommen. Zwar gibt es inzwischen zahlreiche Belege, daß gerade das Rauchen, die Blutfette und Bluthochdruck (um die drei wichtigsten zu nennen) das Risiko asymptotisch erhöhen (3 Faktoren haben nicht nur ein dreifaches, sondern ein ca. zehnfaches Risiko), doch ob sie wirklich kausal, d. h. ursächlich beteiligt sind, ist nicht erwiesen. Denn gerade in Ländern wie Griechenland, Japan und China, wo viel geraucht wird, gibt es wenig Infarkte[216,247]. Bei den Chinesen stimmt unser Risikofaktormodell, was z. B. die Blutlipide betrifft, nicht mit unserem überein[141]. Türken in der BRD sterben 10 bis 15 Jahre früher an der KHK als Bundesbürger oder Türken in ihrer Heimat, und das hat nichts mit den Risikofaktoren zu tun, sondern angeblich mit den Sprachbarrieren[142].

Immer wieder ist allein bei Mann und Frau das Risiko völlig unterschiedlich[215]. Schon 1981 hatte man eine Liste mit 246 Herzrisikofaktoren zusammengestellt, und weitere, wie z. B. fehlende Mittagsruhe, Schnarchen, Englisch als Muttersprache, sind dazugekommen. Schnarchen und begleitendes Atemaussetzen soll ein besonders hohes Risiko sein[143,144]. So verneinen auch neueste Studien überhaupt, daß das Risikofaktormodell sinnvoll ist und Risiken sich sinnvoll verändern ließen[248]. Immer wieder finden sich Studien, die nachweisen, daß ein wesentlicher Anteil von Hochrisikopatienten sich nicht identifizieren läßt, also Faktoren hat, die man nicht kennt[254]. Auf der einen Seite wird das Familienrisiko beschworen[255], auf der andern als unbrauchbar im Risikofaktormodell zurückgewiesen[256]. Östrogene sollen einen günstigen Einfluß auf die Infarktrate bei Frauen haben, bei Männern aber sollen sie das Gegenteil bewirken[257]. Jedoch sind Männer durch ihre eigenen Sexualhormone auch nicht besser geschützt, wie man meinen könnte, eher werden sie dadurch aggressiv und häufiger straffällig[257] und für eine KHK ohnehin mehr disponiert. Doch ein noch viel kurioseres Verwirrspiel gibt es mit dem Kaffee. Einmal ist er ein Risikofaktor, dann wieder keiner[259,260]. Norwegische Forscher wissen es jetzt aber ganz genau: Nur der aufgebrühte Kaffee ist riskant, der fertige aus der Dose ist harmlos[261]! Nachdem lange ein Zusammenhang zwischen einer Ohrläppchenfalte quer über das Ohrläppchen mit der KHK als lächerlich hingestellt wurde, haben jetzt Kliniker in einer prospektiven Studie diesen Zusammenhang doch bewiesen[145]. Die neueste prospektive Studie erbrachte jedoch, daß Menschen mit der besagten Ohrläppchenfalte auch durch andere Todesursachen signifikant geringere Überlebenschancen hatten[832]. Auch ist z. B. Lärm als Herzrisiko schon länger bekannt, doch nicht geklärt ist, welcher Lärm[146,147]. Ist es gar der Tieffluglärm, bei dem jetzt ein Gericht einem Herzinfarktkranken recht gab, weil der Überschallknall den Infarkt ausgelöst habe[643]?!

30 Jahre dauert bis jetzt die Untersuchung der Risikofaktoren in einem ganzen Landstrich der USA, in Framigham. Die durchführenden Ärzte selbst geben zu, daß sie trotz des enormen Aufwands dieses Projektes einen direkten Zusammenhang dieser Faktoren mit der KHK nicht nachweisen können[331]. Ähnlich war der Tenor bei einem internationalen Symposium in der Klinik Höhenried. Prof. G. Rose bekannte dort, daß er in der Epidemilologie der Risikofaktoren nie mehr das Wort „Gewißheit" oder „Beweis" verwenden werde. Zwar seien empirisch solche Faktoren schon lange bekannt, aber wirklich epidemiologisch bewiesen seien sie nicht[435, 436]. So ist das Infarktrisiko für Frauen deutlich höher, als man bisher auf Grund von Risikofaktorberechnungen annahm[437]. Man muß annehmen, daß es sich hierbei, ebenso wie bei dem Herzinfarkt nach der „Pille", um einen ganz anderen Infarktmechanismus handelt, als sonst insbesondere bei der männlichen Bevölkerung üblich[438]. Auf einer erst kürzlich abgehaltenen Tagung erklärte Prof. Bredin, Frankfurt, demnach auch ganz klar, daß sogar nur etwa die Hälfte der von Arteriosklerose Betroffenen die bekannten Risikofaktoren aufweise[448]. Daher kommt man immer mehr zu der Auffassung, daß es sich hier nur um Indikatoren einer Krankheit handelt, nicht um wirkliche Faktoren[332]. Und einige Kardiologen wie z. B. Prof. Oliver wenden sich sogar in scharfer Form gegen jedwede Anwendung des Faktormodells, weil es nur zu einer neuen Schulmeisterei der Kranken führen, die nichts bringe[333]. Er belegt dies mit handfesten Studien. Manche sagen sogar, das ganze Risikofaktormodell sei eher schädlich als nützlich, es sei selbst ein ganz erheblicher Risikofaktor[21].

Dem scheint zu entsprechen, daß auch nach neuesten Ergebnissen (z. B. das MONIKA-Projekt) trotz Kenntnis der Risikofaktoren sich keine Änderung im Verhalten zeigen lassen[439]. Auf einem Symposium der Deutschen Gesellschaft für Herz-Kreislauf-Forschung 1989 wurde festgestellt, daß sich an der kardivaskulären Mortalität (Herzsterblichkeit) trotz großer Bemühungen um die Risikofaktoren nichts geändert hat[440]. Alle Bewegungen wie „Trimm dich", „Aktion Puls 130", Blutdruckmessen im Betrieb und Cholesterinbestimmung auf dem Marktplatz haben nichts verbessert. Eher hat sich das Risiko trotz bekannter Faktoren und Aufklärung darüber noch erhöht. In den letzten 15 Jahren sind sogar zwei Drittel der Bevölkerung derartigen Gefährdungen ausgesetzt, wogegen es 1976 erst ein Drittel war[441]. Die DHP (Deutsche Herz-Kreislauf-Präventionsstudie) zeigte erst vor kurzem, daß bei den 25- bis 69jährigen (und das sind ja wohl die meisten) die Blutfettwerte deutlich angestiegen waren und das Rauchen zugenommen hatte. In der Region, wo man intensive Präventionsmaßnahmen durchführte, ließen sich zwar etwas bessere Werte erzielen; der Faktor Übergewicht aber z. B. stieg hier sogar noch mehr an als in den Vergleichsregionen[442]. Daraus kann man nun verschiedene Schlüsse ziehen: Trotz mehr Risiko sind – Gott sei Dank – bundesweit nicht mehr Menschen an Herzkrankheiten gestorben (der Trend scheint allgemein sogar etwas zurückzugehen). Veränderungen in den Risikoprofilen durch regionale Präventionsmaßnahmen sind reine Kosmetik.

Auch die MONIKA-Studie bei uns in Deutschland wies nach, daß seit 1985 die Herzinfarktrate gleichgeblieben ist. Männer in mittleren Jahren sind etwas weniger betroffen, dafür ältere Frauen etwas mehr[650]. Selbst wenn man aber z. B. den Bluthochdruck als Risikofaktor ernst nimmt, nutzt dies wenig, denn nur jeder fünfte Hochdruckkranke wird einigermaßen erfolgreich behandelt[449]. Jedoch, auch wenn der Blutdruck befriedigend gesenkt und gut eingestellt ist, senkt das nicht das Risiko für einen Herzinfarkt[649]. Die Möglichkeit zu Vorsorgeuntersuchungen zu Herz-Kreislauf-Erkrankungen wird auch kaum genutzt[450]. Trotz Rückgang der Koronarsterblichkeit in den USA sind dort die Risikofaktoren gestiegen, und es werden dort (zwischen 1977 und 1987) inzwischen fast 30% mehr Personen mit der Diagnose „Koronare Herzerkrankung“ eingewiesen[451]. Obwohl also nach dem Risikofaktorkonzept Übergewichtige, vor allem, wenn sie noch hohen Blutdruck haben, mehr gefährdet sein müßten, ist genau das Gegenteil der Fall: Schlanke Hypertoniker weisen ein fast doppelt so hohes Risiko auf, am Infarkt zu sterben, wie die dicken[452]! Auf keine Realität und auf keine Wahrheit ist Verlaß.

Doch noch ganz andere Tücken lauern bei diesen statistischen Forschungen, den sogenannten Studien. So dauerte eine amerikanische Studie über die Koronarkrankheit und Medikamente, das sog. Coronary-Drug-Projekt, elf Jahre und kostete 41 Millionen Dollar, ohne wesentlich neue Erkenntnisse zu liefern[5]. Aussagekräftige Teilnehmergruppen an solchen Studien müßten so groß angelegt sein, daß sie nicht mehr bezahlbar sind. Kontrolliert, randomisiert, multizentrisch, prospektiv – was alles für Forderungen auch an diese Forschungsstudien gestellt werden, immer mehr gibt es Zweifel an deren Beweiskraft[6]. Eines der enttäuschendsten Projekte in dieser Hinsicht war die sog. MRFIT-Studie in den USA, die ebenso hohe Kosten verschlang und bei der die Vergleichsgruppe, also die Teilnehmer, die nicht so intensiv ärztlich und psychologisch betreut wurden, da sie nur als Kontrolle dienten, besser abschnitten als die eigentlichen Studienteilnehmer. Andere Studien zeigten, daß z. B. durch kontinuierliche Gabe sog. Betablocker (Medikamente, die übermäßige Erregung am Herzmuskel blockieren) bei Koronarkranken die Häufigkeit von Infarkten reduziert werden kann (Timololstudie). Obwohl diese Studie für ihre Exaktheit sogar ausgezeichnet wurde, findet sie kaum eine Umsetzung in die Praxis des Alltagsarztes. Praktische Ärzte und Patienten lassen sich ungern auf einen jahrelangen Medikamentenkonsum ein, nur weil in einer Statistik festgestellt wurde, daß dann ein paar Prozente Infarkte weniger auftreten. So hat auch die Summe vieler anderer aufwendiger Studien kaum einen Widerhall im Patientenalltag gefunden. Selbst die Cholestyraminstudie, die zum x-ten Male wieder bewies, daß die Senkung des Cholesterinspiegels im Blut mit einer Reduktion der Infarkte einhergeht, hat auch Jahre danach nicht im geringsten bewirkt, daß die Cholesterinwerte in der Bevölkerung zurückgingen. In Deutschland ist die Zahl der Infarkte immer noch unverändert relativ hoch. 30 bis 40% aller Todesursachen stehen im Zusammenhang mit Koronarerkrankungen. Trotz vieler Proteste wurde wieder eine deutsche Herzkreislaufstudie gestartet, die rund 70 Millionen DM kostet und die längst bekannte Tatsachen finden soll (wie die Bedeutung des Cholesterins und des hohen Blutdrucks)[266]. Schon vor Beginn der Studie waren sich daher viele Experten einig, daß eine erhebliche Praxisferne vorliege, die hochgesteckten Ziele ähnlich wie bei EMPT (ebenfalls eine groß angelegte WHO-Studie in Europa) und bei MRFIT nicht nur nicht erreicht, sondern ins Gegenteil verkehrt würden[265]. Im Frühjahr 1992 wurde in mehreren Medien erhebliche Kritik an der Verschwendung und Fehlzuteilung der Forschungsgelder an sich gegenseitig nahestehende Institute laut[833]. Andere großflächige Projekte, wie z. B. in Eberbach-Wiesloch oder beim Nordkarelienprojekt in Finnland, haben zwar zeigen können, daß durch enorme Propaganda und Zusammenarbeit von Ärzten, Behörden, Sozialarbeitern und Patienten die Infarkthäufigkeit gesenkt werden konnte, aber der Aufwand war so groß und die Ergebnisse waren nicht überragend, so daß sich eine Ausdehnung auf die Gesamtbevölkerung auch nicht annähernd rentieren würde.

In der angesehenen medizinischen Zeitschrift Lancet wurde vor kurzem ein Artikel veröffentlicht, der die negativen Ergebnisse der bedeutendsten Interventionsstudien offenlegte[359]. Interventionsstudie heißt, daß man gegen irgendwelche Risikofaktoren durch Verhaltensänderung oder Änderung der Lebensweise intervenierte. Keine dieser ungeheuer aufwendigen Studien konnte belegen, daß durch noch so aufwendige Maßnahmen eine Besserung der KHK erreicht werden konnte. Zu Recht fragen sich daher die

Autoren einer ähnlich gestalteten Übersicht, ob man wirklich 60(!) Millionen Amerikaner, die zu hohe Cholesterin- und Blutdruckwerte haben, als krank und behandlungsbedürftig einstufen muß[360]. Rentiert es sich wirklich, eine Milliarde DM für die Senkung des „mittleren deutschen Cholesterinspiegels" auszugeben, wie manche fordern[361]? Immerhin hat die oben erwähnte deutsche Herz-Kreislauf-Studie, die 84 Millionen Mark in fünf Jahren kostete, erbracht, daß die Blutfettwerte im Bundesdurchschnitt statt um 3,4 % bei den Interventionsgruppen nur um 2,7 % gestiegen sind[362]! Soll das der blanke Hohn sein? Selbst das Argument, man könne doch wenigstens in die Lebensweise intervenieren, weil man definitive Beweise nicht abwarten könne, ist falsch, denn – so die Autoren von Lancet – „dies könnte ein vertretbarer Standpunkt sein, wenn die Interventionen selbst unschädlich wären – sie sind es aber nicht . . . Die Kosten der Medikamente und die Bürde ihrer Nebenwirkungen, besonders bei der Behandlung des leicht erhöhten Blutdrucks und Blutcholesterins kann man keineswegs vernachlässigen etc."[359].

Keine Wahrheit, keine Realität, wieder nur ein Sein, das aufgeschoben ist. Aufgeschoben dahin, wo andere dann ihre Theorien blühen lassen können. Was ist der Herzinfarkt, die Koronarerkrankung wirklich? Immer wieder gibt es Hinweise, die nicht in das Konzept der Koronarverengung durch Sklerose passen. Eine neuere finnische Studie hat gezeigt, daß „ein gemeinsamer Hintergrund" für die Angina-pectoris-Krankheit nicht besteht. Ein Großteil von Todesfällen, die man der KHK zurechnete, waren eigentlich auf Alkoholkrankheit zurückzuführen, wobei wir wiederum nur wissen, daß Alkohol bei der Hochdruckkrankheit und damit auch bei der KHK eine nicht zu unterschätzende Rolle spielt[200]. Was ist mit den bei jungen Menschen auftretenden Todesfällen, wo sich besonders häufig Null-Gefäßerkrankungen finden? Sind sie alle den Sportlern zuzurechnen, die möglicherweise doch durch ihren verdickten Herzmuskel und ein überzogenes Training einen Infarkt ohne jede Gefäßveränderung bekommen können[201,202]? Oder handelt es sich um Rheumakranke, die ebenfalls ohne jeden Angiographiebefund Angina-Pectoris-Beschwerden haben können[203]? Dem widerspricht, wie wir oben schon anführten, daß Rheumakranke andererseits in 20% eine entzündliche Koronarerkrankung aufweisen (Angiitis), aber bei weitem nicht zu diesem hohen Prozentsatz Angina-Beschwerden haben[204]. Daß rein rheologische Faktoren (Fließeigenschaften des Blutes) für die KHK verantwortlich sein könnten, wird immer mehr betont[207]. So könnte zähflüssiger, verlangsamter Blutfluß den Stoffaustausch erheblich beeinträchtigen[24,25,26].

Oder ist es doch ein Stoffwechselfaktor, z. B. im Glutamathaushalt, der sich trotz wiederhergestellter Durchblutung erst sechs Monate (!) nach einem vorherigen Gefäßverschluß erholt[205]? Wie ist es mit der Keshan-Krankheit in China, die auf Selenmangel beruht, den man auch bei uns in Zusammenhang mit dem Infarkt bringt[208,209,210]? Oder sind gar die weißen Blutkörperchen schuld, die die Gefäßbahn verstopfen[206,211]? So etwas Ähnliches scheint nämlich die Ursache dafür zu sein, daß Personen, die keine Milz mehr haben, siginifikant häufiger Infarkte bekommen[236]. Oder geht der Weg über eine vermehrte Infektanfälligkeit durch den Milzmangel? So existiert z. B. schon lange die These, der Herzinfarkt sei nur erklärbar durch eine Infektionserkrankung. Vor allem werden sogenannte Chlamydien angeschuldigt, die eine Art Herzmuskelentzündung verursachen und so zum Infarkt führen sollen[235]. Auch in der renommierten Zeitschrift Lancet wird jüngst vom Zusammenhang zwischen Chlamydieninfektion (bakterielle Erreger) und Herzinfarkt gesprochen[275]. Fast noch mehr Verbreitung allerdings hat die These der Viruserkrankung[18,19]. Amerikanische Forscher haben schon entsprechende Viren isoliert. Eine diesbezügliche Behandlung habe auch Besserung gezeigt, berichtet die angesehene Medizinerzeitschrift JAMA.

Andere haben die bekannten Herpesviren im Verdacht, Arteriosklerose auszulösen[272]. Bei einem Drittel aller arteriosklerotischen Gefäße, die man Bypassoperierten entnahm, ließen sich Zytomegalie-Viren nachweisen, und man nimmt an, daß diese sich im Sinne einer Slow-Virus-Infektion schon im Kindesalter eingenistet hatten und dadurch die Gefäßwände für Plaquebildungen anfällig machten[770]. Wenn das alles stimmen würde, wären Hundertausende von Infarktkranken falsch behandelt und Milliarden DM sinnlos für Herzoperationen hinausgeworfen worden. Die gesamten Präventionsstudien und -maßnahmen, ja wirklich fast alles würde über den Haufen geworfen. Also kann nicht stimmen, was nicht sein darf, eine Schutzimpfung gegen den Infarkt wird es nicht geben!

Doch gerade eine Schutzimpfung gegen den Infarkt, aber auf ganz anderer Grundlage, prophezeit Prof. V. Kakkar aus London. Dank moderner Gentechnik will er eine Art künstliches infektiöses Material dorthin leiten, wo sowie so schon sehr viele Forscher den Hauptentstehungsmechanismus für die Arteriosklerose und den Infarkt vermuten: an einer übermäßigen Wachstumsreaktion der Muskelzellen der Arterienwände[20]. Gegen diesen Grundvorgang gibt es noch kein Rezept. Daher kann man verstehen, wenn viele meinen, man sollte hier weitersuchen. Zahlreiche Studien aber kamen zu widersprüchlichen Ergebnissen mit letztlich der Gesamtaussage, daß nur etwa 25 bis 50% aller Infarkte durch die bisherigen Modelle erklärbar seien[212,213,214]. Denn neben den Hypothesen einer Infarktentstehung durch Viren, Ablagerungen von Cholesterinkristallen in den Kranzgefäßen oder Entstehung gar aus der Zelle heraus, durch Zellübersäuerung[23], gibt es noch einige andere, wie z. B. die Rolle des Spurenelements Vanadium[30,31].

1.4 Die Cholesterin-Kontroverse

Die extremsten Polemiken gab es hinsichtlich der Bedeutung des Cholesterins. Erst waren über 250 mg% Cholesterin im Blut ein Risikofaktor, heute gelten bereits 200 mg% als riskant; ein Wert, den nur wenige in Mitteleuropa halten können und der allgemein als praxisfern gilt, was einige Fachleute nicht hindert, noch niedrigere Zahlen zu fordern. Einmal gilt niedriges HDL-Cholesterin, dann hohes LDL-Cholesterin (Fett-Eiweißstoffe), dann nur das niedrige HDL 1, dann wieder hohes Apolipoprotein B als schädlich. Ist der Fettverzehr jetzt das Problematische oder der Blutfettspiegel, die Fett-Eiweiß-Verbindungen oder ist doch das meiste genetisch bedingt? So regelt z. B. das Apo-II-Gen die Zusammensetzung sehr wichtiger Fett-Eiweiß-Verbindungen, und bei allen Menschen, die dieses Gen im heterozygoten Zustand aufweisen, sind die günstigeren Apo-II-Verbindungen im Blut auch nachweisbar[32]. Doch so günstig sie sind, der letzte Beweis einer infarktschützenden Wirkung dieser Apo-II-Stoffe steht noch aus, und es gibt auch keinen Beweis dafür, wie lange diese genetischen „Vorteile" über jede Umweltbelastung hinaus wirksam sind. Es ist doch wichtig zu wissen, welche Wahrheit mit welcher Realität zusammengeht (wissenschaftlich) und umgekehrt, welche Realität mit welcher Wahrheit!

Irgendeine Rolle spielt natürlich das Fett. Heute wissen wir, daß bei der „familiären Hypercholesterinämie" (vererbte Cholesterinkrankheit) ein Rezeptor (Bindungsstelle) im Gewebe für die schlechten LDL-Fett-Eiweißstoffe fehlt und daß diese Personen mehr Infarkte erleiden. Doch das überwiegende Gros der Infarkte liegt nicht bei diesen Kranken, die manchmal schon im Kindesalter herzkrank sind. Aber es läßt sich daran zeigen, wie verfilzt die Materie ist: Transplantiert man einem schwer Koronarkranken (z. B. wegen einer solchen erblichen Fettstoffwechselstörung) ein neues Herz, so wird dieses auch bald wieder verfetten und erkranken, da ja die Grundkrankheit, nämlich der Mangel an LDL-Rezeptoren, nicht behoben ist. Nur wenn man ihm auch gleichzeitig eine Leber mitverpflanzt, in der diese Rezeptoren vorhanden sind, stehen die Chancen besser[33]. Aber wie jedem gleich eine Leber mit dem Herzen verpflanzen, wo doch eine Verpflanzung allein schon problematisch genug ist? Und wird man dann nicht bald alle Organe austauschen müssen, da es doch eine Erkrankung des ganzen Organismus ist? Eine Realität ist gefunden, aber eine groteske!

Rein pathologisch-anatomisch ist die Arteriosklerose auch nicht so sehr durch Fett- und Cholesterineinlagerungen gekennzeichnet. Vielmehr sind 95 % der Einengungen der arteriosklerotischen Gefäße durch zelluläre Bestandteile, vorwiegend durch eine Wucherung von glatten Muskelzellen und Bindegewebszellen, bedingt[380]. Dies belegen auch koronarangiographische Untersuchungen, bei denen Cholesterinwerte im Blut zur Durchgängigkeit der Koronarien in der Röntgenangiographie in Beziehung gesetzt wurden[829]. Wir hatten eingangs schon auf diesbezügliche Diskrepanzen in der Kardiologie hingewiesen.

Eine der letzten großangelegten Studien in Amerika zum Thema Fett, Diät und Koronarerkrankung, die Lipid Research Clinics Coronary Primary Prevention Trial (LRC-CPPT)-Studie, hatte, wie bisher noch jede andere auf diesem Sektor, deutliche Mängel[35], so daß die Rolle des Fettes (Fettverzehrs) letztlich immer noch ungeklärt ist. Da nutzt auch nicht viel, daß erwiesen ist, daß Vegetarier grundsätzlich besser abschneiden[36]. So haben die 7-Tage-Adventisten und ähnliche Gruppierungen in den Staaten nicht nur deutlich weniger Infarkte, sondern auch weniger Krebserkrankungen. Doch die genaue Ernährungsform (mehr rohe oder gekochte Nahrung) und die Motive (mehr religiöse, gesundheitliche, zusätzliche andere Abstinenzen) sind nicht aufgeschlüsselt. Es fehlt ja nicht an Versuchen, durch extreme Diätformen, wie etwa die Makrobiotik nach Oshawa und M. Kushi, etwas Durchschlagendes zu erreichen. Aber Untersuchungen ergaben, daß selbst eine Ernährung, die fast nur aus Körnern, Gemüse, Nüssen und Algen besteht, die HDL-Cholesterinwerte gegenüber Normalvegetariern nicht bessert[794]. Dann ist es auch egal, ob wir jetzt zum x-ten Male erfahren, daß der Kaffee den Blutfettspiegel hebt[38] oder daß es doch nichts hilft, sich durch die gefäßerweiternde Wirkung von etwas Alkohol zu schützen[39]. Aber daß dann so renommierte Leute wie Prof. H. Glatzel, ehemaliger Leiter des Max-Planck-Instituts für Ernährungsphysiologie, behaupten, die ganze Geschichte mit dem Fett und dem Cholesterin zeige nur Symptome, nicht Ursachen der Krankheit, schlägt dem Faß den Boden aus[233]. Glatzel widerlegt die Statements fünf wissenschaftlicher Fachorganisationen und weist darauf hin, daß die Fütterungs-Cholesteatose (Cholesterin-Ablagerungskrankheit) keine echte Arteriosklerose sei[148]. Durch diesen weit verbreiteten Irrtum würden immer falsche Schlüsse gezogen. Er zitiert Prof. Holtmeier, der behauptete, mit den Werten für das Cholesterin-Normalniveau im Blut (von derzeit 200 mg%) schüfen wir kranke Menschen, die aber tatsächlich gesund seien und die daher zunehmend unter ihrer Anormalität leiden würden und zu immer massiveren Medikamenten mit immer mehr Nebenwirkungen greifen müßten[567]. 80% der erwachsenen Deutschen würden so zu Kranken umgewertet[149]. Holtmeier belegt in einer anderen Studie, daß in der Cholesterinfrage die Alterszugehörigkeit nicht ausreichend berücksichtigt wurde. Sterbe- und Krankheitsziffern stünden nur da mit dem Fett im Zusammenhang, wo ohnehin das Alter der eigentlich begrenzende Faktor ist[50, 150]. Zudem seien seiner Meinung nach die meisten Tierversuche bezüglich Fettverzehr Experimente mit Pflanzenfressern, die auf Cholesterinzufuhr mit Vergiftungserscheinungen reagieren würden[151]. Eine neuere Arbeit aus den Annals of Internal Medicine belegt die Fragwürdigkeit von Cholesterinuntersuchungsprogrammen als Screeningmethode[273]. Diese und andere Studien bewiesen sogar, daß für Frauen, insbesondere ältere, eine Cholesterindiät eher schädlich ist[274,152].

Nach Prof. H. Glatzel gibt es „weder klinische noch epidemiologische Beweise für die Behauptung, durch diätetische Maßnahmen, insbesondere durch Senkung der Cholesterinzufuhr ... könne man die Entstehung einer KHK verhindern"[233]. Er zitiert die wichtigsten Studien auf diesem Gebiet und meint, der eigentliche Faktor für die KHK seien „Erlebnisreaktionen auf definierter Persönlichkeitsgrundlage", wie wir es später unter psychologischen Aspekten noch sehen werden. Letztlich ist kein Zusammenhang zwischen Fettverzehr und KHK zu belegen[153]. Neuere Forschungen, über die Schlierf auf dem Internistenkongreß 1986 in Wiesbaden berichtete, zeigten, daß nur ein Drittel aller Fettstoffwechselgestörten krank wird. Es sei unklar, warum die anderen zwei Drittel gesund blieben[98]. Andere Experten meinten, selbst wenn die Fetthypothese stimmen würde, sei es bisher nicht gelungen, sie in die Praxis umzusetzen[98]. Alle Empfehlungen, die Koronarerkrankung durch fettarme, polyensäurereiche Kost zu bessern, schlugen fehl[333], ja es gibt sogar Hinweise, daß eine solche Ernährung mehr schadet als nützt[99]. Dies bestätigen auch neueste Studien im British Heart Journal[828]. Einfach verrückt, wenn man dagegen die neuesten Ergebnisse eines Internationalen Symposions über Arteriosklerose in Rom 1988 liest: Harte Fakten lägen auf dem Tisch, der Herzinfarkt sei weitestgehend vermeidbar, wenn man die Cholesterin- und LDL-Werte auf weniger als 200 bzw. 155 mg% senken würde[238]. Solche gegensätzlichen Stellungenahmen finden sich seit über 30 Jahren zu Tausenden in der Fachliteratur, wobei häufig die Agrarindustrie auf der einen, die Margarineproduzenten auf der anderen Seite stehen. Bloß, was ist wahr? Kann Cholesterinmangel wirklich auch krank machen, weil Lebererkrankungen, Anämie und Veränderung der weißen Blutkörperchen bei Cholesterinspiegeln unter 180 mg% häufiger auftreten[164]? Was ist wirklich dran am Fett? Schon lange rätselt man, warum niedrige Cholesterinwerte so oft mit Krebs assoziiert sind. Vor allem konnte erst neuerdings eine US-Studie an über 350 000 Probanden zeigen, daß hohes Cholesterin vor Hirnblutungen schützt[264]. Nützt dem einen, was dem anderen schadet?

Niedrigere Werte für Blutcholesterin, aber eine höhere Herzkreislaufsterblichkeit finden sich z. B. in der italienischen Schweiz, was man bisher weder genetisch noch ernährungsmäßig erklären konnte[363]. Ausgerechnet Raucher mit stark verengten Kranzgefäßen haben niedrige Cholesterinspiegel, was die Statistiken verfälscht[154]. Und wenn schon wiederholt behauptet wurde, daß ein Nachweis der Cholesterinsenkung auf die Herzsterblichkeit noch aussteht[364], so erschrickt man natürlich schon, wenn man hört, daß in der Clofibrat-Studie (cholesterinsenkendes Mittel) der WHO bei den behandelten Personen mehr Todesfälle auftraten als bei den unbehandelten[365]. In der LRC-CPPT-Studie mußten die Probanden sieben Jahre lang täglich sechs Beutel einer nicht besonders gut schmeckenden Arznei einnehmen (hat wahrscheinlich niemand getan), um zu beweisen, daß letztlich in der Sterberate zu denen, die nur Placebo einnahmen, kein Unterschied bestand[155]! Die Neutralfettwerte stiegen bei den behandelten Personen sogar noch weiter an! Andere Untersucher meinen daher, auf 1000 Behandlungsjahre lassen sich mit Cholesterinsenkung lediglich zwei bis drei Infarkte verhüten[157]. Auch haben schon die neuesten Ergebnisse der Framigham-Studie gezeigt, daß 15 % aller Probanden auch mit Cholesterinwerten unter der schon sagenhaften Grenze von 200 mg% noch herzinfarktgefährdet sind[366]! Und hier fängt sich das Karussell wieder an zu drehen: Sucht man bei solchermaßen Gefährdeten weiter, findet man häufig, daß sie zu hohe LDL-Spiegel haben (schlechte Cholesterin-Eiweißstoffe). Das verleitet wieder dazu, bei vielen an eine Gerinnungsstörung zu denken, weil das LDL-Molekül fast identisch mit dem Gerinnselauflösefaktor Plasminogen ist, somit das Thromboserisiko erhöht ist[367].

Wodurch die Frage nach der Vererbung wieder laut wird, wonach diese LDL-Werte besonders bei Infarkttod des Vaters alarmierend seien[368], was dazu führen würde, schon im Kindergarten bei 4jährigen (!) routinemäßig das Cholesterin zu bestimmen[389], d. h. gleich auf die Barrikaden zu gehen und Millionenbeträge für eine bundesweite Cholesterininitiative auszugeben, also etwas zu tun, was nur noch an die Kreuzzüge des Mittelalters erinnere[370]. Jedem Säugling nach der Geburt Blut zur Cholesterinbestimmung entnehmen[158]? Amerikanische Untersucher sind dagegen: Der Cholesterinspiegel des Kindes habe nichts mit dem des späteren Erwachsenen zu tun, lediglich gefährdete Familien (wobei das Risiko hier bei den Eltern entdeckt wird) sollte man untersuchen[159]. Das würde auch dazu passen, daß finnische Ärzte herausfanden, eine karge Kindheit (niedrige soziale und ökonomische Paramter) führe viel häufiger zur KHK im Erwachsenenalter als eine üppige[160].

Doch Cholesterin ist bei weitem nicht immer Cholesterin, und es gibt auch noch ein Verwirrspiel mit den Lipoproteinen. Die „gesättigte" Fettsäure Stearin, die den Cholesterinspiegel angeblich ansteigen läßt, erwies sich in neueren Experimenten sogar als cholesterinsenkend[678]. Auch die Fischdiät, in der die herzschützenden Omega-3-Fettsäuren enthalten sind, erbrachte unterschiedliche Resultate[679,680]. Einige mündeten in der Aussage: Je fetter der Fisch, um so günstiger die Ergebnisse für die Blutfette; andere behaupten das Gegenteil. Noch vorteilhafter als hohe HDL-Cholesterine sollen hohe Apolipoprotein-A1-Werte sein. Sie hängen aber wieder von so vielen weiteren Faktoren ab (Schilddrüse, Östrogen, Ernährung), daß man eigentlich nicht weiß, worin jetzt das Günstige wirklich besteht[681,682,683], vor allem, weil inzwischen ein Apo-A1-cys (reichhaltig an Cystein) entdeckt wurde, für das alle bisherigen Erkenntnisse wieder nicht zutreffen[683]. Halten wir uns doch an das Apo B 100 oder noch besser an das Lipoprotein (a); es klingt ähnlich, ist aber etwas ganz anderes: Hier soll es endlich so sein, wie wir es zu hören gewohnt sind, nämlich daß zuviel davon auch schlecht ist[799]. Aber dummerweise gilt dieser Zusammenhang nur für Frauen, bei Männern ist er nicht erwiesen[684]. Erst kürzlich veröffentlichte Kern von der Universität in Denver/Colorado die Kasuistik eines Mannes, der täglich 25 Eier aß und dabei normales Blutcholesterin und keine Arteriosklerose hatte[745]! Als Erklärung zählt Kern wieder Regulationsmechanismen auf, vor allem die verringerte Cholesterinsynthese. Warum nicht beim guten alten Lebertran bleiben, von dem jetzt erwiesen ist, daß er nützt, aber vielleicht nur den Eskimos[685]?

Dabei wäre das alles gar nicht so schwierig, würde man sich die Gegenargumente besser anhören. Diese sagen, daß ein noch unbekannter Zellfaktor die Bildung des körpereigenen Cholesterins je nach Anforderung steuert: Führt man sich zuviel Cholesterin zu, wird die körpereigene Synthese gedrosselt[371]. Wahrscheinlich handele es sich dabei um eine Überexpression von LDL-Rezeptoren in der Leber, wie genetische Experimente ergaben[161]. Dabei spiele auch Vitamin D eine große Rolle[372]. Zudem schütze sogar der Einbau von Cholesterin die Arterienwand vor dem Einbau von Kalk, was noch schlechter sei. Daß nämlich Kalzium gefährlicher ist als die Fette, belegen sogar neueste Untersuchungen von Fleckenstein-Grün, wobei, wie nicht selten in der Wissenschaft, ganz alte Arbeiten ein großes Comeback feiern[162]. Katase hatte nämlich 1913 schon zeigen können, daß nur durch die Injektion von Kalziumsalzen Arteriosklerose ausgelöst wurde. Ja, die ganze Propagierung einer Ernährung mit mehr ungesättigten Fettsäuren schade sogar eher, als daß sie nütze, wenn man nicht Vitamin E zusetze[163]. Und auch hier wieder spielt Magnesiummangel eine besonders ungünstige Rolle. Doch sie werden sich nie an einen Tisch setzen, diese wissenschaftlichen Kontrahenten, sie sind zu weit auseinander! Nur warum? Wie ist es möglich, so unterschiedlich am gleichen Objekt zu forschen? Immer zwei Realitäten und zwei Wahrheiten zu haben?!

Fest stand bisher, daß die Cholesterinsenkung nicht die Gesamtsterberate beeinflußt[165,166]. Der Rückgang der Koronarsterblichkeit in den USA hat wenig mit dem Mehrverzehr pflanzlicher Fette und dem geringeren Butter- und Eikonsum zu tun, weil gleichzeitig der Fleischverzehr um das Dreifache gestiegen ist, also die gleichen tierischen Fette eher noch mehr konsumiert wurden. Derartiges wird in den Statistiken meist vergessen[150]. Hingewiesen sei hier auch auf die Problematik der Totenscheinstatistik, die völlig unbrauchbar ist, häufig aber für Zusammenhänge der Herzsterblichkeit benutzt wird.[200,201]. Kann man daher neuesten Sterblichkeitsstatistiken glauben, so zeigen sie im Gegenteil, daß in den letzten 20 Jahren mit einer Abnahme der Koronarsterblichkeit eine Zunahme der Cholesterinwerte auffällt; ein Paradox[829]. Bleibt nur zu hoffen, daß eine der neuesten Veröffentlichungen aus dem „British Medical Journal" letzte Klarheit in das Dunkel bringt. Darin analysierten die Autoren nämlich die Ergebnisse von sechs randomisierten Studien, an denen fast 25 000 Männer teilgenommen hatten[403]. Sie fanden, daß unter den Teilnehmern, die cholesterinarme Diät oder cholesterinsenkende Medikamente genommen hatten, viel weniger an den Folgen einer Koronaren Herzerkrankung starben. Aber das Erstaunliche war, daß in der unbehandelten Kontrollgruppe deswegen die Sterblichkeit in keiner Weise höher war. Lediglich die Todesursache war eine andere! Die diätetisch oder medikamentös Behandelten starben nämlich mehr als doppelt so häufig eines unnatürlichen Todes: durch Selbstmord, Gewaltverbrechen oder Unfälle! Die Forscher haben auch eine Erklärung dafür: Geht das Cholesterin zu weit herunter, kommt es zu neurochemischen Veränderungen im Gehirn, die die Aggressivität erhöhen, so untersucht z. B. bei Affen[167]. Zudem würden Zelldegenerationen auftauchen[168], was bedeuten könnte, daß das Risiko für Krebs steigt. Wer weiß, vielleicht erweist sich der Tod durch Herzinfarkt eines Tages noch als der „beste"?

Cholesterin + Affen

Nicht anders steht es mit dem Übergewicht, von dem man behauptete, es bestehe, wenn das Gewicht 30% über der Norm liegt, doch dann einigte man sich wieder auf 10%. Aber das Krankheitsrisiko steige besonders, wenn dieses Mehrgewicht am Bauch sitzt, wie einige melden[140]. Doch muß man, um das genau zu wissen, eine Gewebsprobe aus dem Bauchfett entnehmen[217]. Wer wird das tun? Oder genügt es, die Hautfaltendicke unter dem Schulterblatt zu messen oder besser über der Lende[218]? Am besten mißt man die Fettmasse im Bauch, aber dazu ist eine Computertomographie nötig, also ein aufwendiges Strahlenverfahren[169]. Da fehlt nur noch, daß man als Risikoindikator Haare im Gehörgang hat, wie der bekannte Infarktforscher Prof. Elliot aus Amerika schreibt. Oder Haare auf den Zähnen?

Warum reagiert ein großer Teil der KHK-Kranken auf Kälte mit Schmerzen, viele aber wieder nicht? Dieses jedem Arzt bekannte typische Angina-pectoris-Symptom soll nur Einbildung sein[686]? Warum nimmt die Infarkthäufigkeit am 2. Tag nach Kälteeinfluß zu? Liegt das wieder an der Viskosität (Zähflüssigkeit)? Einige Untersucher nehmen an, daß die Kälte im Winter durch vermehrte Zähflüssigkeit zufolge einer Blutplättchenverdickung Herzattacken auslöse[375], die anderen, völlig im Gegensatz dazu, daß dies ein Effekt der zusätzlichen Atemwegsinfekte der kalten Jahreszeit sei[376]. Bis heute konnte nicht geklärt werden, ob die Zunahme von Todesfällen am 2. Tag nach Schneefall auf die vermehrte ungewohnte und anstrengende körperliche Tätigkeit (Naßschneeschaufeln!) zurückgeht oder nicht. Im Dezember gibt es zwar erheblich mehr Infarkte, bei Frauen sogar 30% mehr als im Juli, wo doch Warmluftadvektion und Hochdruckwirbel als einzige Wetterkonstellationen gefunden werden konnten, von denen man überhaupt mit ein bißchen Wahrscheinlichkeit eine Aussage zum Infarktrisiko durchs Wetter machen kann[355] – aber die gibt's doch speziell im Juli! Da könnten wir gleich unseren Altmeister Köhnlechner lesen („Man stirbt nicht im August"), denn der weiß schon längst, daß das alles aus dem Kosmos kommt, eine kaum meßbare Strahlung[170]! In diese Kategorie der Verwirrspiele gehört auch das vieldiskutierte Problem der morgendlichen Infarkthäufigkeit. Es hat etwas mit dem sympathischen und parasympathischen Nervensystem zu tun, das Ruhe- und Aktivitätsanpassung regelt[378]. Aber wie? Ist es nur deswegen, weil plötzliches Aufstehen den noch nicht angepaßten Organismus überfordert?[379] Oder wieder die Viskosität?

1.5 Das Sportherz ist in Ruhe krank

Wie aber erklärt sich dann, daß gerade körperliche Tätigkeit, die doch so als Vorbeugemaßnahme propagiert wird, bei KHK-Kranken zu einer verstärkten Gerinnungsfähigkeit des Blutes führt[47]? Auch hier, beim Sport, Widersprüche über Widersprüche. Nützt er, schadet er? Gerade jüngere Männer mit wenig Wettkampferfahrung haben ein um den Faktor 1000 erhöhtes Risiko, einen plötzlichen Herztod (meist durch Infarkt oder schwere Rhythmusstörungen) zu erleiden[334]. Insbesondere bei diesen jüngeren findet man keine Kranzgefäßveränderungen. Einige Autoren vermuten eine Blutgerinnung mitten im durchströmten Gefäß, können aber letztlich auch nicht sagen, woher diese nun ausgerechnet bei den jungen Sportlern kommen soll[381]. Evtl. könnte es sich um eine Muskelerkrankung der rechten Herzkammer handeln, die man als die häufigste Todesursache bei jungen Athleten fand[182]. Bei anderen Sportlern, die einen Herzstillstand erlitten hatten, fand man dagegen losgelöste Arterioskleroseteilchen (plaques), die die Gefäße schließlich ganz verstopft hätten[697], was dafür spricht, daß der Sport irgendeinen noch verborgenen Faktor sozusagen demaskiert, zur Explosion bringt.

Selbst das überwachte Training Herzkranker in Reha-Kliniken ist gefährlich, weil bis zum Zehnfachen potentiell tödliche Herzkammerarhythmien auftreten können[539]. Auch

Skilanglauf ist für Koronarpatienten eher ein zusätzliches Risiko[698], da erhöhte Katecholaminspiegel und eine deutliche Tendenz zu bösartigen Rhythmusstörungen gefunden wurde[178]. Skilanglauf ist nur sinnvoll, wenn die psychisch-emotionale und die körperlich-motorische Aktivität ärztlich und bewegungstherapeutisch überwacht werden, ein ziemlicher Aufwand[179]. Schnelligkeits- und Kraftsportarten sind überhaupt zu vermeiden[180]. Intensiver Dauersport ist natürlich gefährlicher, aber beim Squash genügen schon relativ kurze Zeiten, daß diese Sportart ein Risiko für den plötzlichen Herztod darstellt[648]. Auch andere Untersucher, die zwar generell Sport bei KHK-Kranken oder Infarkt befürworten, nennen im gleichen Atemzug Kriterien für einen Großteil der Betroffenen, die dann eben doch wieder vom Sport ausgeschlossen werden müssen (Z. B. Linkshypertrophie, häufige Extrasystolen, Mehrgefäßerkrankung)[181]. Selbst ein Sporttherapeut mit sportmedizinischer Ausbildung konnte die Belastbarkeit eines Patienten nicht richtig einschätzen, weshalb dieser ein Herzaneurysma entwikkelte, in eine schwere Herzinsuffizienz geriet, operiert werden mußte und einen automatischen Defibrillator inplantiert bekam[826].

Auch bei den sogenannten Volksläufen soll es ein 1000fach höheres Infarkttod-Risiko geben[380]. Das große Problem beim Sport überhaupt ist wohl, daß viele glauben, seelische Probleme damit weglaufen, wegtrainieren zu können und sich dabei jedoch körperlich übernehmen, was aber kaum zu steuern sei[183]. Ergometertraining wird in Rehabilitationskliniken meist als Leistungsaufforderung mißverstanden, was nur zu verständlich ist[197]. Demgegenüber fehlt es nicht an Beweisen der Rehabilitationskliniken dafür, wie wertvoll der Sport wiederum zur Vorbeugung gegen den Infarkt ist. Bisher ließ sich aber in keiner Studie beweisen, welchen Effekt Sport für die KHK oder den Infarkt wirklich hat, schon gar nicht bezüglich der Mortalität[184]. Lediglich die Herz-Kreislauf-Ökonomisierung ist belegt[185, 186]. Aber schon die ebenfalls oft zitierte positive Wirkung von Sport auf die Blutfette ist widerlegt[189]. Generell bewiesen ist schon deshalb nichts, weil gerade auf diesem Sektor die Frage, ob die Gesunden körperlich aktiv sind oder die körperliche Aktivität gesund erhält (also Protektion oder Selektion), schon als nicht lösbar ins Studiendesign eingeht[187]. Prof. Löllgen, ein bekannter Sportkardiologe, glaubt sogar für jeden Leistungs- und Breitensport eine Herz-Kreislauf-Gefährdung nachweisen zu können[188]. Plötzlicher Herztod komme bei Sportlern häufiger vor als bei Nicht-Sportlern, und auch die ärztliche Untersuchung vorher sei keine Garantie gegen eine Sportgefährdung[190].

Aus all diesen Gründen sind manche Autoren der Ansicht, daß das Sportherz „in Ruhe" eher als krank einzustufen sei[191]. Außerhalb des sportlichen Leistungsbereiches gebe es für jede Sportart eine mehr oder weniger typische „herzkranke" Symptomatik. Die durch Sport bedingte Herzmuskelverdickung erreicht manchmal Ausmaße, die man letztlich doch als Kardiomyopathie, also als Krankheit ansprechen muß[693]. Der Versuch, bei 13 mm Herzwanddicke die Grenze zwischen gesund und krank zu ziehen – bei Ruderern sogar erst bei 16 mm –, ist mehr als problematisch[534]. Athleten zeigen selbst viele Jahre nachdem sie mit dem Sport aufgehört haben häufiger ein pathologisches EKG als Durchschnittsbürger[694]. Zwar werden EKG-Veränderungen bei Sportlern als nur funktionell und nicht als organisch bedingt eingestuft, aber wenn sie bis zum AV-Block 3. Grades gehen (Herzvorhof und -kammer schlagen völlig unabhängig voneinander), stimmt das doch sehr bedenklich[695]. Das Herz eines Marathonläufers ließ sich daher auch nicht von dem eines Infarktkranken unterscheiden[192]. Nicht nur typische EKG-Zeichen fanden sich, auch die durch Zelltod austretenden Herzenzyme im Blut waren durch den extremen Lauf erhöht[192]. Ein bekannter Sportmediziner drückte die hier angesprochene Problematik so aus: Der Kampf des Joggers gegen den Herztod ist zwar wohl erfolgreich, wenn er ihn aber verliert, stirbt er „auf dem Schlachtfeld“[696].

Generell kann man wohl sagen, daß genausooft ein Sportler mit einem kranken Herzen für gesund gehalten wird, wie einer mit einem gesunden Herzen für krank eingestuft wird[827]. Es scheint, daß intensiverer Sport eine Gratwanderung darstellt, vergleichbar mit gewissen Yogaformen, wo die Adepten nur noch dann ruhig und zufrieden sind, wenn sie täglich mehrere Stunden in verschlungenen Haltungen sitzen. Wenn solche Widersprüche jahrelang in den Fachzeitschriften hin und her diskutiert werden, gipfelt das dann oft in einem verzweifelten Versuch, das Ganze durch eine scheinbar geniale medizinische Methode zu lösen: So schrieb ein Kardiologe, er werde sich, bevor er Leistungssport betreibe, zuvor eine Koronarangiographie machen lassen[335]. Realistische Ansichten oder nur Offenbarungseid einer Wissenschaft, die glaubt, noch glaubwürdiger zu bleiben, wenn sie mit hochkarätiger Technik protzt!? Als einfache Praktiker wagen wir zu behaupten, daß so ein Vorschlag weder Wahrheit noch Realität enthält, sondern einfach Selbstvernichtung. Ganz roh.

Warum – um die Paradoxien abzuschließen – berichten Forscher der Universität von Rochester über 15 Todesfälle bei Personen, die sich einer Fastenkur mit proteinreichen Drinks unterzogen, also Fett ganz vermieden[48]? Gibt das gar Außenseitern recht, die den Infarkt auf eine Speicherung von Eiweiß in der Zellwand bzw. im Zwischenzellraum (oder an der sog. Basalmembran) zurückführen[705], ein Befund, der immerhin gestützt wird durch den Nachweis der Interaktion von Proteinen auf Blutzellen mit der Gefäßwand[267]? Wendt bringt umfassende Hinweise für die Rolle der Eiweißmoleküle, an die ja die Fette, auch das Cholesterin im Serum gebunden sind[453]. Andere Autoren gaben Antikörpern gegen Kuhmilchprotein – also auch wieder Eiweißprodukten – eine wesentliche Schuld beim Herzinfarkt[454].

Oder ist es einfach die Lage des Wohnortes – mal etwas

ganz anderes –, der entscheidend für unser Koronarrisiko ist[270]? Bleibt nur noch zu klären, warum auch mal ein Stromschlag bei normalen Kranzgefäßen zum Infarkt führt[382]. Weshalb mußte eine 39jährige Frau dreimal wiederbelebt werden, obwohl kein wesentlicher Infarkt-Anlaß vorausgegangen war und auch ihre Adern völlig in Ordnung waren und man nur einen Spasmus der Arterien annehmen konnte[834] und obwohl Prof. Hopf sich ganz entschieden darauf festlegte, daß ein derartiges Ereignis nur durch körperliche oder seelische Erregungen allein nicht ausgelöst werden kann[385]? Es ist wohl einfach wie beim Voodoo – man stirbt am bösen Blick.

Viele Autoren meinen, daß sich überhaupt nichts Sicheres darüber aussagen lasse, wer infarktgefährdet ist und wer nicht[51]. Das Nordkarelien-Projekt, lange Zeit das Aushängeschild für die Prävention der Infarktgefährdung, „läßt sich weder als Beweis für noch gegen die ursächliche Rolle von drei Haupt-Koronarrisikofaktoren betrachten"[171]. Schließlich hat auch die Framigham-Studie (eine der größtangelegten Studien zur KHK) gezeigt, daß 30% aller Infarkte überhaupt nicht bemerkt werden, also stumm verlaufen. Als Erklärung reicht dafür die Annahme einer autonomen Neuropathie (einer Erkrankung des vegetativen Nervensystems, wie man sie beim Zuckerkranken oft findet) bei weitem nicht aus[53]. Die Verwirrung wird eher größer, wenn man liest, daß stumme Infarkte häufig bei Asthmakranken vorkommen, und dies damit begründet wird, daß die Atemnot den Herzschmerz überdeckt und somit das Geschehen am Herzen verborgen bleibt[54]. Völlig umgedrehte Verhältnisse entdeckte auch die Whitehall-Studie (hohe Fettwerte und niedrige Koronarereignisse in den hohen Sozialgruppen)[268]. Eine der letzten 100-Millionen-Dollar-Studien zu den Ursachen des Herzinfarkts und ihrer Beeinflussung endete dann auch verwirrend: Das Behandlungsprogramm war unwirksam, die Kontrollgruppe verbesserte sich ebenfalls etwas (so daß die Behandlungsgruppe eben nicht positiver abschnitt), und letztlich blieben mehr Fragen als Antworten zurück[262]. Zu dem gleichen Ergebnis kamen Ärzte, die 19 große Studien zusammenfassend auswerteten[263]. Es ist die Autorität des Arztes selber, mein JAMA unter anderem, die die Studien so problematisch macht[269].

Überhaupt gibt es so viele Probleme und Risiken bei den Infarktstudien, die bis heute nicht gelöst werden konnten: so z. B., daß Randomisation (Verteilung nach dem Zufallsprinzip) und Aufklärung der Patienten über die verschiedenen Behandlungsmodalitäten sich nicht vertragen[172]. Bei der CASS-Studie mußten aus diesen Gründen zwei Drittel der Probanden schon im Vorfeld ausscheiden[173]. Auch vom restlichen Drittel konnten bei weitem nicht alle zum Studienziel beitragen. Besonders verfälschende Studienergebnisse finden sich, wenn sich während der Studienphase die Einstellung der Teilnehmer, evtl. sogar innerhalb kurzer Zeiträume, ändert, z. B. weil sie sich in der Laienpresse über ähnliche Studien informieren[174]. In der DAVIT-Studie (Beurteilung des Herzmedikaments Verapamil) nahmen nach sechs Monaten nur noch 61 % der Medikamentengruppe das Mittel überhaupt ein[175], in die Berechnung gingen aber 100 % ein. Folge derartiger Studien ist, daß z. B. beim akuten Infarkt 13 Patienten Nitroglycerin „umsonst" erhalten, um einem Patienten zu helfen[176]. Das Absetzen von Herzmedikamenten für einige Zeit führt nicht zu einem Anstieg von Herzkomplikationen, und manchmal geht es den Patienten, die Placebo nehmen, besser als denen, die das Herzmedikament einnehmen[744]. Nicht immer allerdings kommt es so schlimm wie bei der HINT-Studie, wo die Patienten, die nicht die Medikamente, sondern Placebo erhielten, auch noch die geringste Infarktrate von allen hatten[177]!

1.6 Der „objektive" Stoffwechsel

Greifen wir zum Schluß der naturwissenschaftlichen Überlegungen noch einmal den Ansatz von Prof. Gillmann auf[341], der eine Brücke über die unterschiedlichen Standpunkte hinweg schlagen, also Herzsprache sprechen wollte. Neben dem „klassischen" Infarkt durch Verschluß eines größeren Herzkranzgefäßes gebe es auch – so zitierte er Prof. Selye – die „infarktoide Kardiopathie" (Mechanismus eines mehr stoffwechselbedingten Zelluntergangs, wobei die Koronarien normal sind). Es kommt zu kleinfleckigen Herzmuskelnekrosen, die sich durch lokale Vorgänge noch erweitern können, so daß ein Infarkt resultieren kann. Meistens gebe es Mischbilder, beide Mechanismen wirkten zusammen, es komme zu einem zell- und koronarvermittelten Infarkt.

Was die infarktoide Nekrose – neuerdings auch wieder von vielen Autoren als Myozytolyse bezeichnet – für den Infarkt ist, ist das Syndrom X für die Angina pectoris. Bis zu 20 % aller Patienten, die klassische Herzschmerzen und auch EKG-Veränderungen in der Ergometrie haben, zeigen nach Angaben des Handbuches für Innere Medizin (Bd. Koronarerkrankungen, 1984, S. 606) keinen Befund an den Kranzgefäßen. Auch Gewebsuntersuchungen zeigen keine Veränderungen, selbst an den kleinen Koronarien, so daß das Syndrom X deutlich auch von der sog. „Small Vessel Desease" (Befall kleinster Koronarien) abgegrenzt ist[223,311]. Viele Autoren können es nämlich nicht fassen, daß es eine „Koronarkrankheit" ohne Koronarbefall geben soll, und sie versuchen dann doch noch in den kleinsten Äderchen etwas aufzuspüren. Sicher gibt es die „Small Vessel Desease", aber es ist ebenso erwiesen, daß es Angina pectoris bei Herzmuskelerkrankungen (Kardiomyopathien) oder auch bei Herzamyloidosen gibt, die keinerlei Koronarbefall zeigen[193]. Bei den Kardiomyopathien liegt möglicherweise eine Störung des Kalziumstoffwechsels vor, wie besonders ausgeprägt bei der sog. dilatativen Kardiomyopathie beobachtet wird.

Die Kalziumüberladung kann durch Autoimmunmechanismen zustande kommen, wie erst vor kurzem belegt wurde[194]. Auch überhöhte Proteinsynthese in der Zelle zeigt an, daß es sich bei dieser Krankheit primär um eine Herzmuskelerkrankung handelt, obwohl man auch hier sehr häufig eine Einschränkung der Koronarreserve findet[307]. Jedenfalls findet sich als Hauptcharakteristikum eine diastolische Dehnbarkeitsstörung der linken Herzkammer, wie sie auch beim Syndrom X vorliegt[195]. Die eingeschränkte Koronarreserve könnte man sich ohne weiteres sekundär, d. h. durch Stoffwechselstörungen der Zelle auf den Blutfluß vorstellen – wie es ja auch bei der Entzündung der Fall ist –, ohne daß das Gefäß primär krank sein muß. Beweis wäre, daß man Gefäßveränderungen hier meist erst spät bei schon fortgeschrittener Kardiomyopathie findet[498]. Auch sind die Messungen der Koronarreserve problematisch. Als bestes gilt heute die Argonmethode; sie mißt aber nur die Stoffaufnahme ins Myocard, die also selbstverständlich auch von der Zellmembran abhängig ist. Ob die Koronarreserve also wirklich immer eine Koronar- oder nicht eine Stoffwechselreserve ist, ist damit nicht ganz klar.

Prof. Nager konnte in einer Schweizer Studie zeigen, daß 50% aller Infarkte von Kardiomyopathien oder ähnlichen Erkrankungen „imitiert" werden, vor allem auch im „objektiven" EKG[656]. Andere Untersucher wiesen ebenfalls nach, daß sich bei dieser unklaren, manchmal nur „latenten" Kardiomyopathie auch an den kleinen Arterien keine Veränderungen zeigten, dafür aber ultrastrukturelle Veränderungen an den Mitochondrien in der Zelle selbst[657]. So erklärt sich, warum eine nicht unerhebliche Herzsterblichkeit ohne jeden Nachweis einer Herzerkrankung vorkommt[658]. Man sollte, argumentiert daher Prof. Maseri, die Angina pectoris wie früher als Syndrom auffassen, das sich z. B. aus fixen Arterienstenosen, Spasmen und einer linksventrikulären Dysfunktion zusammensetzt – wobei mal das eine, mal das andere Moment mehr im Vordergrund steht[659] – und sich nicht auf eine ausschließlich durchblutungsbedingte Hypoxämie stützt. Übergänge von dieser noch immer mysteriösen kardiomyopathischen Seite gibt es zudem noch zu einer nicht minder mysteriösen, nämlich der viralen Myokarditis. Auch bei diesen Herzmuskelentzündungen tritt Angina pectoris auf[673,674].

Zahlreiche Stoffwechseluntersuchungen sprechen also dafür, daß sich das Syndrom X in der Myokardzelle selbst abspielt, so z. B. auch die Rolle von Carnitin und des Coenzyms Q10, die Effekte bei der Kardiomyopathie zeigen[307,308] und von mehr „biologisch" orientierten Ärzten schon lange eingesetzt werden. Andererseits ist auch erwiesen, daß es bei Patienten mit einer Aortenklappenverkalkung, verdickter linker Herzkammer und erhöhter Wandspannung schon stoffwechselmäßig zu erhöhtem Sauerstoffverbrauch kommt, der dann eine Angina pectoris verursacht. Dabei ist häufig nicht genau zu erkennen, wo der Circulus vitiosus genau beginnt. Sind z. B. die Katecholamine Ursache oder Folge einer derartigen Zellschädigung mit erhöhtem Sauerstoffumsatz? Neuere Untersuchungen zeigen, daß Rezeptorstörungen der Herzzelle selbst[660] oder eine Störung der Kontraktilität (über eine Vergrößerung der Wandspannung zu mehr Sauerstoffbedarf[661] aber auch Vergiftungen[662] den Fehlkreislauf in Gang setzen können. Gerade letztere sind wieder ein Beweis dafür, daß Angina pectoris und Herzinfarkt aus einer Störung im Zellstoffwechsel resultieren können. Die Anthrazyclin-Kardiomyopathie kann alle klinischen Zeichen einer KHK oder eines Syndroms X oder einer dilatatorischen Kardiomyopathie zeigen[662]. Manche halten das Syndrom X direkt für die Folge einer Herzmuskelentzündung (Myokarditis), was einer Stoffwechselätiologie der Angina pectoris gleichkommt[499]. Bei den meisten Syndrom-X-Fällen läßt sich eine Koronarveränderung auch durch Gewebsproben auch der kleinen Gefäße nicht nachweisen[100,103]. Übergänge zwischen der mehr kardiomyopathischen und der mehr mikrovaskulären Form sind fließend[41].

Syndrom X

Dagegen fanden sich bei derartigen Patienten auffallende Schwellungen der Mitochondrien, also von Strukturen im tiefsten Zellinneren[101]. Diese ähneln den Veränderungen bei den ausgebildeten Kardiomyopathien[102], ja sind sogar gleichartig, was die interstitielle Fibrose und die Degeneration von Herzmuskelfasern betrifft[103].

Erst kürzlich veröffentlichte Forschungen lassen vermuten, worin weitere Mechanismen des Syndroms X zu sehen sind. Es fanden sich nämlich gehäuft überhöhte Insulinwerte im Blut derartiger Kranker[688]. Insulin vermag in der Herzmuskel-Zellkultur eine Verdickung und überhöhte Eiweißsynthese der Zellen zu bewirken, was eindeutig auf eine Kardiomyopathie hinausläuft[689]. Zuviel Insulin, aber auch eine vermehrte Resistenz des Gewebes gegen Insulin kann eine Angina-pectoris-Krankheit im Sinne einer Kardiomyopathie erzeugen[480, 481]. Auch ein vermehrter Natriumstau in der Zelle, Aktivierung des Sympathikus etc. kann Folge der Insulinwirkung sein[690]. Dadurch und durch weitere andere Hormone resultiert eine Verdickung des Herzmuskels schon vor Anstieg des Blutdrucks – während früher der umgekehrte Vorgang als typisch galt[690]. Diese und weitere Vorgänge, z. B. auch die neuerdings wieder in den Vordergrund rückende Funktion des Kaliums, zeigen, daß es nicht schwierig ist, sich eine stoffwechselbedingte „KHK" vorzustellen.

Als letzte Bestätigung dafür, daß Herzinfarkte auch durch Zellerkrankung entstehen, mag noch die wohlbekannte (allerdings vorwiegend in China auftretende) Selenmangelkardiomyopathie gelten. Der Mechanismus dieser auch als Keshan-Syndrom schon oben erwähnten Krankheit ist weitestgehend aufgeklärt. Der Selenmangel verursacht eine Immunschwäche, so daß es zu einer Coxsackie-Virus-Infektion kommt, die die Herzmuskelzellen schädigt. Es kommt zu zellbedingten Infarkten bei normalen Koronarien. Da in der BRD die Böden an Selen sehr verarmt sind, sind wahrscheinlich doch zumindest bei unseren Infarkten auf Grund von Selenmangel Mitwirkungen „häufiger, als zur Zeit angenommen wird“[312]. Letztlich führt das alles immer wieder zu Befunden, die sich nur mit Membranstörungen an und in der Zelle vereinbaren lassen, wie sie mit Thalliumszintigraphien bei normalen Gefäßen und selbst normaler Koronarreserve schon öfters belegt wurden[313]. Außerdem spielt Selen auch als Antioxidans (siehe weiter unten) eine Rolle. Auch Glykoproteine, Zellmembranstoffe sind beim Infarktkranken in Form der Sialinsäure in hohem Maße nachgewiesen worden, so daß man damit sogar eine Herzgefährdung frühzeitiger nachweisen kann[797].

Durch diese Stoffwechselbefunde geraten wir immer weiter auf die „objektive“ Seite unseres Problems. Der Philosoph G. Bachelard sagt zwar: „Oft halten wir uns schon allein deswegen für objektiv, weil wir von einem Objekt sprechen (hier z. B. vom Herzen als einem Organ, d. Verf.). Aber durch unsere Wahl sagt das Objekt schon mehr über uns als wir über das Objekt, und unsere vermeintlichen Grundgedanken über die Welt sind oft nur das Eingeständnis der Unreife unseres Geistes.“[373] Dieser Anschein scheint sich auch in unserer Untersuchung zu festigen. Doch man könnte denken, präzise Stoffwechseluntersuchungen am Herzen müßten eindeutig klären, wie ein Infarkt entsteht, sie seien vielleicht doch ein ganz exaktes Instrument, um noch zu einer Objektivität zu kommen. Aber auch hier, in diesem sonst so exakten Bereich der Moleküle, gibt es Widersprüchlichkeiten. Wenn nämlich allein die Fließeigenschaften des Blutes gestört sind, kann es in den ohnehin schon gefährdeten subendokardialen (Innen-)Schichten durch Störungen des Stoff- und Blutabtransportes zu verstärkter Milchsäureanhäufung kommen, die das Gewebe schädigen kann[455]. Diese verstärkte Laktat-(Milchsäure)Bildung kann auch nach Meinung anderer Autoren durch eine „Verschlechterung der O_2-Verwertung in der Myokardzelle“ verursacht sein[456] und völlig unabhängig von Koronarveränderungen verlaufen. So gesehen geraten wir also immer mehr in einen Gegensatz zur Koronarauffassung, indem wir fast sagen können, hier ist nicht der Sauerstoffmangel, sondern ein Zuviel an Sauerstoff die Krankheitsursache.

Auch K. Sroka weist in seinem Buch (Dialektik des Herzinfarktes) nach, daß die Erhöhung von Milchsäre im vom Herzen abfließenden koronarvenösen Blut beim Angina-pectoris-Anfall nicht eindeutig einem Sauerstoffmangel im Herzen zugesprochen werden kann[229]. Denn das Milchsäuresystem ist nur ein indirekter Maßstab für das eigentlich im Stoffwechsel wirksame NAD-NADH-System, das die Energie für die Herzarbeit liefert. Ein wirklicher Anstieg des NADH, wie er für einen Sauerstoffmangel typisch wäre, kann nicht genau gemessen werden. Somit könnte durchaus sein, daß die Milchsäure auch von vermehrter Brenztraubensäure herkäme, die aus dem Abbau von Glykogen (dem Zuckervorrat der Zelle) entsteht, wobei der Sauerstoffumsatz hierbei erhöht wäre, das NADH gleich bliebe, also genau das Umgekehrte. So etwas kann man natürlich nur erklären, wenn man annimmt, daß nicht Koronarverengungen, die dann weniger Sauerstoff an die Zelle herantransportieren, die Ursache für den Infarkt sind, sondern umgekehrt Stoffwechselvorgänge in der Zelle selbst, die Sauerstoff vermehrt umsetzen, wie wir schon oben gesagt haben. Diese könnte man durch einen Verlust der Wirkung eines Teils des vegetativen Nervensystems, des sog. Parasympathikus erklären, weil daraus ein Überschießen des vom Gegenspieler im Vegetativum, des sympathikusgesteuerten cAMP-Stoffwechsels resultiert[229]. Tatsächlich sind derartige Veränderungen im Zellstoffwechsel sehr schwer nachzuweisen und auf der Ebene des NAD-NADH-Systems, um die es wirklich geht, nicht geklärt. Die Wirkung der Nitrate, der wichtigsten Herzmittel, gerade auf das cAMP-cGMP-System paßt zudem auch hier herein[599].

Argumente für diesen umgekehrt verlaufenden Laktatmechanismus sind aber, daß der koronarvenöse Laktat/

Pyruvat-Quotient beim Koronarkranken gleichbleibt[663]. Auch an isolierten Myokardzellen konnte man zeigen, daß anaerob gebildetes Laktat (das also nicht aus einer Pyruvat-Produktion durch aerobe Glykolyse stammt) keine Zellschädigungen verursacht, wie immer vermutet wurde[664]. Vor allem unter Vorhofstimulation, die frei von Gegenregulationen ist, bleibt auch die Sauerstoff-Extraktion bei KHK-Kranken im wesentlichen gleich[665]. Gleiches gilt für die Glukoseaufnahme, die unter Vorhofstimulation bei KHK-Kranken gleich bleibt, obwohl sie eigentlich zunehmen müßte[666,595]. Vermehrte Lipidperoxidation[596], gesteigerte Phospholipaseaktivität[597], die mit Zellveränderungen gekoppelt ist, und erhöhte Werte der Glutathion-Peroxidase im Herzgewebe – im Gegensatz zum Gefäßgewebe –[598], also vermehrter Abbau von übermäßigem Sauerstoff, sprechen ebenfalls für die Annahme, daß ein sogenannter „oxidativer Streß", ein Zuviel an Sauerstoff, eine wesentliche Ursache beim ganzen Komplex der KHK spielt.

Sogar bis in die Gene hinein sind Faktoren bekannt, die die These vom herzmuskelbedingten, stoffwechselverursachten Infarkt erklären. Geringe Nerven- und Druckreize auf die Herzmuskelzelle führen zur Genexpression (Aktivierung von foetalen oder Protoonkogenen), die die Bildung falscher oder zusätzlicher Proteine und Enzyme verursachen[823,824]. Nachgewiesen ist z. B. eine vermehrte Laktatdehydrogenasebildung. Pauls vermutet, daß die vermehrte Aktivierung dieses Enzyms und die Hemmung der Pyruvatdehydrogenase (die auch allein schon durch einen erhöhten Fettsäurespiegel im Blut eintreten kann) Herzinfarkt durch ein Leerlaufen des an und für sich reichlich vorhandenen Sauerstoffs erzeugt[825]. Er hat sogar eine interessante Hypothese anzubieten: Der Herzinfarkt ist eine Art Krebs des Herzens. Die durch den obigen Enzymmechanismus geschädigten Zellen entarten krebsartig, können sich aber nicht wie im normalen „ruhigen" Körpergewebe zu einer Geschwulst auswuchern, sondern müssen im Sinne eines

Infarktes absterben. Wirklicher Krebs ist daher im Herzmuskel auch sehr selten zu finden[825]. Zusammenhänge des Herzinfarkts mit Krebs allgemein, also mit Krebs anderer Organe, sind aber erwiesen[834].

Dabei müßten Mechanismen, die von der Herzzelle ausgehen, eigentlich jedem Kliniker gut bekannt sein. Bei der Überfunktion der Schilddrüse (Hyperthyreose) nämlich kommt es ebenfalls zu genau dem Übersäuerungsgeschehen, wie wir es gerade beschrieben haben. Glykogen (Speicherzucker) wird vermehrt abgebaut, Sauerstoff vermehrt umgesetzt, und Laktat tritt dadurch vermehrt auf[457]. Das häufigere Auftreten von Herzinfarkten und Angina pectoris bei Hyperthyreose ist daher allgemein bekannt. So hilft sich der Organismus beim Herzinfarkt auch dadurch, daß er über die Hirnanhangdrüse die Schilddrüsenhormonproduktion hemmt[458]. Auch andere Erkrankungen sind bekannt, bei denen es zu einem Hypermetabolismus kommt (z. B. die Luftsche Erkrankung), wobei ein übersteigerter Sauerstoffverbrauch in der Zelle stattfindet, also genau das Gegenteil von einem durch Gefäßverschluß erzeugten Sauerstoffmangel. Auch das bekannte Nebennierenmarkhormon Adrenalin führt zu einer derart gesteigerten Stoffwechselaktivität mit Verbrennung von Zucker und vermehrter Laktatproduktion[459], und dieser Mechanismus spielt beim Infarktkranken sicher eine entscheidende Rolle.

Es fragt sich nur, wie und wo? Die Annahme von Brukker[460], es handle sich um eine Zuckerspeicherkrankheit (Saccharose), wobei es dann zu vermehrter Zuckerverbrennung komme und man daher Kohlenhydrate, insbes. Zukker, vermeiden müsse, ist durch sonst nichts belegt. Eher scheint hier die von Sroka aufgestellte Theorie glaubhaft, laut der über ein vegetativ gesteuertes Ungleichgewicht von cAMP und cGMP (wichtigen Botenstoffen in der Zelle) ein Hypermetabolismus ausgelöst wird. Eindrucksvoll sind hier vor allem die von Chatterjee[461] beschriebenen Befunde, wonach hinter einem stenosierten Gefäß in keiner Weise ein

Sauerstoffmangel zu beobachten war, wohl aber ein Anstieg der Milchsäure. Dies ließe sich nur im Sinne eines lokalen Hypermetabolismus erklären. Sroka zeigt auch, daß die O_2-, Laktat- und Pyruvat-(Brenztraubensäure)Messungen unter Belastungsbedingungen mit Isoproterenol, die als Beweis für die Koronartheorie gewertet wurden, anders ausfallen als die unter der exaktere Prämissen darstellenden Vorhofstimulation. Er stützt sich hierbei auf umfangreiche Literatur[462]. Letztlich lassen sich, wie wir schon eingangs beim NAD-NADH-Metabolismus zeigten, die Widersprüche in diesen Stoffwechselbereichen nicht auflösen. Die meisten Daten sprechen dafür, daß beide Mechanismen, verengtes Koronargefäß und gestörter Zellstoffwechsel, eine Rolle spielen, das verengte Gefäß vor allem dann, wenn es sehr schnell zugeht, so daß keine Kompensationsmechanismen mehr wirken können, der Zellstoffwechsel dagegen eine recht unterschiedlich ausgeprägte, bisher schlecht meßbare Größe spielt.

In diesem Zusammenhang sind auch noch ein paar weitere bekannte Stoffwechselfunktionen von großer Bedeutung, die wir kurz erwähnen wollen: Kalzium und Magnesium, Carnitin und die Antioxydantien wie z. B. Vitamin E. Der Kalziummetabolismus spielt beim Herzinfarkt und der Angina pectoris eine große Rolle. Eine vermehrte Anhäufung von Kalziumionen in der Herzmuskelzelle führt nämlich ebenfalls zu einer Übersäuerung und Laktatbildung sowie zur Blockierung des Energieumsatzes[463]. Kalzium strömt vor allem durch eine vermehrte Aktivität des sympathischen Nervensystems in die Zelle, also z. B. bei Streß. Der Zelltod nach zu langer Blutzufuhrunterbrechung kommt nicht nur durch den Sauerstoffmangel, sondern hauptsächlich durch die dann eintretende Kalziumüberflutung der Zelle zustande[464]. Dieser Mechanismus ist auch bei der als Lusitropie bezeichneten Herzmuskelerkrankung wesentlich. Die Herzerholungsphase zwischen den einzelnen Herzschlägen ist nämlich ebenfalls ein aktiver, energiebedürftiger Vorgang. Dieser kann stoffwechselbedingt gestört sein, z. B. bei Störungen der Kalzium-Troponin-Bindung[465], und wahrscheinlich sind derartige Vorgänge bei der Herzmuskelschwäche, die mit Angina pectoris einhergeht, ohne daß Koronarien verändert sind besonders beteiligt. Schon dauerhaft erhöhter Blutdruck kann eine derartige Erkrankung auslösen[466].

Überhaupt haben sich die Vorstellungen zur Arbeit in der Herzmuskelzelle in den letzten Jahren erheblich verändert. Wezler wies nach, daß es in der Zelle einen „autoregulativtonischen" Vorgang gibt, also einen Selbststeuerungsvorgang für die Zellarbeit[653]. Dieser sitzt nicht an der Zellmembran, wo wir bisher die meisten Fehlsteuerungen für die KHK gesehen haben (z. B. übermäßiger Kalziumeinstrom, den man mit Kalziumtagonisten begegnen kann), sondern tief in der Zelle, möglicherweise am Ort der elektromechanischen Kopplung (wo elektrische Reizenergie in mechanische Herzarbeit übergeht). Den „Elementarprozeß" dieses Vorganges sieht Wezler in einer Oszillation. Derartige Oszillationen hat Wollenberger am Froschherzen nachgewiesen, und zwar in einem rhythmischen Schwanken des cAMP- und cGMP-Gehaltes, also zweier gegensätzlich arbeitender Energie- und Informationsüberträgerstoffe in der Zelle ([654]; siehe auch K. Sroka, der darüber ausführlich berichtet). So kann der Effekt der neuerdings sehr viel verwandten ACE-Hemmer (Medikamente zur Behandlung der Herzmuskelschwäche und des Bluthochdrucks) auch auf dieser Ebene interpretiert werden. Obwohl diese Wirkstoffe am Koronargefäß nichts verändern, haben sie einen positiven Effekt bei der KHK, angeblich über eine Minderung des Sauerstoffverbrauchs[655]. Dies kann nicht mit einer Wirkung auf die Wandspannung allein erklärt werden, weil diese sich bei Personen mit normalem Blutdruck kaum ändert und auch nicht vorwiegend vom Sauerstoffgehalt abhängig ist.

Auch bei den Reperfusionsschäden (Wiederdurchblutung eines Kranzgefäßes nach längerem Verschluß) handelt es sich um eine Überladung der Herzzelle mit Kalzium, insbesondere der wichtigen Mitochondrien. Mit Calmodulinantagonisten (Calmodulin ist ein Eiweiß, das Kalziumverschiebungen in der Zelle regelt) kann man diesen Reperfusionsschäden wohl etwas vorbeugen[490]. Wirklich verhindern kann man sie bisher nicht. Das Problem liegt bei den energiereichen Phosphaten, dem eigentlichen Treibstoff, die trotz Sauerstoff nach 24 Stunden nach Gefäßwiedereröffnung noch nicht wiederhergestellt sind[831]. Auch in diesem Fall fehlt es also eigentlich nicht an Sauerstoff (der kommt ja jetzt wieder durch das eröffnete Gefäß), sondern das Problem ist ein Zuviel des Stoffumsatzes in der Zelle, ohne am eigentlichen Wirkort, der Verbrennung des Treibstoffes im Motor Herz, etwas beizutragen. Genau in diese Ecke passen auch die Untersuchungen über die benannten Antioxydantien wie z. B. Vitamin E. Diese Stoffe wirken einer übermäßigen Sauerstoffaktivität entgegen. „Das aerobe Leben hängt vom Sauerstoff ab, wird gleichzeitig aber auch durch Sauerstoff bedroht"[491], war auf einer Tagung über diese Stoffe zu hören. Tatsächlich konnte in Studien eine Schutzfunktion von Vitamin E bei Koronarer Herzerkrankung nachgewiesen werden[492,478,479]. Auch experimentell konnte dies bewiesen werden[493], und für das Spurenelement Selen sind ebenfalls zahlreiche Untersuchungen bekannt, die eine antioxydative Schutzwirkung bei der KHK aufzeigen[494]. Ein Gemisch verschiedener Antioxydanten (darunter auch noch Vitamin C, Provitamin A und Vitamin B_6) konnte deutlich die Lipidperoxyde (zellschädigende Fettstoffe) senken[495]. Kinder, die noch keinen ausreichenden Schutz durch Antioxydantien haben, sind durch Anthracylin, dessen Giftwirkung auf das Herz wir bereits erwähnten, besonders gefährdet, weil offensichtlich auch dieser Stoff durch Sauerstoffradikale das Herz angreift[822]. Dimethylthiourea ist zwar giftig, kann aber durch Abfangen der O_2-Radikale deutlich die Infarktgröße im Tierversuch verringern[834].

Ähnliche Zusammenhänge gelten für den Gegenspieler

des Kalziums, das Magnesium. Es ist bei sympathikotoner Aktivität vermindert. Sein Mangel ist vermehrt mit Herzinfarkt verbunden und vor allem mit Zellstoffwechselstörungen, die auch ohne wesentliche Veränderungen an den Kranzgefäßen zu plötzlichem Herztod führen[467,468,469,470,471]. Herzinfarkt tritt gehäuft in Gegenden mit Magnesiummangelböden auf. Wir wollen hier nicht auf die ungeheuerliche Magnesium-Literatur eingehen, die man noch zitieren könnte, um zu belegen, was sich alles im Zellstoffwechsel tut. Für uns mag nur wichtig sein zu sehen, daß auch im Tierversuch „infarktoide Herznekrosen" durch Magnesiummangel zu erzeugen und durch Magnesiumgabe zu verhindern waren, ohne daß eine Koronareinengung bestand oder erzeugt wurde[496]. Das gleiche gilt für Carnitin und Coenzym Q. Carnitin verbessert den Fettsäuremetabolismus in der Herzzelle und wird jetzt auch bei Angina-pectoris-Kranken angewandt, wobei hier ebenfalls wieder die Herzkranzgefäße keine Rolle spielen[472,473,474]. Beim Infarkt begrenzt es die Nekrosezonen, vermindert die Laktatbildung und verbessert den ATP-(Energie)Stoffwechsel[475]. Fast gleiches gilt auch für das Coenzym Q, das vor allem in Japan bei Herzmuskelerkrankungen mit Angina pectoris untersucht und angewandt wurde[476,477]. Beim Kearns-Sayre-Syndrom, bei dem es ebenfalls zu einer Art myokardialen Koronarerkrankung kommt – wenn man das einmal so paradox ausdrücken darf, weil von einer Koronargefäßerkrankung gesprochen wird (es finden sich auf jeden Fall belastungsinduzierte EKG-Veränderungen), obwohl es sich um eine Muskelzellerkrankung handelt – lassen sich Beschwerden und Befunde durch Coenzym Q bessern[651,652]. Auch Beta-Carotin, eine Vorstufe des Vitamins A, scheint ähnliche Wirkungen über ähnliche Mechanismen zu haben[652]. Auch Kupfer und Zink spielen eine Rolle im Herzstoffwechsel, weil die Zinkwerte im Urin bei Infarktpatienten deutlich höher liegen als bei Vergleichspersonen[75].

Wir haben also zu Genüge gesehen, daß durch noch so

viele und präzise metabolische Untersuchungen eher nur Fakten herauskommen, die der These vom Herzinfarkt durch verengte Kranzgefäße widersprechen. Es ist offensichtlich, daß auf der Ebene der Naturvorgänge, der Moleküle sowie der physiologischen und pathologisch-anatomischen Prozesse eine Klärung der Herzkrankheit nicht zu erreichen ist. Eine einheitliche Auffassung ist nicht zu finden, und offensichtlich ist es den meisten Forschern auch gar nicht darum zu tun. Man ist froh, wenn man überhaupt in einem gewissen Bereich von Realität abgesicherte Aussagen machen kann. Eine Einheit, das Ganze des Herz-Diskurses auf der Basis unserer Naturwissenschaft herzustellen, ist scheinbar Utopie. Auch wir wollen also der einen Realität (Koronarerkrankung) nicht mit aller Beweiskraft nur eine andere Realität (Myokarderkrankung) entgegenstellen. Gewiß muß man zeigen, daß die derzeitigen naturwissenschaftlichen Auffassungen der KHK und des Infarkts nicht haltbar sind. Das heißt aber noch nicht, daß die anderen unbedingt besser oder klarer wären. Was fehlt, ist anscheinend etwas ganz anderes, eine dritte Dimension. Wir werden uns ansehen, ob die psychologische, soziale, psychosomatische Forschung diese Dimension erfüllen kann.

Doch kurz vorher noch eine Bemerkung zu der immer noch anhaltenden Diskussion in Deutschland über die orale Strophantinbehandlung, also Strophantinbehandlung in Tablettenform. Im Zusammenhang mit den oben genannten Stoffwechselthesen hatte nach dem Krieg eine Gruppe von Ärzten festgestellt, daß Angina pectoris und sich anbahnender Herzinfarkt besonders gut mit oralem Strophantin zu behandeln seien, eben weil dessen Wirkung vor allem im Zellstoffwechsel selbst zu suchen ist und nicht im Kranzgefäß. Tatsächlich kann auch dieses Phänomen ohne Schwierigkeiten mit zahlreicher Literatur gestützt werden, ohne, aus der Widersprüchlichkeit und Gegensätzlichkeit, ja Polemik herauszukommen, mit der dieses Thema seit 30 Jahren behandelt wird. Da die Strophantinanhänger aber immer noch in der Position des Schwächeren sind, sollten zumindest einige Arbeiten erwähnt werden: Kubicek wies nach, daß Digitalis und Strophantin auf den Sauerstoffmetabolismus in der Zelle unterschiedlich wirken[600]. Erdmann zeigte 1985, daß es zwei verschiedene Rezeptoren für Strophantin am Herzen gibt, was die Diskrepanz erklären kann, daß es in Tablettenform antianginös, als höher dosierte Spritze aber kontraktionskraftsteigernd wirkt[482]. Kämmerer zeigte im Tierversuch, daß die Eiweißsynthese in den Mikrosomen der Herzzellen unter oraler Strophantinverabreichung zunimmt – also genau der Mechanismus, der Schlüsselpunkt für stoffwechselbedingte Infarkte sein könnte[483]. Aber wie gesagt, uns nützt das gar nichts, man wird uns für parteiisch halten, während wir doch zeigen wollen, daß rundherum eigentlich nur Grund für Pessimismus ist, und daß der Körper in den Netzen eines verwirrenden Diskurses total eingesponnen ist.

Denn auch alle klinischen und diagnostischen Methoden sind kein Anlaß, optimistisch zu sein. Vielfach wird überdiagnostiziert, werden zu viele Apparate eingesetzt[276]. Wir können nie mit letzter Sicherheit sagen, was wir beim EKG, beim Langzeit-EKG genau erfassen, messen. Beim Herzkatheter glauben wir ein genaues Abbild der Herzkranzgefäße auf dem Röntgenschirm zu haben. Es können aber z. B. Muskelbrücken Einengungen vortäuschen, die in Wirklichkeit nicht diese Bedeutung haben[319], oder es kann der sog. Judkins-Effekt auftreten, wobei ebenfalls durch den Katheter an dessen Spitze Veränderungen zustande kommen, die nicht der Wirklichkeit entsprechen[319]. Es kann zu Aufschlitzungen (Dissektionen) der Gefäßwand kommen, die man von echten Dissektionen nicht unterscheiden kann[319]. Dies ist wohl der Grund, warum holländische Autoren meinen, nur jede fünfte Herzkatheteruntersuchung sei eigentlich notwendig[65]. Vor allem kann es bei der Katheteruntersuchung zu Verkrampfungen der Gefäße kommen, so daß der Arzt eine Krankheit beobachtet, die er selbst gerade in diesem Moment seiner diagnostischen Bemühungen erzeugt[319]. Was wir wirklich beim Herzszintigramm (radioakt. Herzuntersuchung) messen, ist unklar[497]. Von den sonstigen Komplikationen wie Rhythmusstörungen, Herzinfarkt und selbst tödlichen Zwischenfällen in bis zu 0,2 % der Untersuchungen, die bei der Herzkatheteruntersuchung auftreten können, wollen wir nicht weiter reden. Derartige Zahlen lösen natürlich Kontroversen aus. Bei Herzklappenfehlern schlägt Prof. Böttcher vor, auf den Katheter ganz zu verzichten, während andere dieser Ansicht ebenso rigoros widersprechen[69]. Beim Infarkt wollen manche sofort, andere später angiographieren[145].

Es gibt eine Reihe von Untersuchungsverfahren, die schonender sind und trotzdem diagnostische Rückschlüsse erlauben. Mit Ultraschall können zwar die Kranzgefäße nicht direkt beurteilt werden, aber Durchblutungsstörungen, die Kammerwandbewegungsstörungen verursachen, können damit erkannt werden[81,82]. Kombiniert man eine derartige Ultraschalluntersuchung noch mit einer Belastungsprüfung (Streß-Echokardiographie), wird die Beurteilung noch genauer[806]. Auch die Prognose einer Koronarerkrankung läßt sich mit der Sonographie gut einschätzen[807]. Sehr vielversprechend sind die in letzter Zeit auch für den Einsatz am Kranzgefäß perfektionierten Untersuchungsmethoden wie Subtraktionsangiographie, bei der kein Herzkatheter mehr verwendet wird, Kernspintomographie und Positronen-CT[83,84,85,808]. Zumindest könnten 18 % aller Untersuchungen durch derartige nichtinvasive Verfahren eingespart werden[66,70]. Immer noch gibt es eine große Zahl von Koronarangiographien, die den Patienten erheblich belästigen und gefährden, ohne daß für die Diagnose etwas herauskommt[320].

Das Wort Diagnose hat hier einen schillernden Klang. „Durchblick, durchgreifende Erkenntnis" heißt es wörtlich übersetzt. „Der Beobachter liest die Natur, der Experimentator befragt sie", heißt ein altes Wort. Und genau dazwischen liegt die Diagnose, weil sie beides zu verbinden scheint.

Doch wie tut sie das? Der französische Philosoph M. Foucault sagt: „Der klinische Blick unterwirft das Sein der Krankheit einer nominalistischen Reduktion."[374] Da ist also schon irgendeine Benennung, ein Name, eine Aussage in der Art drinnen, wie man eine Diagnose stellt. Was für die Pathologie gilt, daß der „Leichnam doppelt täuscht, weil zu den Vorgängen, die der Tod unterbricht, noch die kommen, die er hervorruft"[374], gilt noch viel mehr für die Diagnose. Kann der Herzkatheter nicht schon, bevor er überhaupt angesetzt wird, einen Streß verursachen, den er nachher in Form von Spasmen mißt? Wer hätte das je untersucht und wie? Müßte man da nicht wieder ein Instrument einführen, ein Instrument für das Instrument usw.?

Diese Liste der Ungereimtheiten ließe sich noch weiter fortsetzen, und das verwundert auch gar nicht, handelt es sich ja immer wieder um entweder naturwissenschaftliche oder vorwiegend psychologische Modelle. Ein eigentlicher übergeordneter psychosomatischer Faktor, der körperliches und psychisches Geschehen gleichermaßen berücksichtigen würde, fehlt, und daher taucht die Frage nach dem Sein wieder auf, dem Sein des Menschen, das ein Zuordnen von Realität und Wahrheit möglich machte.

1.7 Der Bypass, ein Umweg

Wenn die Entstehung und Klinik des Herzinfarktes so widersprüchlich ist, wird es nicht wunder nehmen, wenn es auch in der Behandlung (Operation, Medikamente, stationäre und ambulante Rehabilitation) Widersprüche gibt. Die schließlich nach erfolgter Diagnostik zum Zuge kommende operative Überbrückung von erkrankten Herzkranzgefäßen durch eine aus dem Bein entnommene Ader (Venen-Bypass) bessert zwar in vielen Fällen die Beschwerden, hat aber eine Menge Komplikationen und bestimmte Rückfallquoten. So haben ein Jahr nach der Operation schon wieder über 30%

der Patienten Beschwerden[502]. Aber selbst wer durch die Operation eine Beschwerdenlinderung erfährt, ist, was die Prognose angeht, nicht besser dran als der, der trotz Operation seine Beschwerden behält[503]. Überhaupt ist der Gesamteffekt der Operation nach fünf Jahren dahin, die Sterberate steigt wieder über die der Normalbevölkerung an[504]. Bei der amerikanischen CASS-Studie (Coronary Artery Surgery Study), einer der bestangelegten neueren Studien über den Effekt der Operation, kam heraus, daß sogar Kranke mit 3-Gefäß-Erkrankung (alle drei Herzkranzgefäße sind hochgradig verengt) und auch Kranke mit einer Herzkammer-Auswurfleistung von unter 50% medikamentös behandelt genauso gut abschneiden wie Operierte[61]. Das ist bemerkenswert, weil 3-Gefäß-Erkrankungen bisher eine Domäne der Operation waren. Nach Recherchen des National Heart, Lung und Blood Institute, die auf dieser CASS-Studie beruhen, wäre es besser, wenn 25000 Herzkranke pro Jahr sich nicht operieren ließen[505]. Dabei liegt die Sterberate bei der Operation bei fast 3%, d. h., fast jeder 35. stirbt, das ist auch nicht gerade wenig[280]. Bei der notfallmäßig durchgeführten Bypassoperation ist es sogar fast jeder zehnte[282].

40% bis 50% aller Venentransplantate würden innerhalb von sieben Jahren wieder zugehen[505,509,510]. Schon nach einem Jahr ist das transplantierte Gefäß um wieder 20% bis 40% eingeengt[508]. Nur 50% der Patienten, bei denen dann eine erneute Operation notwendig wird, erreichen jedoch dadurch Beschwerdenfreiheit[506]. Das Hauptproblem ist, daß sich nicht nur die eingefügten Gefäße wesentlich schneller als die normalen wieder verengen, sondern daß sogar auch die Verengung der normalen schneller voranschreitet als ohne Operation[507]! Einige Untersuchergruppen kommen gar zu der Auffassung, daß die Verkalkung in den durch die OP entlasteten normalen Gefäßen um das Zehnfache stärker voranschreitet, als wenn man nicht operiert hätte[525]! In den Transplantaten schreitet sie auch schneller fort als in den verbliebenen Normalgefäßen, und die Operationserfolge sind vor allem dann schlecht, wenn Risikofaktoren wie Hochdruckleiden oder Zuckerkrankheit weiter bestehen[511]. Vor allem gestörte Fett-Eiweiß-Werte verursachen eine hohe Wiederverschlußrate, und gerade diese Werte aber sind schwer zu behandeln[512]. Zusammenfassend kommt die angesehene Zeitschrift Jama zu dem Schluß, daß die Bypassoperation weder das Leben verlängert noch den Herzinfarkt verhütet[526].

Ein anderes, nicht minder gravierendes Problem sind Folgeerscheinungen, die durch die Operation bedingt sind. Zwei Drittel aller Operierten zeigten Komplikationen von seiten des Gehirns oder Rückenmarks, wie Durchblutungsstörungen, vorübergehende Halbseitenlähmungen, Einschränkungen des Gesichtsfeldes[513]. Etwa 1 % erleidet sogar komplette Schlaganfälle, die in einem Drittel tödlich ausgehen[514]. Jeder sechste Patient hat nach gut einem Jahr noch Probleme von seiten des Gehirns, was weniger auf die Operationstechnik selbst als mehr auf Embolien durch die Herz-Lungen-Maschine zurückzuführen ist[386]. Ebenso sind Infarkte in den Netzhautarterien mit entsprechenden Sehausfällen sehr häufig[515]. Neben neurologischen sind auch psychische Auffälligkeiten nach der Operation sehr zahlreich; sie bilden sich zwar meist wieder zurück, behindern aber den Operationserfolg und die weitere Lebenseingliederung[62,516,517,521]. Dies leitet zu einem der erstaunlichsten Phänomene der Bypassoperationen über, nämlich dem extrem häufigen Bestehenbleiben der Arbeitsunfähigkeit und Berentung nach der Operation. Zwischen 20 % und 60 % gehen nach dem Eingriff in Rente[518,519,520], wobei dies sicher vom Vorherzustand und auch von der Berufsart abhängt, letztlich aber medizinisch nicht zu erklären ist. Dazu kommt, daß bis zum 15. Jahr nach der Operation die Situation sich wieder so verschlechtert, daß fast die Hälfte aller Operierten erneut operiert werden muß[277]. Das ist ein erheblicher Anteil, der aber nicht verwundert, wenn man weiß, daß es praktisch keine Methode gibt, mit der der Erfolg der Bypassoperation, insbesondere bezogen auf die Ventrikelfunktion (die Funktion der linken Herzkammer, und das ist ja das wichtigste), auch nur annähernd vorhergesagt werden könnte[278]. Überhaupt hat sich die Herz-Kreislauf-Sterbestatistik trotz dieses erheblichen Zuwachses an Herzoperationen praktisch nicht geändert[279].

Weitere Nebenwirkungen sind das Auftreten von Herzbeutelentzündungen, die das Herz einschnüren[387], Herzrhythmusstörungen, die sogar zumindest zeitweise bei jedem zweiten Herzoperierten auftreten[388]. Unangenehm sind oft auch Probleme der Wundheilung und die massiven Hämatome, die schon beim Herzkatheter auftreten[389]. So konnten wir einen Patienten beobachten, der allein wegen einer schlechten Wundheilung am Brustbein bis zu 40mal in Narkose verbunden werden mußte, und einen anderen, der viermal wegen des Nichtzusammenwachsens seines Brustbeins bzw. Brechens der Brustkorbverdrahtung nachoperiert werden mußte. Diese Nebenfolgen, die eigentlich nicht die Herzoperation selber betreffen, erscheinen dann auch nicht in den Statistiken, die sich nur auf die Durchgängigkeit der Kranzgefäße bzw. die eigentliche Operation am Herzen beziehen. So ist man bei der Operation der Halsschlagadern schon schlauer geworden, nachdem Operierte und Nichtoperierte sich hinsichtlich Schlaganfall und Tod nicht unterschieden[390] und Komplikationen nach der Operation so häufig waren[391]. Man beschloß: Symptomlose, d. h. beschwerdefreie Verengungen sollten gar nicht mehr operiert werden.

Bei jungen Frauen mit weniger ausgeprägten Koronargefäßveränderungen scheint die Bypassoperation die Situation sogar noch deutlich zu verschlechtern[336]. Während Männer im Zusammenhang mit der Operation in 2,6% der Fälle nicht überleben, sterben Frauen dabei fast doppelt so häufig[392]! Auch bei der thrombolytischen Infarktbehandlung, auf die wir noch zu sprechen kommen, sterben Frauen in 9%, Männer nur etwa in 4%[202]. Dabei könnte aber ein

Phänomen mitspielen, das beim Herzinfarkt der Frau generell zu beobachten ist, nämlich eine wesentlich höhere Sterberate beim klinischen Aufenthalt wegen einer Infarktkrankheit[699]. Nach dem, was wir bisher gesehen haben, ist diese für Männer und Frauen unterschiedliche Statistik allerdings nicht so unverständlich. Der Herzinfarkt der Frau ist eine weitgehend andere Erkrankung, und das Herzkranzgefäß steht hier nicht so im Vordergrund. Der „andere" Infarktmechanismus scheint wesentlicher zu sein, und deswegen bringt das Herumdoktern an den Koronarien, sei es jetzt chirurgisch oder mit thrombolytischen Mitteln, keinen besonderen Erfolg.

Ein weiteres Problem stellen bei der Bypassoperation die Charakterzüge des Patienten dar. „Patienten mit hysterischen oder hypochondrischen Charakterzügen schneiden bei der Bypassoperation schlechter ab und haben nach der Operation häufig wieder Angina-pectoris-Beschwerden."[203] Die Einschätzung aber, wer ein derartiger Charaktertyp ist, ist sehr diffizil, weil gerade diejenigen Patienten, die wegen dieser Charakterstrukturen die meisten postoperativen Komplikationen haben, vor der Operation ganz unauffällig waren, ja sogar als „besonders angenehm und unkompliziert" empfunden wurden[203]. Ganz grotesk aber ist – neben der bereits erwähnten Tatsache der häufigeren Berentung von Bypassoperierten, die übrigens auch für Schrittmacherträger gilt[337] –, daß diejenigen Operierten, die doch wieder für arbeitsfähig gehalten werden und in die Arbeit gehen, häufiger sterben[338]! Warum dann nicht gleich in Rente gehen und sich erst gar nicht operieren lassen?! Denn für hypochondrisch und hysterisch wird man dann sowieso gehalten bzw. ist es dann auch zu Recht!

Die Hälfte aller Bypassoperierten sei aber heute sowieso durch ein neueres Verfahren, die PTCA (Aufdehnung eines Kranzgefäßes durch einen von der Beinschlagader vorgeschobenen Herzkatheter), ersetzbar[524]. Dieses natürlich weniger aufwendige Verfahren ist ebenso wie die Operation nur anwendbar bei großen bis mittelgroßen Arterien (bei den kleinen Gefäßen sind chirurgische Maßnahmen nicht möglich). Hauptproblem ist hier die hohe Wiederverschlußrate. Schon bei durchschnittlich 30% sind nach nur sechs Monaten die geöffneten Gefäße wieder zu[527,393]. Andere Untersucher berichten sogar von bis zu 44% Wiederverschlüssen in den ersten Monaten nach dem Eingriff[540,541]. 20% müssen zwei- oder mehrmals nachdilatiert (Dilatation = Aufdehnung) und 12% sogar nach Jahren doch noch durch eine Bypassoperation versorgt werden. Selbst nach fünfmaliger Dilatation werden nur ca. 50% der Patienten für einige Dauer von ihrem Leiden befreit[281]. Auch wenn die Aufdehnung zum Teil erfolgreich war, kam es in einem nicht geringen Prozentsatz zum Fortschreiten der Arteriosklerose in diesen Gefäßen[285]. Ein weiteres Risiko ist der Seitenastverschluß (durch das Vorschieben des Ballonkatheters über ein abgehendes Seitengefäß wird dieses während des Eingriffs verschlossen), der in 5% der Fälle eintritt[528]. In bis zu 3% treten Dissektionen auf (durch die Aufdehnung reißt die Ader ein)[529]. Andere berichten von 5% Dissektionen[530], ja sogar bis 5,8% werden erwähnt[544]. Im gesamten Krankengut gibt es bis zu 25% verschiedene Komplikationen, z. B. Rhythmusstörungen, die zu notfallmäßigem Eingreifen führten[529].

Andere Untersucher bestätigen in 13,6% ausgeprägte Komplikationen (Durchstoßung des Gefäßes, Infarkt, stärkere Angina)[87]. Dazu zählt insbesondere auch eine sofort angeschlossene Bypassoperation[529]. Laut Literaturangaben sei letztere in 2% bis 9% erforderlich, in bis zu 8% komme es zum Auftreten eines Infarktes[542]. Unterschiedliches mit zum Teil noch höheren Rezidivraten berichten andere Autoren[531], so z. B. eine Forschergruppe, die bei 7% über eine Notfalloperation berichten, die wiederum in über 41% der Fälle zum Herzinfarkt und in 6,4% der Fälle zum Tod führte[87]. Die tödlichen Komplikationen liegen bei 1%[532] oder auch darüber[542,543]. Viele Experten meinen, daß die Aufdehnungsphase nicht länger als eine Minute dauern dürfe, sonst komme es zu bleibenen Schäden am Herzmuskel[545]. Der Eingriff dauert aber meistens länger.

Patienten mit Mehrgefäßerkrankungen sind aber selbst nach erfolgreicher Aufdehnung im nachhinein gefährdeter als Nichtbehandelte: Sowohl Todesfälle wie Herzinfarkt treten häufiger auf[394], so daß man bei diesen Kranken jetzt wieder häufiger Bypassoperationen empfiehlt. Andere Verfahren, wie Laser oder kreisende Messer, die man ebenfalls über Katheter in die Herzkranzgefäße einführt, haben auch keine Verbesserungen gebracht[395]. Neuerdings konnte auch geklärt werden, daß der rasche Wiederverschluß der Gefäße bei all diesen Verfahren wohl in dem gerade durch die Aufdehnungsverletzung verursachten Gefäßzellwachstum besteht[809], ein Mechanismus also, den wir schon eingangs bei den pathologischen Prozessen erwähnten. Dagegen bleibt unklar, warum 50% aller Patienten mit PTCA weiterhin Angina-pectoris-Beschwerden haben zu einem Zeitpunkt, wo man noch keine Wiederverschlüsse beobachtet[810].

Die neuerdings sehr häufig durchgeführte Thrombusauflösung beim Herzinfarkt mit rt-PA (einem Mittel, das nur dort blutverdünnend wirkt, wo Gerinnsel sind) wird durch eine anschließende Ballondilatation nicht verbessert, sondern sogar eher verschlechtert[546,547]. Nach sieben Tagen waren fast 10% der mit dem Ballon zusätzlich behandelten Patienten verstorben, im Gegensatz zu 8,1% der nur konservativ behandelten[228]. Außerdem waren mehr Bypassoperationen bei den PTCA-Behandelten notwendig als bei den nur durch die Auflösung therapierten, und – so schließt der Leiter dieser Studie (der TIMI-II-B-Studie) – man würde 700 Millionen Dollar jährlich sparen, würde man die weniger gefährliche Behandlung vorziehen[228]. Es gebe bisher nichts, was vorhersehen lasse, ob es zum baldigen Wiederverschluß nach Dilatation kommt[238], ebenso sei es wahrscheinlich, daß bei der akuten Aufdehnung (z. B. gleich nach dem Infarkt) häufig ein Zweitinfarkt dadurch entstehe, daß dann die zusammengepreßte thrombosierte Wand Substanzen freisetzt, die eine Durchblutungsnot erzeugen[284]. Neuere Methoden, nämlich solche, wonach man zur Verbesserung der Restenosierungsrate kleine Drahtgeflechte zum Offenhalten der Gefäße einsetzt, sogenannte Stents, brachten noch schlechtere Ergebnisse, indem nämlich bei Mehrfach-Stents bis zu 70 % Wiederverschlüsse auftraten[286]. Auch einfache Stents, die sich selbst noch ausdehnen, nachdem sie implantiert sind, verschließen sich so häufig wieder, daß eine neuere Studie ihre Anwendung erheblich in Zweifel zieht[798]. Auch bei der Laser- oder „Heiß-Ballon"-Aufdehnung (Erhitzung bis zu 90 Grad) können erhebliche thermische Schäden entstehen[287]. Sind wir nicht vielleicht wie schon bei der Herzschrittmacherbehandlung wieder ein bißchen zu forsch? Auf diesem Sektor meinen Experten schon lange, es würden „unvertretbar zu viele" Schrittmacher implantiert[288], jeder vierte bis fünfte sei überflüssig[289].

Um Erklärungen für all die beschriebenen Phänomene ist man allerdings nicht verlegen. Hauptargument für die Mißerfolge der Bypassoperation könnte sein, daß nur an ein paar Röhren herumgedoktert und die Gesamtheit der Erkrankung nicht gewürdigt wird. Durch den doch recht massiven Eingriff fühlen sich die meisten mit einem nunmehr vernähten Herzen und einem verdrahteten Brustkorb (bis zu 10 % haben z. T. erhebliche Beschwerden nur von der Brustbeinverdrahtung her) erst recht als Schwerbehinderte. Und überhaupt, gesichert lebensverlängernd wirkt nichts in der Therapie der Koronarerkrankung[63], und etliche Wissenschaftler prophezeien für das Jahr 2000, daß es in den USA keine Bypassoperationen mehr geben wird[523]. Sie würden zum Großteil ersetzt werden durch „weniger invasive Maßnahmen". Aber werden sie auch – wie wir sagten: ontologisch begründet – Wahrheit und Realität besser miteinander vereinen? Werden sie endlich den Schlüsselpunkt finden, von dem wir sagen könnten, daß er entscheidend sperrt, daß er das Eine ist, das Ganze, das das Herz wäre?

Wir wollen uns daher den ganzen Komplex von Prävention und Rehabilitation (Vorbeugung und Wiederherstellung) sparen, denn er sieht genauso kontrovers aus wie alles bisherige. Ein Kuriosum sei vielleicht noch erwähnt: 1. Der gleiche Streit wie beim Fett findet seit Jahren auch um die sogenannte Lysetherapie statt (die Auflösung von Gerinnseln nach einem Infarkt durch gerinnungshemmende Mittel, rt-PA – wie oben schon einmal erwähnt). Nachdem durch zahlreiche aufwendige Studien jetzt gesichert erscheint, daß diese Behandlung etwas bringt, wenn man sie rechtzeitig durchführt, die richtigen Patienten hat und das richtige Mittel nimmt, zeigte jetzt eine weitere Studie ein katastrophales Ergebnis: Nur 4% aller Infarktpatienten, die in eine Klinik aufgenommen wurden, kamen überhaupt in den Genuß dieser Lysebehandlung, 96% schieden wegen zu späten Eintreffens, Kontraindikationen wie Alter, Hochdruck und anderer Faktoren aus[341]. Gar nicht zu reden von den Patienten, die sowieso nicht ins Krankenhaus gingen, weil ihr Infarkt nicht richtig erkannt wurde oder sie sich zu Hause behandeln ließen. Aber selbst die, die noch im Krankenhaus an der 3-Stunden-Grenze (drei Stunden nach Infarkteintritt) behandelt und dadurch gerettet werden, sterben oft innerhalb des darauffolgenden Jahres an Herzversagen[297]. Der Versuch, daher schon im Notarztwagen Hilfe zu bringen, hatte trotz Zeitgewinn von fast einer Stunde keine wirkliche Verbesserung zur Folge (keinen Einfluß auf die Funktion der linken Herzkammer)[669]. Zudem gibt es viele Risiken: Da das Mittel ja blutverdünnend wirkt, kann es zu Blutungen auch im Gehirn kommen, und in bis zu 30% treten z. T. erhebliche Rhythmusstörungen auf[298]. Schließlich werden oft Stoffe freigesetzt, die die Gefäße verkrampfen, so daß der Infarktbezirk sich auch vergrößern kann[299]. Verantwortlich sind hier vor allem die Peroxide, die wir schon als Schadstoffe durch ein Zuviel an Sauerstoff gekennzeichnet hatten und die nach Lyse stark vermehrt auftreten[668].

Bei 25% ist selbst nach erfolgreicher lytischer Behandlung trotzdem mit dem Wiederauftreten von Durchblutungsstörungen zu rechnen, und bei 15 % muß schon in den ersten Krankenhaustagen nach der Behandlung mit einem erneuten Wiederverschluß gerechnet werden, was dann auch noch eine Operation nach sich ziehen kann[396]. In einigen Prozent kommt es zur Verschleppung von Embolien, z. B. Schlaganfällen. Fehlbehandlungen sind kaum zu vermeiden, z. B. wenn jemand ein unbekanntes Magengeschwür hat[667] und durch das Medikament dann schwerste Magenblutungen ausgelöst werden. Und überhaupt hat sich die Sterblichkeit beim Herzinfarkt trotz jetzt wesentlich häufiger lytischer Behandlung nicht verbessert[398]. Ja, manche Studien zeigen sogar eine erhöhte Reinfarktrate einige Zeit nach der Lysebehandlung, und nach einem Jahr ist der Überlebensvorteil der ersten Tage oder Monate wiederaufgehoben[672]. Sowieso ist es fraglich, ob aus der Behandlung eine Verbesserung der Funktion der linken Herzkammer – das, auf was es eigentlich ankommt – resultiert. Die teuren lytischen Mittel sind daher nach Ansicht einiger Autoren besser durch Hyaluronidase zu ersetzen, ein Medikament, das schon lange als gewebsauflösende Substanz gilt[45].

Nur der Hausarzt, der als einziger eigentlich helfen könnte, weil er evtl. der erste am Krankheitsort wäre und daher innerhalb der allein sinnvollen ersten Stunde noch eingreifen könnte, darf nicht: Er hat nicht die Ausrüstung, die nötig wäre. Aber er darf sich trösten: Eine Übersicht über 22 Studien mit insgesamt mehr als 18 000 Patienten ergab kürzlich, daß alle Medikamente, die nach Herzinfarkt zur Vorbeugung genommen werden (es handelte sich um verschiedene Kalziumantagonisten), ohnehin nichts bringen[670]. Die Reinfarktraten waren in den Behandlungs- und Kontrollgruppen mit etwas über 4 % gleich hoch. Dies erwies auch eine andere Studie an der Yale University: Ob Placebo oder Medikament, es hilft lediglich, wenn die Tablette – auch die aus Zucker oder Mehl – regelmäßig genommen wird[671], und dafür kann eigentlich jeder sorgen!

Umgekehrt darf uns auch nicht verwundern, wenn vier von fünf Patienten, obwohl der Arzt den Normalbefund an den Herzkranzgefäßen kennt, starke Herzmittel bekommen, wohl weil Arzt und Patient in einem Objektivationswahn den Schmerz mit einem technischen Defekt am Apparat Herz verwechseln[242]. Magnesium beispielsweise – wie wir schon weiter oben sahen –, über das es Tausende von Publikationen gibt, die beweisen, wie wirksam es in der Herztherapie eingesetzt werden könnte, kann sich nicht durchsetzen, weil es von den großen Zentren der technischen Medizin belächelt wird[399,400,401]. Vielleicht ist auch alles nur ein Spuk des eigenen Nervensystems, von dem wir schon als Nerven-Rückenmarks-Faktor gesprochen haben, der hier aber jetzt z. B. in Form einer autonomen Neuropathie vorliegt: Sie verursacht eine elektrische Instabilität des Herzmuskels, wodurch es auch zu plötzlichen Todesfällen kommen kann, eine Zuordnung aber weder zu Koronarleiden noch zu Myopathien möglich ist[104]. Solche krankhaften Nervenverbindungen können über einen verstärkten Säurereiz im Magen sogar Angina pectoris auslösen[105]. Ja, ein derartiges Nervensystem vermag sogar zahlreiche Organe durch fehlerhafte Impulse zugleich zu stören[106]. Oder es produziert Träume, die wie ein Alp auf der Brust liegen und das Herz tödlich zusammenschnüren, wie behauptet wird[796]. Damit hätten wir einen guten Übergang gefunden, uns der psychologischen Seite zuzuwenden.

Denn wir sind nicht die ersten, die gemerkt haben, daß mit einer rein somatischen Sicht der Herzkrankheit, selbst wenn man die unterschiedlichsten Theorien würdigt, nicht weit kommt. Immerhin käme man der Herzsprache etwas näher, könnte man die unterschiedlichen Auffassungen in der Kardiologie einander besser angleichen, gegenseitig mehr berücksichtigen, aber der letzte Nenner wird immer fehlen. Denn es könnte sein, daß sich die „alternative" Herzinfarkttheorie, bei der also letztlich der Sauerstoff (die Peroxide) der Hauptschadensfaktor ist, nicht mit der schulmedizinischen Theorie verträgt, weil eine naturwissenschaftliche Basis für die Einheit von Wahrheit und Realität schon über eine Grenze hinaus, wie sie die Frage nach dem Herzen darstellt, nicht denkbar ist. Man vertröstet sich dann auf spätere Forschungen, oder die Lücke wird von anderen Disziplinen gefüllt wie eben der Psychologie, Soziologie. Sehen wir uns diese Seite genauer an!

2. Psychosomatik der koronaren Herzerkrankung

2.1 Persönlichkeiten, A-Typen und andere

Die Anfänge einer psychologischen Sicht des Herzinfarktes sind vorwiegend in sogenannten Persönlichkeitstheorien zu sehen, d. h., man glaubte einfach bestimmte Charakterzüge beschreiben zu können, die genau für herzinfarktgefährdete Menschen zuträfen. Als erste hatten Dunbar und Alexander schon in den 40er Jahren versucht, eine sogenannte Infarktpersönlichkeit zu beschreiben[107]. Dunbar formulierte „ein Persönlichkeitsprofil mit ... zähem Festhalten an der Arbeit, ... Streben nach sozialer Geltung, ... zwanghaft-depressiven Grübeleien und starken Leistungsanforderungen an sich, aber auch an andere."[404] Hahn hat darauf aufbauend Merkmale (sog. items) derartiger Persönlichkeiten genauer überprüft und solche Aussagen machen können, daß mehr zwanghaft-rigide Charaktereigenschaften oder erhöhter Neurotizismus bei Infarktkranken vorliege[108]. Hau, Seemann und andere beschrieben ein ehrgeiziges Perfektionsbedürfnis bei gleichzeitiger Vermeidung aggressiver Auseinandersetzungen[7,8]. Andere hoben das Zusammentreffen von Gefühlsabwehr und harter Arbeit, das „Fehlen mütterlicher Liebeszuwendung", den „Mangel an väterlicher Leitbildorientierung" heraus[9]. Viele Forschungen zu diesem Thema legen das Schwergewicht auf berufliche Beanspruchungen, die fehleingeschätzt werden[10], weil ein Sisyphosmuster sinnloser Verausgabung entsteht[11].

Demgegenüber muß man entgegenhalten, daß die noch höhere Arbeitsintensität bei den Japanern dort nur zu etwa einem Drittel so vielen Infarkten führt wie bei uns[12]. Bräutigam und Christian brachten daher direkte psychische Faktoren (Emotionen und seelische Belastungen mit der Durchblutung am Herzen, in meßbaren Zusammenhang und stellten auch schon psychoanalytische Anhaltspunkte (gesteigertes Eßverhalten als „orales Bedürfnis") heraus[109]. Schließlich wurden diese empirisch-psychologischen Forschungen immer aufwendiger, immer umfangreichere Fragebögen und größere Patientenzahlen mußten eingesetzt werden, ohne daß letztendlich eine sogenannte „Infarktpersönlichkeit" gefunden werden konnte[111].

Heute wird also wohl niemand mehr mit einem rein beschreibenden und auf zu diffusen items beruhenden Risikoprofil auskommen[112]. Auch Versuche, möglichst nahe am physiologischen Geschehen zu bleiben, während die Probanden (Tiere oder Versuchspersonen) psychischem und sozialem Streß ausgesetzt wurden, brachten nur wenig aussagekräftige Resultate (z. B. daß gestreßte Tiere mehr Arteriosklerose ausbilden)[110]. Alle Versuche, Körperliches und Seelisches in einem direkten Forschungsansatz beweisend zu verbinden, z. B. einen Zusammenhang „zwischen psychischen Variablen und entsprechenden Hormonmustern"[118] beim Herzkranken zu finden, scheitern ganz einfach an dem Wort „entsprechend". Denn wer hier wirklich spricht, ist nur der Experimentator, der die Interviews bestimmt, die Zusammenhänge auswählt. Einem etwaigen „Sprechen" des Körpers kann man nicht direkt „entsprechen". Wir kommen auf diesem entscheidenen Fehler der Psychosomatik noch im 3. Teil ausführlich zurück. Zudem müssen manchmal eingreifende körperliche Untersuchungen durchgeführt werden, wie z. B. Blutdruck, EKG, Muskel- und Blutwertbestimmungen[119], die den ganzen Ansatz verfälschen (wie schon beim Weißkittelhypertoniker!).

Dafür haben um so mehr verhaltensorientierte Merkmalbeschreibungen an Boden gewonnen, hier vor allem das, was man das Typ-A-Verhalten nennt. Aggressivität, Rivalitätsdenken, immer mehr leisten in weniger Zeit – solche Leute bekommen mehr Infarkte[13, 557]. „Extreme Wettbewerbsorientierung", „überdurchschnittliches Streben nach Anerkennung", „hohe Ungeduld und Aggressivität und hohe Antriebsstärke", „explosible Sprechweise" und vieles andere mehr wurden zu diesem Verhalten gerechnet[113], das somit schon gar kein Verhalten mehr war, sondern eine ganze Batterie von Seinsweisen. Doch immer weitere Faktoren kamen dazu: Typ-A-Verhalten besteht in noch stärkerem Maße, wenn Feindseligkeitsaspekte dominieren[558]. Auch Überreaktionen des Kreislaufs und vermehrtes Cholesterin wurden bei diesem so gefährdeten A-Typ nachgewiesen[559, 560]; weiterhin, daß sich alles bessert, wenn man diese Leute zum sanfteren B-Typ macht[561, 562]. Doch die umfangreiche Literatur vom bösen A-Typ ließ sich eines Tages nicht mehr stützen. Kranzgefäßkranke weisen zwar häufiger das Typ-A-Muster auf als Gesunde, nicht aber häufiger als andere chronische Kranke[14]. Auch ließ sich kein Zusammenhang zwischen Schweregrad der Gefäßerkrankung und Typ-A-Verhalten zeigen[15]. Immer weiter bröckelte die Typ-A-Theorie ab: Nur A-Typen in Mittelpositionen (z. B. Facharbeiter und Meister) trifft's, A-Typ-Manager mit Entscheidungsfreiheit nicht[564]. Bei weiteren Untersuchungen ließ sich auch die Überaktivität der Nebennieren, die einen Zusammenhang zwischen Psyche und Körper bei diesem Verhaltenstyp herstellen soll, nicht bestätigen[114]. Schließlich wurden erhebliche Mängel bei den meisten A-Typ-Studien bekannt[115]. Heute wissen wir: Der A-Typ bekommt vielleicht leichter einen Infarkt, übersteht ihn aber besser und lebt länger als der zurückhaltendere B-Typ[565, 566]. Da nützt es auch nichts, wenn die A-Leute angeblich mehr Betarezeptoren haben (kreislaufstimulierende Rezeptoren)[568] oder wenn der Versuch unternommen wird, durch noch mehr Wortzusammenstellungen (bio-psycho-soziales Modell) die Sache

KHK in den Griff zu bekommen[569,570]. Auch der Versuch, durch Änderung der Typ-A-Merkmale das Auftreten eines Erstinfarkts zu verhindern, ist bisher nicht gelungen[199]. Schon der Entdecker des Typ-A-Musters bekannte, daß es praktisch aussichtslos ist, Patienten, die wenig Beschwerden haben, von ihrem angeblich falschen Verhalten zu befreien[16]. Ja, in einer der neuesten Studien zum Typ-A-Verhalten schneiden die A-Typen sogar generell besser ab als die anderen und lebten auch deutlich länger[406].

Einige Forscher wissen sogar warum. Schlecht stellen sich nämlich nur jene Typ-A-Männer, deren Frauen aktiver und dominanter sind, ja insbesonders wenn die Frauen eine höhere Schulbildung haben und ihren Männern somit intellektuell überlegen sind[485,486]. Bei den „üblichen" Typ-A-Personen sind die Risiken eben anders verteilt, und es wird sich sicher eine Studie finden, in der die Aufschlüsselungen noch weiter und differenzierter sein werden, damit wir rechtzeitig wissen, wie wir wann und wo die richtigen Frauen heiraten oder die richtigen Berufe ergreifen müssen, um keinen Infarkt zu bekommen.

Letztlich war natürlich auch die Typeneinteilung nichts anderes als wieder eine Verhaltensbeschreibung – nur vielleicht etwas gekonnter, technischer, ausgefeilter. Z. B. daß „sie ihren Selbstwert an ihrer Akzeptanz in der sozialen Umwelt messen"[405], hatten wir oben schon 50 Jahre früher belegt gefunden. Und ob es so viel mehr bringt, wenn als Ergebnis langen Forschens herauskommt, daß „Infarktpatienten signifikant mehr berufliche Distanzierungsfähigkeit zeigen und bei Störungen irritierter sind als Probanden ohne KHK", die noch dazu „bei jenen Arbeitern besonders ausgeprägt ist, die belastenden Arbeitsbedingungen ausgesetzt sind"[407], ist eine berechtigte Frage. Da waren ja die Infarktpersönlichkeitsbeschreibungen noch treffender. Man kann also sagen, daß „pauschale Typologien" zu wenig sind und „eine mehrdimensionale Erfassung der Risikopersonen" nötig sei[408]. Doch was, wenn als Konsequenz dieser

Forderung dann resultiert, daß die gefährlichen Verhaltensmerkmale „ungesunde, getriebene Lebensweise", „psychosoziale Überangepaßtheit" und „Streßlabilität" sind? Das ist zwar mehrdimensional, aber kann denn von wirklicher Erfassung hier die Rede sein? D. h., fühlen sich, sehen sich KHK-Patienten dadurch wirklich erfaßt? Werden Wahrheit und Realität erfaßt? Gar noch als Ganzes, als eins?

Da hilft wohl auch nicht weiter, wenn man, um es komplexer zu sehen, noch die „Aggressivitätskomponente" dazunimmt[409] oder sagt, daß es nicht das Typ-A-Verhalten ist, sondern „daß jemand bei bestimmten Frustrationen ein Typ-A-Verhalten entwickelt"[410]! Oder daß die Mütter strenger erlebt werden oder mit einer „durchsichtigen Opferhaltung"[410]und vieles, vieles mehr! Haben die Forscher auch bedacht, daß allein das Lesen der Literatur zu diesem Thema mit ständigem Wiederholen von Formulierungen über „latentes Dominanzstreben ... bei negativen Selbstwertgefühlen", instabilen Kontrollüberzeugungen ... etc.[411] nicht schon bald ein ganz erhebliches KHK-Risiko darstellt?

Noch komplexere Zusammenhänge hat dann Siegrist versucht aufzuzeigen, indem er „chronische soziale Risikodispositionen" mit „psychischen Risikodispositionen" und „akuten lebensverändernden Ereignissen" in Zusammenhang brachte[835]. Sein Konzept ist verhaltenswissenschaftlich aufgebaut und weist einander überlagernde Belastungen auf, die im Zusammenhang mit „lebensverändernden Ereignissen" eine Gefährdung für den Herzinfarkt überdurchschnittlich erscheinen lassen[836]. Später werden diese Aspekte noch mit dem bekannten Anstieg von Katecholaminen und Hypophysenhormonen im Blut in Beziehung gesetzt und auch intrapsychische Faktoren wie das oben beschriebene Typ-A-Verhalten miteinbezogen[837]. Obwohl der Zusammenhang mit Nebennierenmark-, aber auch Hypophysen- und Nebennierenrindenhormonen auch von anderer Seite her detailliert beschrieben ist[487], fragt es sich, ob derartige Schemen, in denen Hunderte von Pfeilen einen Faktor mit dem anderen zu einem grandiosen Puzzle verbinden und überkreuzen, für die Praxis wirklich relevant sind. Siegrist meint „praxisnah" zu sein, wenn er auf drei Seiten mit zahlreichen Fremdwörtern das komplexe Netz der Vernetzungen beschreibt[488].

Andere Untersucher haben das „Freiburger Persönlichkeitsinventar", einen in der psychologischen Forschung vielverwendeten Fragebogen, eingesetzt, bei dem ähnliche items wie Dominanzstreben, Gehemmtheit, reaktive Aggressivität und ähnliches zur Beurteilung der Herzerkrankungspersönlichkeit verwendet werden. Hahn und Mikkisch haben in einer neueren Untersuchung die Soziabilität als ein weiteres item herausgestellt, vermischten ihre Erkenntnisse mit der Aufforderung, bewegungstherapeutische Rehabilitation miteinzubeziehen, und versuchen sich in tiefenpsychologischen Erklärungen, die dann aber wieder schwer „nachzuvollziehen seien"[548]. In einer ausführlichen Studie weist Klapp wieder auf psychoanalytisch untermauerte Begriffe hin, wie das „Überspielen innerer Spannung", „Flucht vor trieb- bzw. körperbezogenen Phantasien", „zwanghaft und hysterisch anmutende Abwehrstrategien"[549] – Begriffe, die immer komplexer, hintergründiger und doch auch wie Platitüden erscheinen, wenn man bedenkt, wie weit verbreitet oder wie alltäglich sie sind: So sollen Herzkranke mit einem „Hysterie-Level" unter 70 besser von allen Behandlungen profitieren, weil sie „ausgeglichener" sind als solche mit einem über 70[120].

In einer ausführlichen Untersuchung hat Langosch eine komplexe „psychophysiologische Testbatterie" vorgelegt[121]. Er findet z. B., daß die sympathiko-adrenale Hyperaktivität „nicht repräsentativ für das Alltagsleben" ist, wohl aber für die „Kontrollambition", ein item, das wieder aus anderen Forschungen als repräsentativ für Koronarkranke gefunden wurde[122]. Man spürt, wie hier ein Kreis aufgebaut wird, der beweist, was er eigentlich voraussetzt, nämlich die sympathiko-adrenale Hyperaktivität der Koronarkranken. Er führt zwar ein sehr differenziertes „5-Komponenten-Modell aus Zeitvariablen psycho-physischer Reaktivität" auf, aber das schließt nicht aus, daß er das Kaninchen aus dem Hut zieht, das er vorher hineingetan hat. So ist er wenigstens so fair zu bestätigen, daß sein Modell trotz allem eine „geringe Generalisierbarkeit" aufweist und „lediglich die beste Annäherung" darstellt, die es bis jetzt zur Erfassung der Psychosomatik des Herzkranken gibt[122].

Eine ebenso ausführliche Test-Untersuchung zur Psychosomatik funktioneller Herz-Kreislauf-Störungen legte Schoneke 1987 vor[601]. Es zeigt sich hier wieder einmal mehr, wie in den voraussetzenden Annahmen schon das Ergebnis vorweg enthalten ist. Der Autor geht von Begriffen wie „neurozirkulatorische Asthenie" aus, ein Name, der – sicher vereinfachend gesagt – schon alles beschreibt, was er später findet. Zwischendurch werden nämlich Begriffe erwähnt wie „Aktivierung", „kardiosomatische Kopplung", die in sich schon die Frage nach der Herzspezifität (wie spezifisch ist das alles fürs Herz) fast beantworten. Wenn die Aktivierung die „physiologische Funktion als abhängige Variable" (von Psychologie abhängig) ist, man dann über die Erregungsintensität zur Stimuluspezifität (Situationstereotypie) und von da zur zentralen kardiosomatischen Kopplung, dann wieder herunter zur individuellen Spezifität (kognitive Strukturiertheit) kommt, braucht man eigentlich nur irgendwo einen Begriff herauszunehmen und zu hinterfragen, um alles ins Wanken zu bringen: z. B. die Situationsstereotypie. Wie schafft die das wirkliche Leben? Wie kann man die künstlich nachbauen und dabei doch echt, wirklich, wahr *und* real bleiben? Die Autoren konnten nicht wahr bleiben, sie mußten ihre Probleme mehrmals massiv belügen: Es wurde ihnen suggeriert, daß ihr Puls und ein gleichzeitig gespielter Ton identisch seien. Später wurde der Ton aber in künstlich verkürzten Intervallen angeboten, so daß die Probanden glauben sollten, ihr Puls ginge schneller. Gewiß sollte es hier nur um die subjektive Einschätzung, Ängstlichkeit gehen, aber wo bleibt die Messung, wenn ihnen anschließend ein Placebo verabreicht wird und man ihnen zugleich mitteilt, dies werde die Herz-Kreislauf-Aktivität ähnlich wie Adrenalin anregen, wobei man ihnen zu ihrer Beruhigung (!) weiterhin sagt, die Wirkdauer werde nur sehr kurz sein. Wer will wissen, daß nicht gerade solche Bemerkungen jemanden aufs höchste anspannen! Sind nicht Beschwichtigungen ein gewisses Zeichen lauernder Gefährlichkeit? Die Untersucher bemerken demnach auch, daß manche Patienten im Hinblick auf diese Tabletteneinnahme sich „recht besorgt zeigten". Zum Schluß bietet man ihnen noch ein ganz objektives Streßinterview zum Thema Sexualität an (warum nicht zur Politik?), um im Endergebnis sagen zu müssen, daß bei der ganzen Untersuchung „bedeutsame psychische Merkmale der Patienten unberücksichtigt geblieben" sind. Dürfen wir so sarkastisch sein zu sagen, daß dafür aber die psychischen Merkmale der Untersucher um so mehr berücksichtigt wurden?

2.2 Psychoanalyse des Koronarkranken

Selbst innerhalb einer psychoanalytischen Fachsprache nehmen sich die Erkenntnisse nicht viel besser aus. Jedenfalls sind „archaische Überich-Bildungen" und „strukturelle Ich-Störungen"[412] nicht unbedingt klarere oder treffendere Bezeichnungen, zumal sie auch nicht in irgendeiner therapeutischen oder sonstigen Konsequenz für den Kranken stehen. Ein anderer Untersucher meint, daß KHK-Kranke „entweder despotische Väter hätten oder von der dominierenden Mutter gegängelte schwache Väter"[413]. Was sollte es sonst noch für Väter geben? Ideale? Auf jeden Fall nicht solche, die so etwas schreiben. Oder die behaupten, daß „gehemmte Schadenfreude als letztes Glied in der Kausalreihe zum KHK-Anfall anzunehmen ist"[414]. Leider kann man hier keine nunmehr gesunde ungehemmte Schadenfreude empfinden, weil solche Sätze keinen Schaden anrichten, da sie kaum jemand sehr ernst nimmt und sie wohl auch nicht in wesentlicher Form an das Ohr irgendeines Koronarkranken dringen.

In weiteren psychoanalytischen Untersuchungen konnte Kennen die „Verleugnung der psychischen Realität" herausstellen[550]. Andere sagen, die psychische Realität bestehe darin, ein psychisches „Objekt" zu haben (so etwas wie eine intensive, gute Erinnerung an die Mutter in der Säuglingsphase), und die Infarktkranken verleugneten die Angst, dieses Objekt zu verlieren[27,28]. Wieder andere haben dagegen versucht, den Kern des Problems als „Angst vor dem drohenden Verlust eines anaklitischen (Anlehnungs-)Objektes" zu kennzeichnen[29], also fast das Gegenteil der ersten Auffassung, in der die Angst abgewehrt wurde. Es zeigt sich hier schon deutlich, wie schwierig es überhaupt ist, mit Hilfe der Psychoanalyse an die Koronare Herzerkrankung heranzugehen. Schließlich ist es etwas ganz anderes, wenn jemand eben die psychische Realität, ja fast nur diese Form der Realität anerkennt und deswegen, weil er damit Schwierigkeiten hat, zum Psychoanalytiker geht. Kennen vermerkt dies wohl, doch in einer weiteren Arbeit im gleichen Heft werden von E. Moersch wieder „Angst vor dem Objektverlust" und von R. Fischer die „Verleugnung" (der Abhängigkeit von anderen oder von Körperwahrnehmungen) als Charakteristika des Infarktkranken bezeichnet. Alle diese Aussagen stimmen, und die Autoren sind sich darüber klar, daß sie hier mit dem Begriff der Metapsychologie arbeiten – doch wie sie zur Realität machen, d. h. zu etwas, das auch wirklich beim Infarktkranken zum Zuge kommt? Verschwindet denn wirklich eine Herzphobie (Herzangst), wenn man deutet, daß das Herz doch ein Symbol für die Mutter ist und diese nämlich vor einiger Zeit gestorben ist[123]? Ist es denn wirklich wahr, daß „Infarktpatienten ihre Triebwelt, insbesondere in ihrer anal-homosexuellen Komponente, verdrängt haben"[367]? Und daß sie „in der Regel

Charakterneurotiker" sind? Daß sie sich „anal potent geben, doch Sklaven ihres erbarmungslosen Leistungsideals sind"[367]? Während wir vorhin, bei der körperlichen Seite des Problems, immer sagen mußten: viele Realitäten, aber keine Wahrheiten, hat man hier jetzt das Gefühl, daß es umgekehrt ist: viele (fragwürdige) Wahrheiten, doch keine Realität. Wieder kein ganzes Herz, kein Eins, kein HER-ZS-EIN.

Das Problem liegt insbesondere auch darin, daß in der Psychoanalyse der Zugang zum Körper über das erfolgt, was sie selber in einem erweiterten, auch die früheste Kindheit umfassenden Begriff „Sexualität" nennt. Doch diese Sexualität, wie weit sie auch gefaßt sein mag, ist natürlich nicht der ganze Körper, der Körper in jeglicher Hinsicht und Tiefgründigkeit, ja er ist sogar per definitionem gerade der Körper als Oberfläche: als das, was Freud erogene Zone nannte, die immer eine Oberfläche, z. B. die Haut des Mundes, der Mundhöhle meint, insbesondere eine Randstruktur (Mundrand als Grenzzone zwischen innen und außen, zwischen Nahrungsreizzone und reizloser Zone). Ja gerade als „tiefer" gelegenes, komplexeres Objekt ist der Körperteil in diesen Zusammenhang, diesen erogenen Text nicht „einschreibbar"[415]. Dies liegt nicht nur daran, daß es dafür keine „Versprachlichungs"möglichkeiten gibt, wie der Autor meint, sondern überhaupt an dem Fehlen eines grundlegenden psychoanalytischen Konzepts. Versuche dazu gibt es nur sehr wenige. Man könnte sie unterteilen in solche, die 1. eine Lösung vom „Affekt" her, 2. von einem sogenannten „Selbst" oder 3. von der „Körperlichkeit" her unternehmen.

Zu letzterem hatten wir gerade Stellung bezogen: Es gibt da keinen Kurzschluß, keine Direktverbindung zwischen Seele und Körper, Gemüt und Herz. Die Freudsche Sexualität konnte dies nur für die Konversionssymptome der hysterischen Neurose zeigen. Hier konvertiert, überträgt sich Libidinöses, Unterschwellig-Sexuelles auf körperliche Strukturen, die mit der Willkürmotorik zusammenhängen. Ein derartiger Mechanismus hat bei unseren Herzkranken keine

Bedeutung und ist somit auch der verbalen Deutung schlecht zugänglich[415]. Ja, die Herzpsychosomatose ist vielleicht sogar durch die Analyse in einer Gefahr besonders verkannt zu werden, weil „in die methodisch bedingte Wahrnehmungsbeschränkung des analytischen Settings sich also die je als gebrochen anzunehmende Einstellung des Analysanden zu seinem Körper bereitwillig einfügt"[415]. Das Sprechen über spontane Einfälle ermöglicht also, vom Eigentlichen weg über alles andere zu reden, nur nicht Herz-Sprache, nur nicht genau von den Nahtstellen zwischen Körper und Seele, um die es geht.

Das Problem liegt schon im Begriff „Körper", „Körperlichkeit" selbst begründet. Denn was der menschliche Körper eigentlich ist, sagen uns unsere naturwissenschaftlichen Erkenntnisse ebensowenig wie das „Erleben", Spüren, Erfassen von „Körperlichkeit". Wir haben einen Körper, sagen manche, wir sind es nicht. Aber wie schreibt sich dann unser Sein in unser Haben ein? Haben wir die Schwierigkeiten damit nicht verdoppelt? Denn wir wissen weder vom Sein noch vom Haben etwas, wir fangen einfach irgendwo an, z. B. beim Herzkranksein, unserem Ausgangspunkt. Da können wir doch nicht jetzt auf einmal eine Körperlichkeit schon als fest umrissene Größe voraussetzen, wo wir doch diese Größe, diese Herz-Körperlichkeit erst finden wollen. Es geht wieder um die petito principi, d. h. die Geschichte mit dem Kaninchen und dem Hut.

Der Annäherung an das Herz über ein Affektkonzept geht es nicht anders. Einfach dadurch, daß man behauptet, psychosomatisch Kranke könnten ihre Gefühle nicht richtig wahrnehmen und schon gar nicht ausdrücken (das sog. Alexithmiekonzept), ist noch nichts gewonnen. Dies fanden auch Forscher der Universität Braunschweig, die feststellten, daß Kranke mit unterschiedlichen psychosomatischen Krankheiten und Gesunde sich in ihrer Emotionalität nicht unterscheiden[124]. Da war die Freudsche Auffassung ehrlicher, daß, wenn schon von unbewußten Gefühlen, Affekten, Wut, Gier geredet wird, man doch auch ihren Zusammenhang mit der Sexualität offen sehen soll, d. h. auch mit jenen kannibalischen und mörderischen Gelüsten, wie sie sich in Träumen und Frühphantasien zeigen. Auch Stephanos und die Pariser Schule könnten mit ihren Vorstellungen des „libidinösen Objekts" unseren Herzkranken kaum helfen. Stephanos konnte lediglich dadurch, daß er ein kompliziertes stationäres Modell aufbaute, Verbesserungen bei verschiedenen psychosomatischen Erkrankungen erzielen[416]. Arzt und Krankenschwester mußten hierbei in einem aufwendigen Zusammenspiel den Patienten – fast möchte man sagen: psychodramatisch – das erfahren lassen, was ein „libidinöses Objekt", die Libido als Objekt ist: eine „Liebe", könnte man vielleicht übersetzen. Eine „Liebe" soll den Patienten von den Knoten in seinem Körper befreien, und jedermann weiß, daß es das durchaus gibt. Man kann Stephanos so seine Behandlungserfolge auch glauben, wenn die Gefühle für Vater (Arzt) und Mutter (Krankenschwester) wieder neu geordnet werden. Nur: Nicht immer wird man dieses libidinöse Objekt in sich „errichten und aufrechterhalten"[416]. Man kann auch die Klinik verlassen, das Ganze als verrückt abwehren, vergessen. Noch ist nicht gesagt, daß man diese „Liebe" jetzt auch auf alle anderen Lieben im Leben übertragen kann. Wie hält man sie dauernd auf der Höhe ihrer Intensität, damit sie aus ihrer Fülle heraus wer weiß wohin übertragen werden kann? Oft müssen außer dem klinischen Personal noch Angehörige und spezielle Entspannungsübungen in die Arbeit einbezogen werden[416]. Für die Hunderttausenden von KHK-Kranken ein zu aufwendiges Modell und zudem nicht wissenschaftlich klar: Ist Herzsprache nichts anderes, als seinen Herz-Affekt permanent auf der richtige Höhe zu halten? Könnte das Herz einem nicht davon weh tun, daß man es dauernd und überall am richtigen Fleck haben muß?

Eine sehr große Ähnlichkeit mit diesen Affektkonzepten weisen die „Selbst- und Ganzheits"konzepte auf. Der Akzent ist nur verschoben: Es wird unterstellt, es gebe ein faßbares, dauerndes, gesichertes Selbst, eine psychische Ganzheit. Genau das, was wir als „Herz" suchen, gebe es als „Ich", als Mir, als Mein. Derartige Überlegungen fußen meist auf der von der Freudschülerin M. Klein entwickelten Auffassung über die psychische Dynamik. M. Klein nahm an, daß man einem Menschen, der die Seele als gespaltenes Objekt in sich trägt, dadurch helfen kann, daß man ihm den „guten" Teil, das „gute Objekt", das früher einmal durch die liebevoll zugewendete Mutter, die Mutterbrust dargestellt war, wiedergibt und daß dieser Mensch dieses seelisch Gute, Liebe wie ein Objekt in sich halten kann und dann – wie schon oben beim Affekt gesehen – auf andere im Leben übertragen kann. Das Problem aber ist wieder das der „Objektkonstanz", besser noch einer „reifen Objektkonstanz"![417]. Mit anderen Worten: Mit dem gespaltenen Teil, der man ist, sieht man den ungespaltenen, guten, reifen Teil, der der Therapeut ist, eignet sich dieses nunmehr zum Objekt gewordene Gute und Liebe an und geht geheilt von dannen. D. h., man lernt über die Selbst-eigen-Liebe, an der man eigentlich leidet, durch einen Kunstgriff des Therapeuten, sich selbst lieben in einer Weise, wie man jetzt auch die anderen lieben kann, also so, wie es schon in der Bibel stand: Liebe zuerst dich selbst, dich selbst, dich selbst usw., bis du wirklich weißt, daß du dich selbst liebst; dann, mit diesem Wissen, bist du jetzt auch fähig, genauso andere zu lieben, und das solltest du dann auch tun. Wir verstehen, warum die Bibelsprüche so wenig wie die Selbst- und Ganzheitskonzepte unseren Herzkranken helfen.

Das Selbst ist doch nur ein anderes Wort für das Ich, und Freud war hier wenigstens so ehrlich, diesem Ich seine Sexualität zur Seite zu stellen insofern, da gewisse Verknüpfungen unbewußt sind. „Wie hältst du es mit deinem Begehren" war für ihn die Gretchenfrage, während unsere ganz Schlauen heutzutage sich einfach den Begriff der Totalität aus der Requisitenkiste der Philosophie klauen, das Ganze dann in Psychologie verwandeln und unserem Herzkranken überstülpen. Das wirkliche Selbst ist dann das um den (besser, als Ganzes funktionierenden) Ego-Anteil des Therapeuten aufgestockte Ego des Patienten: von einem die Wahrheit, vom anderen die Realität, einmal umgerührt – fertig die Realwahrität.

Um ähnlich gelagerte Probleme geht es auch bei der „Life-event"-Forschung. Bestimmte – natürlich schlechte – Lebensereignisse korrelieren besonders häufig mit Infarktereignissen. Exakt – man hört es sofort heraus: Wie kann man Lebensereignisse wie Umzug, Tod eines Angehörigen, geänderte Arbeitsinhalte für alle Menschen gleichsetzen? Gleich gut, gleich schlecht. Dieses Problem zeigt sich auch insbesondere darin, daß in einer Liste, in der die biographischen Ereignisse nach „Anpassungs-" und „Belastungskriterien" gestaffelt sind, gegensätzliche Kriterien wie z. B. Scheidung und Heirat sich durchaus ähnlich verhalten. Das Hinzukommen eines neuen Familienmitgliedes ist genauso schwierig wie das Weggehen und vieles anderes mehr[418]. Eigentlich nicht verwunderlich, es dürfte halt am besten überhaupt nichts mehr passieren. Dementsprechend konnten andere Untersucher auch feststellen, daß es eigentlich eine nachträgliche Überbewertung der Ereignisse ist und nicht die Ereignisse selbst[418], die pathologisch wirken. Dies bedeutete aber eine immer kompliziertere Interviewtechnik, in der die Interviewer immer mehr eigene subjektive Einschätzungen vornehmen mußten, z. B. beim „Berle-Index". Selbst unter verfeinerten Umständen der Frage-Meß-Technik meint v. Holst, ein bekannter Verhaltensforscher, seien Aussagen über das „einzelne Individuum", den Menschen in seiner Einmaligkeit also, nicht erlaubt[448]. Wer weiß nicht, daß der Tod eines Lebenspartners (was als das bedeutenste Life-event gilt), wenn dieser z. B. vorher lange schwer krank war, für den Betreffenden auch häufig eher eine Erleichterung darstellt, die ganz legitim ist, daß er andererseits in der Aufgabe des Pflegers eine Stütze seines Ichs finden konnte, die ihm nunmehr fehlt usw. Wie will man bei diesen vielen Hin und Hers von Psychologismen bei ein und demselben Ereignis wirklich wissen, von welchem nun der Streß stammt? „Die meisten Untersuchungspläne der Lebensereignisforschung sind bisher zu schlicht konzipiert worden. Weder ist die Zeitstruktur von Risikosituationen hinlänglich erklärt worden ... noch ist das Wechselspiel von Risikosituationen ... und psychischen Risikodispositionen befriedigend berücksichtigt worden."[125]

Es gibt andere Forschungsrichtungen, z. B. die Depressionsforschung, die ebenso durchaus interessant und effektiv sind und doch an der eigentlichen Stelle, der Umsetzung für den Kranken, nicht greifen. Eindeutig haben Menschen vor dem Infarkt depressive Phasen[551], und Depressive überleben auch seltener dieses Ereignis. Es lassen sich sogar genaue Voraussagen mit Untersuchungen, die auf Depressivität zielen, machen[34]. Man kann hier sozusagen über psychische Symptome eine Herzerkrankung genauso gut prognostizieren wie mit dem Risikofaktormodell, das wir oben erwähnten. Jener Autor glaubt aber, daß er eine bessere Messung vorlegt, weil er vom reinen Stimulus-Respons-(Reiz-Reaktions-)Schema des Stresses zu einem komplexer angelegten „Streßinventar"-Schema übergegangen ist, das klarere Resultate bezüglich der Depression liefert. Doch benennt er die Ergebnisse dann wieder in Begriffen wie z. B. „situative Belastungskonfigurationen", die doch letztlich auf nichts anderes als eine Typologie hinauslaufen[116]. Zudem erscheint das Ergebnis, daß ein Überaktivitätssyndrom von einem Syndrom gefolgt wird, in dem der Betreffende übermäßig kompensiert, um dann schließlich in einem Zusammenbruchsyndrom zu enden, so allgemein, daß es kaum eine „Herz"-Sprache ist, um die es sich hier handelt, und es unglaubhaft klingt, daß man so Herzkranke, Depressive und andere Kranke schon im Vorfeld treffend charakterisieren kann. Beim Herzkranken sind zwar – wie ein gängiger Spruch lautet – mehr Probleme im Hirn als im Herzen, doch kann man sie nicht von anderen Hirnproblemen unterscheiden, und wir sind dementsprechend noch nicht soweit, den Herzinfarkt im Gehirn zu diagnostizieren, auf was nämlich besagte Untersuchungen hinausliefen.

So können wir auch die rein experimentelle Seite, auf die wir anfangs ganz kurz eingingen, nochmals schärfer betrachten. Man setzt einen Koronarkranken auf ein Fahrradergometer und läßt Töne und Lichtorgeln um ihn herum heulen. Streßergometrie nennt sich das, und man findet dann vermindert durchblutete Koronarien[552]. Die Anlage ist sehr wirklichkeitsnah gebaut, nicht wahr? Am besten läßt man den Probanden dabei noch eine Rechenaufgabe lösen, um das Sammelsurium perfekt zu machen[554,555]. Oder wie wäre es mit kleinen Elektroschocks[117]? Die Autoren meinen, die kleinen heimlichen Schläge entsprächen den heimlichen unbemerkten Streß-Schlägen im Alltag, und kommen so zu ganz realistischen Aussagen. Sozusagen Realität mit noch ein bißchen happiger Wahrheit drauf, wie das Tüpfelchen aufs i. Schließlich zieht man das Fazit einfach so herum: Besonders gefährdend ist der erfolglose Streß[563]! Oder man kehrt notfalls zu Sigmund Freud zurück, „Es“ und „Überich“ seien im Konflikt. Streßhormone würden ausgeschüttet, die Koronarerkrankung sei da[556]. Und doch weiß man inzwischen, daß der Streß ein ausschließlich situations-physiologisches Modell ist, das vom Tierreich entlehnt und mit dem komplexen Geschehen der Psyche, wie sie von Freud formuliert wurde, nichts gemein hat. Wie sollte man z. B. die oben erwähnte Depressivität mit dem Streßkonzept in Einklang bringen? Gerade der Depressive ist doch der, der ohne Grund krank ist, ohne Grund von außen natürlich, denn irgendeinen Grund muß es ja geben. Aber das Streßkonzept ist gerade auf dieses Außen angewiesen, es ist ein dem Außen, der Natur, dem Tierreich ko-adaptiertes Modell des Psychischen vom Menschen. Zwei Wahrheiten also, die man uns für eine verkaufen will.

Das Problem der Typ-A- und der Streßforschung liegt

darin, daß der Untersucher selbst sich nicht vollkommen unbeteiligt aus der eigentlich zu untersuchenden Situation heraushalten kann. Typ-A-Patienten werden z. B. schon von vornherein nach bestimmten, vom Untersucher erst ausgedachten Richtlinien befragt[317] oder mit Quiz- und Rechenaufgaben „gestreßt"[318]. Man muß das schon in Anführungszeichen setzen, weil niemand sagen kann, was für den Menschen (beim Tier, das seine bestimmten Verhaltensnormen hat, ist das anders) wirklich Streß ist. Wenn die Natur des Menschen seine Beziehung zum Menschen ist, wie kann es dann ein „natürliches" Verhalten geben, auf das ich mich beim A-Typ als Abweichung oder beim Streß als Belastung berufen kann? Das Streßkonzept setzt voraus, daß die Karten bereits verteilt sind und ich nur noch ihre jeweils unterschiedliche Zusammensetzung experimentell nachbauen und messen muß. Die Rechnung wird sozusagen ohne den Wirt gemacht; es gibt kein Subjekt, sondern nur zu objektivierende Verhältnisse. Wenn die Personen angewiesen werden, zur Beurteilung ihrer Herzinfarktanfälligkeit kleine Stromschläge oder Eintauchen des Armes in Eiswasser 1½ Minuten auszuhalten[318], muß man sich fragen, ob hier nicht die Dummheit von beiden gemessen wird, vom Patienten, der da gutgläubig mitmacht, und vom Untersucher, der glaubt, dadurch eine wesentliche Aussage zu erhalten. 1½ Minuten Eiswasser ist ja auch die häufigste und bekannteste Belastungssituation eines Mitteleuropäers! Und da man trotz all dieser „Messungen" noch nicht klarkam, forderte man dann noch eine vererbte Disposition für das Ganze, ohne die der Streß dann doch wieder kein Streß ist[317]! Wie soll man sonst erklären, daß Patienten auf dem Fahrradergometer (Belastungs-EKG), also auf einem bestimmten Instrument und in Gegenwart des Untersuchers, ein schweres Leistungsdefizit zeigten, unbeobachtet aber auf der Treppe bei gleichen Beanspruchung eine normale Belastbarkeit aufwiesen[127]?

Schließlich vereinfacht man das Ganze noch mehr, wenn man neuerdings immer wieder liest, es sei einfach der „fehlende menschliche Rückhalt"[290] oder die „soziale Isoliertheit"[291], die für den Infarkt so anfällig macht. Derartige „items" sind ja noch unspezifischer als der schon erwähnte negative emotionale Streß oder die von Revers erarbeiteten psychoanalytischen Begriffe eines negativ besetzten „Vaterleitbildes" oder einer „Mutterfixierung", worauf der Autor allerdings auch in seiner Zusammenfassung hinweist[316]. Im Grunde genommen muß man bei allen diesen Berichten nur jedes Wort hinterfragen: Was heißt eigentlich hier sozial, was Verhalten, was isoliert? Von psychoanalytischer Sicht her gesehen ist der Mensch kein eigentlich soziales Wesen, sondern ein wesentlich durch das Unbewußte bestimmtes. Isoliert ist er dann auch nicht, wenn ihm äußerlich ein Kreis von Menschen fehlt, sondern wenn er in sich selbst gespalten, zerrissen ist – kurz, wenn ihm sein eigenes Denken nicht mehr schmeckt (was allerdings auch noch unbewußt sein kann, d. h., daß er die Gedanken nicht als solche registriert). Kann der „emotional-soziale Rückhalt", der immer wieder bei Herzkranken gefordert wird, wobei hier besonders die Ehefrau gefragt ist, wirklich so viel helfen? Wenn die Ehefrau zur Stütze ihres infarktkranken Mannes werden soll, so doch nur, indem sie ihm mehr bemuttert, mit Zuwendung versorgt, gute Worte für ihn findet, d. h. also, das die eigentliche Ehe erst wieder schlechter werden muß, damit die Krankheit besser werden kann. Wenn Verheiratete besser als Unverheiratete abschneiden bezüglich des Infarktes, wie immer wieder behauptet wird, sind es dann wohl die schlechten Ehen, die besser schützen? Das hat noch niemand untersucht!

Bei so viel Ungereimtheiten kehren viele Untersucher, die sich der psychologischen Seite zuwenden, dieser im selben Moment eigentlich wieder den Rücken, indem sie zwar Psychologisches einbeziehen, letztlich aber nur auf die „sichere materielle Seite" schauen[292]. D. h., sie sehen z. B. Gedanken als „neuronale Bilder" an[292], kleine Filmchen, die im Gehirn ablaufen und die eben, wenn sie schlecht sind, negativen

Streß verursachen. Mit Begriffen wie Ideation und Kognition wird dann versucht, das Subjekt wieder dafür auszusöhnen, daß es derart hirnphysiologisch objektiviert und umgangen wurde.

Da sind die Arbeiten von J. Lynch schon besser, der die ganz simple, aber höchst wichtige Entdeckung machte, daß bestimmte Menschen einen Blutdruck und damit auch Herzgefährdung bekommen, wenn sie sprechen, ganz unabhängig von dem, was in diesem Sprechen mitgeteilt wird[293], also auch völlig unabhängig davon, wie „aufregend" der Inhalt dieses Sprechens auch immer sein mag. Damit sind erst mal alle die psychologischen Theorien widerlegt, die irgendwelche gefühlsmäßige oder sonst belastende Inhalte suchen, um in ihnen dann einen Anhaltspunkt für die Herzgefährdung zu haben. Nur, er macht einen entscheidenden Fehler: Um zum Ganzen zu kommen, zu der Einheit, Eins, die das Herz wäre, muß er etwas Zweites zwischen sich und seinen Probanden schalten, ein Blutdruckgerät nämlich, was jedesmal ein unkalkulierbarer Streßfaktor sein kann. Ausgerechnet Kollegen, die genauso arbeiten wie er, haben nämlich nachgewiesen, daß der Blutdruck sich bei bestimmten Menschen schon durch das Aufblasen der Blutdruckmanschette erhöht[292]. Jeder fünfte Patient mit geringen Hochdruckwerten ist ein „Weißkittel-Hypertoniker"[126]. Ja, es wurde sogar gefunden, daß unabhängig vom Untersucher einfach schon in der Praxis selbst die Werte höher sind, als wenn sie zu Hause gemessen würden[315]. Daher ist er auch nachher gezwungen, eine besondere „transpersonale" Psychotherapie einzuführen, die das Ganze z. T. wieder aufhebt und überflüssig macht und Bezüge herstellt, wie sie aus der Analyse bekannt sind. Da kann man gleich, wie neuerdings vorgestellt, den Herzkranken „umfassend" betreuen: Kardiologe, Psychologe, Psychotherapeut. Bewegungstherapeut und Diätassistentin (den Hausarzt nicht zu vergessen!) müssen interdisziplinär gut zusammenarbeiten![339] Ob allerdings mit diesem enormen Aufwand, der kaum bezahlbar ist, irgend etwas Lebensverlängerndes für den Kranken herauskommt, ist völlig unbewiesen[339].

Oder man macht es noch simpler und erklärt einfach alles mit sogenannten „negativen Gedanken"! Dann braucht man nämlich diese nur gegen positive auszutauschen[321], und alles ist gelöst! „Gedankliche Selbstberuhigung" nennt sich das. Ob das eher mehr eine für den Untersucher ist? Da sind Autoren, die z. B. die „Gestalt" (wie bei der sog. Gestalttherapie) oder die „Situation" als Übergeordnete, tiefere psychologische Einheit wählten, schon geschickter[321]. Jedoch kommt das Wort Situation von lat. situare = setzen, und man fragt sich sofort: Wer setzt denn hier eigentlich? Der Patient oder der Untersucher? Beide? Wenn es beide sind, kommt unterm Strich am Ende das gleiche Durcheinander heraus wie vorher, das im besten Fall dann immer so aussieht, daß die „Situation" des Untersuchers weniger hochdruck- oder infarktgefährdend ist als die des Patienten. Damit wäre ja wenigstens – solange alle das glauben – ein Teil der Menschen gerettet: die Forscher. Oder, wie gesagt, wenn es ganz schwierig wird mit der Psyche, dann findet man einfach „Streßproteine", also wieder Stoffe, handfeste Stückchen Leben, die man schön sauber messen oder zählen kann, und das Ganze hat sich[294, 295, 296].

Die Psychologie kann uns aber fast noch mehr ins Kuriositätenkabinett führen als die epidemiologischen Studien, wenn wir hier die Untersuchungen anführen, die A. Holte auf dem 23. Intern. Psychologenkongreß vorstellte. Danach hatten 63 % der Frauen, die wegen schwerer, jahrelanger Angina pectoris zur Kontrastmitteluntersuchung in die Universitätsklinik eingewiesen wurden, keinerlei Anzeichen von Kranzgefäßverengungen[55]. Das können nicht alles Spasmen sein. In der Schweiz. Medizin. Wochenschrift berichtet D. Conen sogar von 50 % derartiger Patienten, die vollkommen arbeitsunfähig werden[56], obwohl ihnen nach naturwissenschaftlicher Auffassung nichts fehlt. Hysterisch können sie aber auch nicht alle sein. Oder handelt es sich um rein vegetative Störungen wie eine extreme Tätigkeit des Sympathikus oder des Vagus (vegetatives Nervensystem), wie sie z. B. bei Unfällen oder anderen streßreichen Einwirkungen auch ohne Kranzgefäßveränderungen vorkommen[58]? Ist ein seelischer Schock bei einem Unfall Infarktauslöser, wie immer wieder berichtet wird[237]? Bei dem Erdbeben in Athen 1984 waren wesentlich häufiger Infarkte zu verzeichnen gewesen als in vergleichbaren Zeiträumen. Ob das allerdings so weit gehen kann, daß allein ein Alptraum, wie A. J. Ziegler in seinem Buch „Der pathognomonische Traum"[1967] berichtet, zum Herztod führt, ist noch kühner und hypothetischer.

2.3 Herz-Gruppen-Dynamik

Soziologische Fragestellungen konnten einen weiteren Teilbereich dieser Erkrankung klären, sind aber ebenfalls oft widersprüchlich. Immer wieder wird bewiesen: Hochschulabschluß fördert gesundheitsbewußtes Verhalten, Scheidung läßt das Krankheitsrisiko ansteigen[517]. Monotone, hektische Arbeit ist schlecht[572] – das konnte man sich aber fast denken. Metallberufe, Elektriker und Maschinisten schneiden schlecht ab[573]. Letztlich weiß man aber nicht, ob diese schichtspezifischen Unterschiede nicht auf die stärkeren Rauchgewohnheiten bei den körperlich arbeitenden Männern zurückzuführen sind[574]. Andere meinen wiederum, lärmbelastete Arbeiten seien besonders gefährdend[575]. Und natürlich, ein unsicherer Job geht besonders zu Herzen[576]. Man hat aber auch herausgefunden, daß Pförtner oder Söhne diabetischer Mütter besonders herzinfarktanfällig sind. Bei Frauen ist es die Pille, die das Krankheitsrisiko steigen läßt, und auch wenn sie sich mehr emanzipieren, wird es bedrohlich[577]. Doch auch wenn sie weniger Kinder haben, geht's ihnen schlechter[578]. Dagegen kommen andere Autoren zum Schluß, daß berufliche Faktoren für die Entstehung einer KHK meist überschätzt werden[239]. Befragungen bei 10 000 Frührentnern und einer entsprechenden Vergleichsgruppe zeigten, daß Herzkranke in 50–60 % dem Arbeitsmilieu eine wesentliche Teilschuld an ihrer Erkrankung gaben, daß dies aber nur für einen kleinen Prozentsatz wirklich zutrifft[239].

Maschinenarbeiter, Singles, Arbeitslose, Schichtarbeiter, aber insbesondere solche Arbeiter, die an Kompetenzmangel leiden, sind herzgefährdet[204, 205, 206]. Aber auch der Freizeitstreß nimmt jetzt schon solche Formen an, daß er alle gefährdet, einen Infarkt zu bekommen[579]. Was aber soll man tun, wenn die Ehefrau eine gehobene berufliche Position einnimmt und sich dadurch nicht ihr, aber sein Risiko, eine Koronarerkrankung zu bekommen, deutlich erhöht[580]? Was sollen wir mit dieser Faktenflut anfangen? Sollen wir sie politisch lösen, indem wir staatlich in die Arbeitswelt oder auf alle diese schichtspezifischen Faktoren oder Gruppenrisiken einwirken, wie manche meinen[581]? K. Sroka führt in seinem Buch „Dialektik des Herzinfarktes" z. B. vorwiegend gesellschaftspolitische Gründe an. Oder sollen wir (und wie) intakte Familien schaffen, weil die besser abschneiden, oder jedem genügend Freude zuführen, weil, wer Freude hat, länger lebt[582]?

Der einzige Ausweg, der statistisch signifikant wäre, ist leider durch seine örtliche und inhaltlichen Nachteile wieder versperrt: Als Insasse psychiatrischer Abteilungen hat man ein deutlich geringeres Herzinfarktrisiko[243]. Schon lange ist bekannt, daß Schizophrene fast keine Infarkte haben. Doch wie schizophren werden und in die Psychiatrie kommen? Wenn man die Literatur zur Thematik der KHK anschaut, hat man allerdings das Gefühl, daß man davon allgemein ohnehin nicht mehr weit entfernt ist. Eine sogenannte Spontanremission der Infarkte wäre dann bald zu erwarten! Bis dahin allerdings sollten wir mit den Patienten „deutsch" reden, meinen einige Verhaltensmediziner[128], d. h., so wie der Patient spricht, der bekanntlich nicht spricht, weil ja der Infarkt für das spricht, was er nicht sagen kann. Also doch lieber so, wie der „Organismus spricht", auf die eigene Körpersprache hören"[129], die weder Arzt noch Patient kennen, denn der Körper spricht ja oft einfach dadurch, daß es knallt: Herzinfarkt! Wie kann man das Knallen in Sprechen umsetzen (d. h. wie die HiFi des Körpers nützen, als Herz-Gesang)?

In der Psychotherapie der KHK und des Infarktes wurden vorwiegend verhaltenstherapeutische, gesundheitserzieherische und mehrdimensionale Verfahren eingesetzt. Die mehr pädagogischen, stützend-führenden Verfahren sind wohl am geläufigsten und werden sicher von jedem Arzt benutzt. Ihr Problem liegt mehr oder weniger darin, daß sie mit dem Konzept der Kognition arbeiten, d. h. mit einem rationalen Vermögen des Patienten. Was aber diese „kognitive Repräsentanz" oder das „kognitive Erleben" wirklich sein soll[419], wird nie ganz klar. Es ist natürlich gemeint, daß der Herzpatient eine falsche Lebensphilosophie hat, die Zusammenhänge bei sich selbst falsch deutet, falsch erkennt. Dabei wird wieder auf allgemeine Begriffe wie Persönlichkeitsprägung, „critical life events", gegenwärtige situative Gegebenheiten[419] zurückgegriffen. Eine Beeinflussung erfolgt dann auf der Ebene „sachlicher Information" und Gruppentherapie in Form der Gesundheitserziehung[419]". Mit anderen Worten: Man versucht sich auf das Weltbild, das Gedankensystem des Patienten einzustellen, es zu ergründen, zu sichten und dann ihm klarzumachen, daß man selbst die bessere Kognition hat! Das Wort kognitiv ist doch hier nur ein Umweg, der verschleiert, daß man sich eigentlich direkt, von Ich zu Ich die Wahrheit sagt. Doch das ist keine Wissenschaft!

Deshalb ist es sicher auch schwierig, geeignete Gesundheitserzieher zu finden. Einige Autoren meinen, so jemand müßte „analytische Epidemiologie verstehen . . . beschreiben und analysieren", „Konzepte entwerfen, die sich durch Realitätsgehalt auszeichnen (!)", „eine Evaluierung . . . sicherstellen" und vieles mehr[420]. Derartige Probleme werden euch nicht dadurch leichter, wenn sie „personenzentriert" angeboten werden[421], indem man Gespräche über Themen führt, die „die einzelnen Teilnehmer beschäftigen" oder „positive Verhaltensänderungen der Teilnehmer unterstützt" usw. Mag ja alles seine Berechtigung haben, aber ist es nicht entsetzlich umwegig über Begriffe aufgebaut, deren Erklärung hintenherum schon zum Beweis für die Effektivität der Methode zitiert wird? Auf welche Person zentriert man sich denn, wenn nicht auf die, die man selbst schon im Auge hat, d. h. deren Fehlverhalten man kennt. Weil man den anderen schon weiß, kann er sich selber nicht mehr wissen lernen, wie er eigentlich ist, sondern er kann sich nur je wissen durch die Kognition, die Zentriertheit des Untersuchers. „Kognitive Umgestaltung"[422] – ist denn das wirklich so viel anders als Gehirnwäsche?

Etwas eleganter machen es da die Verhaltenstherapeuten. Sie analysieren erst das falsche Verhalten, den „Distreß" z. B., eine „vom Individuum gemachte Erfahrung, auf Leistungs- oder Anforderungssituationen von außen mit den vorhandenen Mitteln nicht angemessen antworten zu können, obwohl hierzu ein Zwang besteht und obwohl dies antizipatorisch und faktisch versucht wurde" usw. Greifen wir hier einfach einmal nur das Wort „angemessen" heraus, und wir sehen, wie alles ins Wanken gerät. Was heißt hier messen? Das Maß ist ein Identisch-Sein. Der Psychologe D. Wyss formulierte in Anlehnung an den Philosophen E. Husser: „Im Blitz des Augenblicks entsteht das Sein des Maßes, der Vernunft . . . und gleichzeitig öffnet sich die fundamentale Irrationalität des Seins der Zeit." Der Mensch ist durch sein Verhalten nicht zu erfassen, Vernunft ist nicht zu messen, und deswegen muß der Autor des Distreß zu seiner Behandlung wieder eine ganze Liste der „Distreßabschirmung" und „Distreßtoleranz" zusätzlich einführen, alles Maße, an die man dann angemessen, richtig gemessen werden und schließlich wieder richtig vernünftig sein kann. Würde man sich diese Maße wirklich alle zu eigen machen, wäre das nicht letztlich nur wieder Distreß? Im Handbuch Innere Medizin, Koronarerkrankungen wird deshalb auch der Typ-A-Verhaltensbehandlung keine gesicherte Aussage zugesprochen[423].

Auch komplexer verhaltenstherapeutische Ansätze zeigen keine anderen Resultate. Mag sein, daß sie, wenn sie sehr aufwendig sind, z. B. Gruppentherapie mit „Gesundheitserziehungsprogrammen" plus „Wandlungsprozeß ... im Arbeitskollektiv und in der Familie" etwas bewirken[420]. Doch ist der Aufwand unrealistisch. Deshalb ist auch gefordert worden, die medizinischen Rehabilitationskliniken einer „Gesamtpsychologisierung" zu unterziehen[425]. Jedoch gibt es bis heute kaum eine Klinik, wo dies wirklich gelungen wäre, weil sich letztlich die somatisch orientierten Ärzte das Heft nicht aus der Hand nehmen lassen wollen. Ein gut durchdachtes Streßbewältigungstraining, das Langosch publiziert hat, erscheint nicht zu aufwendig und mag auch für die Kranken einiges bringen, wenn die „korrigierende Hilfe des Hausarztes und der ambulanten Herzgruppe" mitbestimmend sind[425]. Doch im gleichen Buch formuliert ein anderer Autor, wie ungeheuer komplex allein die Gruppenarbeit in der Herzgruppe sein muß, um effektiv zu werden: Sie setzt nämlich „eine beständige Dynamik voraus mit Fortentwicklung der Gruppenarbeit – im qualitativen und quantitativen Sinne – und immer wieder neue Ideen für sinnvolle Aktivitäten" usw.[425]. Wo gibt es das wirklich? Einige Autoren sind von vornherein der Ansicht, es sei nicht klar, welche Psychotherapie überhaupt für Infarktkranke einzusetzen sei[37]. Andere zeigen, daß in der Verhaltenstherapie immer so etwas wie ein „emotionaler Über-Ich-Druck" entsteht, d. h. doch eine Art schlechtes Gewissen, mit dem der Kranke unter Druck gerät, sein Leben ändern zu müssen[42]. Zu dem Druck, unter dem er ohnehin schon leidet, kommt dann – auch wenn er noch so subtil ist – noch ein weiterer Druck.

Von der inneren Stimmigkeit, Folgerichtigkeit her bestechen immer noch psychoanalytische Verfahren. Doch wir haben schon geäußert, daß sie für den Herzkranken problematisch sind, weil er sich ja nicht für „verrückt" hält. D. Ohlmeier beschreibt demnach auch, daß „psychoanalytisch orientierte Behandlungsmethoden bei Herzinfarktpatienten auf jeden Fall eine schwierige Gratwanderung darstellen"[426]. Der Autor beschreibt „oralsymbiotische Bedürfnisse nach Abhängigkeit", „Depersonalisierung" und „Anstrengungen, angepaßt zu sein, die mit starken homosexuellen Tendenzen kombiniert sind"[426]. Warum da ausgerechnet bei Infarktpatienten die Gleichgeschlechtlichkeit so betont wird, ist allerdings nicht erklärt. Das Problem einer psychoanalytischen Behandlung von organisch anmutenden Krankheiten (psychosomatischen Krankheiten) liegt im grundsätzlichen Strukturmodell der Analyse begründet. Die früheste Ebene, auf die man psychisch „zurückkehren" kann, ist der Narzißmus, d. h. die libidinöse Besetzung des eigenen Ichs. Wie aber vom noch so frühen Ich zu den Koronararterien kommen? Da muß man Brücken bauen, die dann z. B. so aussehen, daß man einfach – wenn der Patient schon nicht verrückt ist – sein Organ, sein Herz für verrückt erklärt: Man spricht von „Organpsychosen"[427]. Wenn die Krankheit schon so sperrig ist, muß sie eben der Therapie angepaßt werden, was eine neue Variante unseres Spiels ist: Hier wird nämlich konsequent die Wahrheit zur Realität erklärt und umgekehrt, in der Hoffnung, daß es niemand merkt – und das eigentlich ist das Verrückte. Wie aber schon oben diskutiert, „wird der Patient durch vorschnelle psychoanalytische Aktivität seiner Abwehrmechanismen beraubt, könne dies unter Umständen für ihn tödlich enden"[130].

Bleibt noch zu erwähnen, daß auch andere geschickte Verfahren wie die „funktionelle Entspannung" oder die schon erwähnte „Transaktionale psychophysiologische Therapie" J. Lynchs ähnlich trickreich sind. Die funktionelle Entspannung nutzt das „leibhafte Erinnern", die „Leibsprache"[428]. Der Patient muß Bereiche am eigenen Leib aufsuchen, evtl.

durch kleine Bewegungsreize verdeutlichen und sie dann in Sprache ausdrücken. Wie ideal für einen psychosomatisch Kranken, der doch alles ins Leibhafte verdrängt, von seinen Gefühlen nicht sprechen kann und der stets auf dem Leibhaften beharren wird – mag der dabeisitzende Therapeut noch so viel deuten! Hier ist der Leib zu einer mystischen Einheit hochstilisiert, die er nicht ist. Man fängt bei einem Leib an, der sozusagen der falsche ist, der Therapeut aber, der irgendwie seltsamerweise den richtigen in der Hand hat, ihn kennt, bewirkt durch seine Worte, daß ein ebenso noch richtiger Teilleib beim Patienten durch einen psychosomatischen Reflex den falschen Leib (bzw. die falschen Teile desselben) jetzt in einer wohltuenden Entspannung ändert: Hokuspokus Fidibus – dreimal schwarzer Kater! Etwas Ähnliches, an entscheidender Stelle Umgekehrtes passiert bei J. Lynch. Er läßt ebenfalls Leibhaftes erkennen (nämlich daß beim Sprechen dieser Patienten immer deren Blutdruck steigt). Er benutzt aber dann zum Deuten dessen, was wirklich im Patienten vorgeht, das psychoanalytische Übertragungskonzept, indem er den Therapeuten als „wichtigen" anderen einführt[42]. Dann auf einmal verläßt er jedoch sein eigenes Konzept von der Wichtigkeit, Bedeutsamkeit des anderen, bezüglich der er als Therapeut in der Kreide steht, und behauptet plötzlich, daß der Therapeut „emotional bedeutsame Themen" einführen muß, um weiterzukommen. Jetzt wird er wirklich bedeutend, er, der Herr Therapeut: Er bestimmt nunmehr die Themen und was daran bedeutsam ist und verläßt so die Ebene der Übertragung, in der jemand „wichtig" ist, indem er den „Wichtigen" repräsentiert, symbolisiert, ihm ein lediglich beschränktes Heimatrecht gibt. So müssen dann schließlich der „innere und äußere Dialog noch ausgedehnt werden" und sogar noch „Schlüsselpersonen im Leben des Patienten miteinbezogen werden". Warum nicht gleich für uns verdeutlicht: Der Schlüssel der Realität sperrt die Wahrheit auf, aber umgekehrt ist nur der Therapeut der über ihn verfügende Großmagier.

Auch die Zuhilfenahme der Herzgruppen, mit denen man glaubte, durch möglichst praxisnahe Arbeit das Problem der KHK besser zu lösen, führt da nicht weiter. Wie soll der Patient „Spezialist seiner eigenen Erkrankung“ werden[583], wenn gar nicht klar ist, wie wir sahen, wo der Arzt wirklich Spezialist sein kann, wenn das Spezialistentum in sich noch gar nicht geklärt ist, sondern oft nur jahrzehntelange Widersprüchlichkeiten vermittelt. Oder „Spezialist der eigenen Gesundheit werden“, wo doch niemand sagen kann, wer wirklich gesund ist[131]! Wo soll hier plötzlich eine Partnerbeziehung zwischen Erwachsenen und Erwachsenen herkommen (im Gegensatz zur alten Arzt-Patienten-Beziehung als Eltern-Kind-Modell)[584], wenn nirgendwo steht, was denn auf diesem Felde hier, dem Felde der KHK, ein Erwachsener ist? Wie die Erfahrung gezeigt hat, sind Herzinfarktforscher in keiner Weise vor dem Herzinfarkt besser geschützt. Sie sind da nicht erwachsener als andere. Aber ist nicht gerade auf diesem Gebiet das Sein der Forschung nicht mehr zu trennen von der Frage nach dem Sein des Forschers? Wenn so feine psychologische Fragestellungen mitwirken, fällt ihm da nicht automatisch eine gewisse Vorbildrolle zu? Nur zu gut hat man das auf diesem Felde schon gespürt und Arzt-Patienten-Seminare ins Leben gerufen, die aber letztlich doch wieder Arzt-Seminare geblieben sind, ohne gesicherten Erfolg. Bis jetzt gibt es keine fundierte Studie, die den Erfolg der kardiologischen Rehabilitation bzw. Prävention gesichert hätte[300,301,302,303]. Dies gilt auch für Herzgruppen[304], von denen jetzt die zweitausendste in Deutschland etabliert wurde und wo die „psychosoziale“ Komponente beschworen wird bis hin zu „systematischen, breitgefächerten Gemeinschaftsaktionen zur angemessenen Versorgung und Rehabilitation“ plötzlich Ischämiekranker[219,220].

In der inzwischen auf stattliche Mengen angewachsenen Literatur zu Koronargruppen – die man dann schon geschickterweise Herz-Gruppen genannt hat, was Sprachgefühl verrät; Herzsprachgefühl? – ist für alles ein Rezept zu finden: Neben der Bewegungstherapie sollte es Gruppentherapie geben, die „Herstellung und Bewahrung eines guten Gruppenklimas", „Kognitivität", „Emotionalität", „gesundheitsstabilisierendes Lernen" sollte verwirklicht sein[78]. „Jeder Teilnehmer sollte Leiter seiner selbst sein", „der Gruppenleiter ein soziolinguistisches Problembewußtsein bei sich selbst zulassen" etc.[79]. Der Gruppenleiter sollte „mit wohlwollendem Lächeln nicht sparen, Zaghafte ermuntern, Ängstliche ermutigen, Ehrgeizige zügeln, Einzelgänger integrieren, Mißmutige erheitern, Stimmungskanonen wirken lassen, Konflikte für die Beteiligten niederlagslos (!) lösen . . .[80]. Die Wirklichkeit der Gruppen sieht anders aus – wenn auch nicht düster, so doch auch nicht wirklich erneuernd[86].

Die Arbeitsgruppen sind also voll, doch durch einen Rückgang der KHK sind diese immensen Aufwendungen bisher nicht gerechtfertigt. Liegt es vielleicht an dem Begriff des „Selbst", der bei diesen Aktionen so viel zitiert wird?[221] Denn was ist ein Selbst? Ein Mensch, der wieder in ein „normales berufliches und soziales Leben zurückkehrt"[222]? Der sein Herz so kennt wie seine Westentasche und von sich alles weiß, so wie es die Ärzte wissen, die, wie wir sahen, nicht genau wissen, was sie wissen? Jemand, der an seinem ich, seinem Ego so lange und so fest zieht, bis er wie Münchhausen aus dem Sumpf heraus ist und dann ein Selbst ist? Her(z)-Selbst? Am Ende überläßt man sich doch dem Chirurgen, dessen Selbst(-verständnis?). Ist das dann Wahrheit mit Realität? Das Sein verselbstet, die Koronarien verlötet, die Psyche verontolotet: fertig die Onto-Psycho-Kardiologie?!

Um all diese verwirrenden Probleme mit einfachen, fast formelhaften Formulierungen anzugehen, hat der wohl bekannteste deutsche Rehabilitationskliniker, Prof. M. Halhuber, zehn Thesen zur kardiologischen Rehabilitation herausgearbeitet[305]. Es wäre sicher sehr schön, könnten sie alle Wirklichkeit werden. Aber mit Kommentar nehmen sie schon sechs enggedruckte Seiten in einer Fachzeitschrift ein. Sie sind mehr von guten Wünschen gekennzeichnet als von Realität, wie auch direkt in These 6 bezeugt wird, in der es um den Kardiologen geht. „Ein die soziopsychosomatische Denkweise, also die umfassende Betreuung bejahender, sportmedizinisch versierter und selbst spielerisch sportlicher, glaubwürdiger Intensivkardiologe mit Herz."[305] Es handelt sich also um eine Wahrheit, für die man wohl nie eine Wirklichkeit haben wird. Auch das eine Lösung.

Aus den zahlreichen Büchern zur Psychosomatik der Koronaren Herzkrankheit, die auch für den Laien verständlich sind, seien ein paar Beispiele zitiert, um zu zeigen, daß sie alle – wohl wegen der Rücksicht auf Verständlichkeit treffende, flüssig geschilderte und schlüssige Analogien mit wirklichen wissenschaftlichen Beweisen verwechseln. Das „Miteinanderschwingen der Herzen" im emotionalen Bereich und daß es so gut sei für „einen verschlossenen Menschen mit versteinertem Herzen, einmal herzerweichend zu weinen"[567] sind sicher einfühlsame und fast poetische Wahrheiten. Aber wie gelangt man sicher und erwiesenermaßen dazu, diese entlastenden Therapien auszuführen? Sollen wir Schmierenkomödien in die Reha-Kliniken bringen? Schließlich verrät uns der Autor, daß man (um überhaupt zu diesen Herz-Gefühlen zu kommen) erst einmal den „Umgang mit astrologischen Urprinzipien" lernen muß und vieles Geheimnisvolles mehr[567].

W. Hölzle, Psychologe in einer kardiologischen Reha-Klinik, macht sich mehr Mühe: Streben nach Macht, Status, Geld, Ansehen etc., alles muß ersetzt werden durch eine neue Lebensphilosophie[677]. Intensive Entspannungsübungen, alles anders tun als bisher, philosophischer, ethischer, geplanter bis in den letzten Gedanken hinein! Es ist wie in der Hochblüte des deutschen Idealismus! Ob ein derartiges Nach-oben-Streben nicht vielleicht doch wieder nur Streß ist, der das Herz nach unten zieht? G. Condrau dagegen versucht uns mit Heideggerscher, daseinsanalytischer Weisheit

Condrau

zu helfen[678]: „Dieses Bezogensein (auf das dem Menschen Begegnende und Zusprechende) ist aber auch Aufforderung zu antworten, und zwar so, daß der Mensch das Begegnende in seine Hut nimmt, ihm nach Möglichkeiten zu dessen Wesensentfaltung verhilft."[678] Das ist wahre Herz-Fähigkeit! Wunderschön, dieser Begriff der Fähigkeit, den der Autor hier vor uns entfaltet. Könnten wir nicht sagen, es ist Wahrheit und Realität, entrückt in eine Herz-Ästhetik!? Herz-Kunst, jedoch keine Herz-Sprache.

2.4 Herz-Linguistik, ein erster Versuch

Wie also zu einer Herzsprache kommen? Die Herzsprache von Prof. Gillmann, die wir schon oben zitierten, ist eine, die Verbindlichkeit schafft zwischen Arzt und Arzt. Die von Arzt zu Patient und überhaupt die von Subjekt zu Subjekt ist nicht erfaßt. Denn schließlich haben doch alle ein Herz. Und wie wir schon mehrmals betonten: Wir wollen ja gar nicht zeigen, daß eine andere Realität unbedingt die bessere Realität ist. Was die naturwissenschaftliche Seite angeht, mag es genügen, wenn die herrschende Auffassung vom koronar verursachten Infarkt sich etwas auch gegenteiliger Auffassungen annähme. Auf der psychologischen – der öko-psycho-sozialen – Seite sind die Verwirrungen so groß, daß man sie noch gar nicht richtig bemerkt hat. Doch könnten wir wenigstens abschließend eine Kompromißformel prägen: Ein guter Hausarzt ist jemand, der – wenn auch nur intuitiv, durch gewisse Erfahrungen gestützt – Herzsprache spricht. Er wird von all den genannten Bereichen so viel wissen, daß er sich zumindest ein Bild machen kann, das Wirklichkeit und Wahrheit annäherungsweise vereint. Von diesem Bild ausgehend, wird er geschickt taktierend Entscheidungen fördern und einen einigermaßen richtigen Ton treffen. Aber für unsere Untersuchung genügt das nicht. Wir wollen es wissenschaftlich genau. Wissenschaftlich sowohl was das Herz angeht – als auch die Sprache. Und, genau dazu muß man sich erst einmal an die halten, die davon etwas verstehen, an die Linguisten, die Sprachforscher.

Linguistische Bezugnahmen können uns nur gelegen sein, haben wir doch den Titel Herz-Sprache gewählt. Wer sagt uns denn, daß sie nicht Angina pectoris hatten, die Mystiker, sagen wir wenigstens ein Syndrom X, wenn sie über „die süße Herzenspein" klagten, wie die heilige Theresa von Avila? Schließlich sah sie, wie „ein Engel mit einer Lanze ihr das Herz durchbohrte"[46]. Sollte es nicht etwas mit dem Herzen zu tun haben, von dem wir dauernd geredet haben? Bei einer anderen Heiligen, der hl. Hildegard von Bingen, galt das „Herz als das Fundament des Lebens". Es ist das „Zentrum, das aus dem Intensivsten des Organismus über die Elemente einen Weg zum Extensivsten, dem Weltall baut"[49]. Ja, es „ordnet alle erklingenden Worte in sich, ehe es sie herausläßt" (würde man manchem Kliniker heute wünschen)! Sie spricht von der „Grüne des Herzinnersten", der viriditas interioris cordis, einem Elixier, das mancher unserer Koronarkranken gut gebrauchen könnte!

Das gleiche Herzleiden drückt sich bei der stigmatisierten Katharina von Emmerich ebenso aus: „Sie empfand es körperlich, als werde ihr Herz dauernd von Pfeilen durchbohrt"[52], und es ließ sie etwas über die Lieblosigkeiten ihrer Umgebung stammeln. Ist es nicht wie ein Stammeln, Stottern des „Herzens", des Leidenden, wenn die Patienten uns ihre Herzprobleme erzählen, unterbrochen von schmerzhaften, angstmachenden Signalen aus dem Inneren hinter dem Brustbein? Das heißt doch, daß sie eine körperorientierte Sprache vorschieben, weil sie die echte „Herz"-Sprache nicht können. Ist der Infarkt nicht ein Schock, ein Riß in der Artikulation, ein Sprach-Block? Blockiert, unterbrochen, nichts geht mehr, was vom Leben an Herz-sag-barem hätte verwirklicht werden sollen. Das sagen ja auch die Leute selbst, wenn sie erzählen, eine gewisse Anhäufung von Ereignissen habe jemandem „das Herz gebrochen", d. h. doch, seine Herz-

Sprache gelähmt. Der Volksmund hat schon die richtigen Ahnungen, aber er weiß nicht, er hat kein konkretes Wissen. Wir wollen eine Herzsprache, die man sicher wissen kann.

Es gibt sogar eine ganze Gruppe von Ärzten, die Anthroposophen z. B., die sehr wohl schon lange spüren, daß man das Herz mit etwas „Herz" anreichern muß, es sprechbar machen muß, um zum Wesentlichen zu kommen. Sie drücken das dann sehr poetisch aus, mit vielen Bildern aus der Natur, dem Rhythmischen der Gezeiten, dem Schwingen in den Kristallen der Edelsteine. Der anthroposophische Arzt verdichtet, „ver-wortet" sozusagen das Ganze besser, ästhetischer, und so kann er es auch besser ver-ant-worten, was mit dem Herzen eigentlich los ist. Doch bleibt sofort etwas von dem Gefühl zurück, daß der Praktiker, der Anthroposoph, der Homöopath noch etwas zu sehr dem Mythos, der Kunst verhaftet ist und nicht exakte Wissenschaft betreibt. Er verwortet das Herz durch eine phänomenologische, gestaltistische Methode (wie bei der Gestalt-Therapie), die er Geisteswissenschaft nennt (auch das eine kühne Verwortung), und verantwortet das Herz dann auf die gleiche Weise, während der Kardiologe gar nicht das „Herz" verwortet, sondern eher so etwas wie eine mechanische Pumpe, eine Kalziummangelmaschine, ein ver-arterio-rostetes Röhrengeflecht.

Der anthroposophische Arzt Kümmell hat anhand der Harveyschen Entdeckung des Blutkreislaufs eine sehr schöne Studie veröffentlicht, in der er zwar nicht ausdrücklich von Herz-Sprache spricht, sich aber doch sehr deutlich auf unser Thema bezieht[133]. Wahrnehmung und Begriff (Idee) müssen zusammenkommen, um einen Fortschritt in der Erkenntnis zu ergeben. (Harvey sah in dem verwirrenden Zucken und Sprudeln des eröffneten Tierkörpers plötzlich den „Herz-Kreislauf", weil er in diesem Moment an die gerade erst entdeckten kosmischen Kreisläufe dachte.) Kümmell bezieht sich aber in seiner Studie hauptsächlich auf den noch von Aristoteles herstammenden Begriff der Bewegung. Ist Bewegung schon Sprache? Ein Zeichen in Bewegung ist eine Botschaft, sagt J. Lacan, den wir im Schlußteil noch öfter zitieren werden. Die Anthroposophie bietet uns eine Botschaft, eine Herz-Botschaft, aber keine Sprache. Kümmell kann uns auch keine neuen, direkt umsetzbaren wissenschaftlichen Konzepte in die Hand geben.

Können wir nicht jetzt anhand dieser Verwortungen, Benamungen (im Gegensatz zu Benennungen, die einen vorübergehenden sachlichen Zweck haben) dem technischen Herzspezialisten eine Sprache zuordnen, die sich immer etwas zu betont im Imperativ aufhält? Katheter, Kontrastmittel, Schere, Zange! Schon das Wort Herz, mit dem alles losgeht, hat den Klang von etwas Apparativem, das defekt ist und bei dem der Arzt sofort eine Untersuchung! anordnet. Gewiß verantwortet er das alles im Nominativ, aber der Imperativ herrscht ein bißchen vor, auch wenn er dann zur Tablettenschachtel greift und darauf schreibt 2 × 2 täglich! Manchmal geht eben, wie wir oben bei der Bypassoperation gesehen haben, der Nominativ ganz verloren. Wenn es kein klinisches Instrumentarium gibt, mit dem man die Prognose einer Operation vorhersagen kann, fragt man sich, ob überhaupt noch gesprochen wird. Oder handelt es sich um eine Fremdsprache, die sich nicht mehr übersetzen läßt? Manchmal kommt statt Sprache auch nur ein Schrei zustande, wenn der Arzt nur noch alle intensivtechnischen Anwendungen durchführen kann und es danach stumm bleibt.

So ein Schrei kann allerdings schon mal etwas provoziert sein wie z. B. beim Ergonovin- (bzw. Ergotamin-)Test. Dieser Test gilt heute eigentlich als obsolet (verfehlt)[322]. Es kommt bei diesem Test durch die Einspritzung der Substanz Ergonovin nämlich zu einem deutlichen Spasmus der Kranzgefäße, worauf sofort eine Intensivbehandlung mit Nitroglycerin eingeleitet werden muß. Todesfälle und Herzinfarkte bei diesem Test sind beschrieben worden[323]. Er soll dazu dienen, echte Spasmen von möglicherweise nur psychisch ausgelösten zu unterscheiden. Trotzdem wird in der neueren Literatur immer wieder der Test propagiert[324]. Ein

Schrei, ja schon mehr ein schriller Ton in der Partitur dessen, was wir eine Herzsprache nennen wollen. Schrille, laute Töne, wie sie häufig auch zwischen Klinik und niedergelassenem Arzt, ja zwischen Forscher und Forscher zu finden sind. Aber auch sanfte Versprecher gibt es, Verhaspler, wenn man den Blutdruck zu aggressiv senkt und dadurch – wollte man doch einen Risikofaktor für den Infarkt ausschalten! – noch mehr Infarkte erzeugt, als wenn man gar nichts getan hätte[325].

Imperativ, Konjunktiv, Versprecher – alles Erscheinungen einer jeden Sprache, auch der Herzsprache, wenn es dann wenigstens im Nominativ, im normalen Präsens klappt und zu einem guten Ende geführt wird. Aus der umfassenden kardiologischen Literatur, die wir bis jetzt eingesehen haben, kann man ein solches Ende noch nicht mit Sicherheit sehen – wie wir bisher belegt haben. Wenn der Herzinfarkt bei unter 30jährigen immer mehr zunimmt[326], geht das sicher nicht auf Kosten einer schlechten Medizin, sondern wahrscheinlich auf Kosten unkontrollierteren Rauchens und psychischer Faktoren. Es handelt sich also um Menschen, die über das Lallen nicht hinausgekommen sind und für die man offensichtlich keine Hilfe hat, keine Herzsprach-hilfe, keine Sprachkurse. Auch die KHK-Erkrankungsziffern gehen nicht zurück, und Fortschritte hat man nur in ein paar Bereichen gemacht (z. B. bei den tödlichen Infarkten zwischen dem 40. und 65. Lebensjahr). In den USA ist ein deutlicher Rückgang der Infarktrate zu beobachten, allerdings bei wesentlich höherer Ausgangsrate als in Mitteleuropa, und man weiß auch nicht, warum das so ist. Intuitiv „herzsprechen" offenbar einige Ärzte und Patienten besser.

Andere Beispiele: Bei Srokas chinesischer Alchemie, wo es um den Ausgleich zwischen Yin und Yang geht[327] – ist das nicht Kauderwelsch? Nicht Dialektik, sondern ein nicht ganz gelungener Dialekt. Hochdeutsch dagegen sind sicher die Versuche der Arbeitsgruppe um Prof. Nüssel und anderer, die breitflächig angelegte Infarkt-Interventionsbemühungen betreiben. Ärzte, Behörden, Sozialarbeiter und Teststationen auf Rädern sind laufend im Einsatz: Herzreden ans Volk, ständige Herz-Berieselungen, Herz-Ansprachen, bis hin zu -Beschwörungen, Herz-Hymnen, die sich selbst gelten (Pionierleistung einer neuen Medizin[328]). So ließe sich die somatische Seite noch mit vielen amüsanten Vergleichen belegen, doch wenden wir uns noch kurz der psychologischen zu.

Muten nicht alle verhaltenstherapeutischen und psychophysiologischen Ansätze zum Thema Herzinfarkt wie Stilübungen, Refrains, Vokabularien einfach wie ein Herz- Esperanto an, das, hat man es erst einmal standardisiert, faktorisiert, alle gleichermaßen sprechen können? Wenn man aus dem menschlichen Handeln zuerst mal ein Verhalten macht, weil sich das besser messen, quantifizieren läßt, kann man da erwarten, daß etwas anderes herauskommt als eine Herz-Kunst-Sprache? Ein Herz-Katalog, ein Paraphrasieren, ein Buchstabierkurs, kurz: Logopädik. Das will nicht heißen, daß derartige Stimmbandübungen ganz unnütz sind. Überblickt man die Unmengen Literatur zu diesem Thema, so weiß man, daß sie zumindest dazu nütze sind, die Herz-Münder zu bewegen. Aus Herzen werden einfach Zungen gemacht.

Etwas differenzierter wäre die psychoanalytische Psychosomatik vom Herzen zu werten. Während die Verhaltensleute den Sinn, den das „Herz", so wie wir es fassen wollen, bedeutet, schon immer ein bißchen gepachtet haben, weil eben nur sie wissen, was richtiges Verhalten, Herz-Verhalten ist, kleben die psychoanalytischen Psychosomatiker etwas zu viel am Sinn. Am sexuellen Sinn, am „infantil Sexuellen", während doch zuerst einmal gar nicht klar ist, warum das Herz ein Sexualorgan sein soll. Wir wollen gar nicht ausschließen, daß es das auch sein kann. Daß es das bedeuten kann, denn über das Deuten kommt der Analytiker ja zum Sein. Doch wie soll er deuten, wenn nur der Patient spricht und nicht sein Herz? Wir sahen diese Schwierigkeiten schon weiter oben. Ist es nicht so, daß es mehr ein Herz-Sagen ist, was da herauskam, kein Herz-Sprechen? Man kann das am besten beobachten, wenn jemand versucht, diesen dunklen Fleck des Herz-Sexuellen sozusagen außen herum durch eine Sexualberatung des Herzkranken zu umgehen und zu lösen. Man muß den Kranken dann empfehlen, keine Angst vor dem „Liebestod" zu haben, es doch vielleicht besser morgens zu machen oder gar erst mal nur durch „probatorische Masturbation"[132], wo doch Nitropräparate und Antikoagulation den Orgasmus noch steigern können ... Vielleicht ist das Herz-Musik, aber keine Herz-Sprache, vielleicht aber auch nur Herzgetingel oder nur ein Sachgespräch ganz ohne Herz?

Viele Autoren meinen übrigens, der „Liebestod" sei eine Rarität[811]. Doch zu Recht bemerken andere, daß es auf diesem Sektor sicher eine hohe Dunkelziffer gebe[812], und auch wir konnten Anfang der siebziger Jahre in einer bekannten bayerischen Herz-Kreislauf-Klinik zahlreiche Infarkttodesfälle im Zusammenhang mit Sexualität registrieren. Manche Forscher zeigen keine lieben Gefühle für das Zentrum, Herz aller Liebesgefühle, wenn sie meinen, wer nach dem Infarkt zwei Treppen hochsteigen könne, könne auch sexuell wieder tätig sein[813]. Ist Herzsprache eine Mechanik?

J. Lynch, dessen Buch „Die Sprache des Herzens" wir schon erwähnten, fand, daß wirkliches Sprechen auch ein Sprechen mit und durch den Körper ist, daß z. B. Hochdruckkranke diese Körperlichkeit meist verdrängen[293]. Der Hochdruckkranke sei sich seiner selbst beim Sprechen einfach zu sehr bewußt, sei zu überwach. Im Sprechen des Infarktgefährdeten schwinge eine Überbewertung, eine Überbezogenheit für die soziale Umgebung mit und überhöhe die Spannung an dem, was er die „soziale Membran" nennt. Letztlich zentriert sich dies alles auf eine Unkenntnis im Umgang mit den Gefühlen. Immer wieder sind es die Gefühle, für die diese gefährdeten Menschen keine Worte haben oder die ihnen gar nicht bewußt sind. Warum können es nicht auch einmal Einstellungen sein oder gar Bilder, „imagines"? Phantastische Gedanken? Dadurch, daß der Infarktgefährdete glaubt, daß Seele, Herz-Seele gleichzusetzen sei mit Gefühlen, notfalls auch mit solchen, die aus der Kindheit wiederauftauchen, macht er einen grundlegenden Fehler. Zwar erkennt er richtig, daß das Hauptproblem nicht in dem liegt, was es an emotional Belastendem zu sagen gäbe, sondern daß dieses Sagen sich einer „bedeutsamen Person" gegenüber äußert, hier dem Arzt. Doch worin diese Bedeutsamkeit liegt und daß er sie sogar noch künstlich stützt durch das Dazwischenschalten von seiner Meinung nach bedeutenden Apparaten, zwischen sich und den anderen, bleiben zwei Problempunkte. Es ist wirklich nur eine Sprache des Herzens, eine Sprache der Gefühle, keine wirkliche Herz-Sprache.

3. Herz-Sprache

3.1 Das Herz als Diskurs

M. Foucault schreibt in seinem Buch „Die Geburt der Klinik", das sich mit der modernen Medizin und der Funktion des Arztes beschäftigt, daß es einen Zusammenhang gibt zwischen der „erschöpfenden Anwesenheit der Krankheit in ihren Symptomen und dem Durchscheinendwerden des eigentlich Krankhaften durch die Syntax, Grammatik einer sie beschreibenden Sprache hin"[314]. Um einen Text geht es also, um einen Diskurs, um ein „Wort", um ein unbewußtes allerdings. Dabei ist es uns so ganz unbewußt ja auch wieder nicht, denn es geht um das Wort Herz, das wir nun wirklich schon ganz gut kennen. Nur zwischen Wort und „Wort" ist hier noch ein Unterschied, denn es geht uns ja, wie wir bei M. Foucault gerade hörten, ums Herz als Text, als Diskursives, als was es sich mitteilen würde, könnte es das. Nun, vielleicht kann es das endlich, denn „die Struktur der Krankheit und die sie erfassende Sprachform sind grundsätzlich gleich geformt"[314]. Und weiter sogar: „Die Ordnung der Wahrheit (des Krankhaften, d. Verf.) ist eins mit der Ordnung der Sprache, weil beide die Zeit in ihrer notwendigen und aussagbaren, d. h. diskursiven Form wiederherstellen"[314].

Genau das wäre es doch, was wir so lange suchten: die Ganzheit, Einheit, das Herz als Eins. Die Eins, die Realität *und* Wahrheit zugleich wäre. In eine diskursive Form muß man das bringen, in einen Diskurs, Herzdiskurs, in eine Herz-Sprache. Wir wären da endlich heraus aus der Zwickmühle, in die wir uns mit der Wahrheit und der Realität gebracht haben und wo wir nach einer Ontologie gegriffen haben, um unsere Fragestellung wenigstens ein bißchen abzusichern. Daß die Symptome versteckt etwas sagen, ist auf dem Felde nervöser Krankheiten längst bekannt. Er spricht in seinen Symptomen, sagt man vom Hysterischen, er kann es nicht anders ausdrücken als mit einer gewissen Theatralik. Und auch wir sind jetzt genau da, wo „die Sprache über sich selbst hinausgehen und das Sein bestätigen kann"[710], das Sein der KHK, das Sein des Leidenden, das Sein einer Natur von Zellen oder Gefäßen, das Sein einer Psyche. Ist es nicht gerade jetzt, daß dieses Sein einen Sinn bekommt, eine Ordnung bestätigt, d. h. etwas, das Realität und Wahrheit verknüpft, weil wir davon wieder einmal in einer besonderen Form sprechen? Dieses Besondere müssen wir weiter verfolgen.

Wir müssen einerseits nur vorgehen wie in der Psychoanalyse, in der das Besondere darin besteht, das Subjekt in all seinen Allgemeinheiten sich aussprechen, sich widersprechen zu lassen. Für uns: All die allgemeinen Aussagen zum Herzen, die wir in den ersten Teilen unserer Abhandlung erörtert haben, als freie Assoziationen zu nehmen. Denn wenn die Assoziationen des Analysanden einen gewissen Punkt des Widerspruchs, des „analytischen Widerstandes" erreicht haben, gibt der Analytiker eine Deutung, um so zu einer Bedeutung des Diskurses zu kommen. Wenn die Entdeckung Freuds etwas wert war, dann dies, daß er dem assoziativen Sprechen seiner Patienten die größte Aufmerksamkeit schenkte, d. h. dem Durcheinander, spontan Einfallenden, dem Herz-Ausschütten. Nicht dem Allgemeinen einer Realität, sondern dem, was dem Analysanden gerade so über die Lippen kam und was sich als Besonderes daraus isolieren ließ. Es gibt viele Psychotherapeuten, die glauben, man müßte psychische Realitäten zutage fördern. Je mehr Realität z. B. erinnert wird (so Alice Miller), desto mehr nähert man sich dem Wirklichen, und das ist dann die Wahrheit. Doch haben wir bei der Apparatemedizin nicht gesehen – und kann es in der Psychologie nicht genauso sein –, daß man sich bis zum Geht-nicht-Mehr erinnert (verhaltenstherapeutisch: bis zur totalen Korrektheit verhält), ohne auch nur eine Spur wirklicher Wahrheit? Andererseits müssen wir, um zu unserer Herz-Realität zu kommen, irgendwie einen Schritt über die Analyse hinausgehen, über dieses Assoziieren des Herzens zum wirklich Besonderen unseres Diskurses kommen.

Denn zuviel oder zuwenig Realität – alles kann täuschen. Die Deutung allein muß noch nichts bewegen. Natürlich hat auch das assoziative Sprechen seine Tücken, und mit der Sprache kann man lügen, doch wußte Freud gerade aus dem vertrackten Diskurs seiner Patienten die Wahrheit besser herauszuziehen, d. h. – wie er sich ausdrückte – „mit dem Lügenköder den Wahrheitskarpfen zu fangen", als mit der geschicktesten Realität. Mit seiner Deutung richtet sich der Analytiker dabei nach dem, was zwischen ihm und seinem Analysanden in einer ständigen Schwebe bleibt, was weder Wahrheit noch Lüge ist und was Lacan das „unbewußte Begehren" nannte. Was will der andere eigentlich, was ist der tiefste Grund, der die beiden zusammenführt? Jenes Unterschwellige zwischen Analytiker und Analysand, jener Kitzel, jene Brisanz, jenes latent Lauernde nannte F. Morgenthaler in Anlehnung an den Freudschen Triebbegriff und im Gegensatz zur Sexualität (die eine Form gefunden hat und veräußerlicht ist) das „Sexuelle"[702]. Der Ausdruck „sexuell" ist aber hier insofern etwas irreführend, weil er doch sehr stark den Begriff Sexualität nach sich zieht, von dem Morgenthaler das Sexuelle abgegrenzt, ja fast gegenteilig gefaßt wissen wollte. Insofern geht er also über Freud nicht hinaus, für den ja dieses Besondere, Brisante ein Sexuelles im weitesten Sinne, im infantilen Sinne war und den man ebenfalls schon mit dem Vorwurf einer Pansexualität mißverstanden hatte. Wir glauben daher, daß der Begriff des unbewußten Begehrens, des Unterschwelligen, Latenten, des Begehrens als solchem besser trifft. Was ist das Begehren des „Herzens", das Herz-Begehren, das Zentralbegehren, das sich uns so schwer mitteilt? Das nur widersprüchlich raunt. Das Herz-Gemurmel?

So für sich genommen, hat dieses Herzbegehren nämlich erst einmal keinen Sinn, weil es keinen Repräsentanten hat. Der Orale z. B., das Verschlingensbegehren ist immer durch irgend etwas repräsentiert, am meisten natürlich durch Nahrung, aber das ist keineswegs immer so. Es kann auch ein Kind sein, das man zum „Fressen", zum Verschlingen gern hat. Oder, wie Freud schon sagte, „ein gespitzter Mund, ein Mund, der sich selber küßt", ein treffendes Bild für das Orale. Das Herzbegehren aber, das gemäß der Unterscheidung Freuds in Lebens- und Todestriebe mehr den letzteren zugehört, ist deshalb nirgendwo repräsentiert[703]. Das „Herz" ist keine der üblichen „erogenen Zonen", wie Freud jene Reizzonen des Körpers nannte, die den dazugehörigen „Trieb" repräsentieren und von denen der Trieb auszugehen und zu denen er wieder zurückzukehren scheint, wie im obigen Beispiel bei einer Spitzung des Mundes der Oraltrieb. Das „Herz" dagegen, so wie wir es jetzt zu verstehen beginnen, ist etwas „jenseits des Erogenen", jenseits all dieser „Partialtriebe" (Freud führte den Begriff der Partial = Teiltriebe ein, die im Kindesalter chaotisch nebeneinander bestehen, um sich im Erwachsenenalter zu einem Ganzen, z. B. zum Fortpflanzungstrieb, zusammenzufinden). Die Reste der Partialtriebe werden in der Kulturarbeit veredelt. Ein allerletzter Rest aber bleibt, ein am wenigsten integrierbarer Trieb, der Freudsche Todestrieb. Ein Tiefentrieb, der seine Todesschleife auch durchs Herz zieht und den wir, wenn es ihn in dieser Freudschen Form gäbe, Schm(H)erz-Trieb nennen könnten.

Nach Freud führt der Todestrieb, dieser allerletzte Rest im Bereich des Sexuellen z. B. zum Sadismus, im Bereich des

Sozialen zur destruktiven Aggression. Der Lebens- oder Erostrieb enthält dagegen alles, was Freud vorher unter dem Begriff der Sexual- und Selbsterhaltungs-(Ich-)Triebe getrennt aufgeführt hatte. Für unsere Untersuchung über das „Herz", in der wir bisher mit den psychoanalytischen Libidokonzepten, mit dem Eros nichts anfangen konnten, leuchtet es ein, daß der Begriff des Todestriebes sich hier besser eignen wird. Ein Trieb, der nach innen gerichtet ist und Zerstörung, d. h. Krankheit, anrichtet, der aber auch eine Chance haben muß, als Herz-Trieb nach außen gehen zu können. F. Dolto sagt: „Die Todestriebe sind wie eine Ohnmacht nach einer starken Erregung" – wie eine ohnmächtige Wut z. B., die ja oft tatsächlich zu einem Kreislaufkollaps führen kann. Das „Herz" befindet sich sozusagen in einer stetigen Ohnmacht, einem steten Hintendran gegenüber all den starken Bildern, Eindrücken, Gefühlen, Gedanken, ja selbst unterschwellig Lieben, Erogenem, und deshalb ist es ja auch so anfällig, plötzlich zusammenzubrechen. Todes- und Lebenstriebe finden im „Herzen" nicht zueinander, nicht zum Liebes-Einen, Liebes-Ganzen. Nicht zum Herz-Ganzen, Herz-Trieb. Das „Herz" bleibt als Herz-Rest in unserer Brust uns selbst fern oder schmerzend.

Es ist wichtig, an diesem Punkt noch einmal das Besondere zu assoziieren. Wenn wir also an dieser Stelle unser „Herz" einsetzen, das uns sich hier in all den schillernden, widersprüchlichen, herz-haften, aber auch zu Herz gehenden Texten aufgedrängt hat, klingt dies doch scheinbar etwas zu nüchtern (zu träge, wie die Todestriebe eben sind), um das Prickeln, die Brisanz widerzuspiegeln, die es in der analytischen Beziehung zwischen Arzt und Patient eigentlich haben müßte. Gewiß brennt uns jetzt dieses Herz-Problem schon langsam unter den Nägeln. Aber wenn wir eine Diskursform, eine Sprache brauchen – wie können wir sie so gestalten, daß dieses Brennen, diese Aktualität dauernd erhalten bleibt? Wie sollen wir die Todestriebe des „Herzens" aufgreifen – mutig freilich, so wie man sich früher ins

Schlachtgetümmel warf, also die Todestriebe nach außen lenkte? Wie sollen wir also erreichen, daß die Herz-Brisanz sich dauernd mitteilt? Denn schließlich ist es ja eben keine Situation, Austausch zwischen zwei Menschen, sondern vorerst nur ein Manuskript, das wir hier vorlegen, wenn auch über eine herzbrennende Frage.

M. Erdheim meinte auf einer Tagung, bei der es um Psychoanalyse und Sexualität ging, man müßte an diesem Punkt, dieser Nahtstelle zwischen Liebe und Tod, den Begriff Arbeit setzen. Die Arbeit müßte noch jene Brisanz, jene Lust haben, wie sie es bei den frühen Pflanzern, Jägern und Sammlern hatte[704]. Da aber gerade die Arbeit bei uns heute diesen Stellenwert nicht hat, ist dieser Begriff fast noch nüchterner als unser Begriff „Herz". Wir erleben eben das „Herz" nicht dauernd lustvoll, positiv, so daß es sich aus seiner Unterschwelligkeit heraus in jede Kommunikation mutig und gefühlvoll eingliedern ließe, so wenig wie das ganze Leben sich in einem derart herz-warm getönten Begriff von Arbeit fassen läßt und wohl je ließe. Das Wort Arbeit, das man in einer politischen Epoche zwar zu „Arbeit macht frei" hochgejubelt hatte, hat für uns in Wirklichkeit einfach einen zu nüchternen Klang. Und wir haben ja auch gesehen, daß alle die „Arbeit" am Herzen, die man dann in den Reha-Kliniken macht (Sport, funktionelle Entspannung, Diät etc.), um hintenherum an den eigenen Kitzel, an die Herz-Lust heranzukommen, doch nicht ausreicht, soviel Pfeffer in unsere Herzgeschichte zu bringen, daß die Leute dann nur noch ge-herzt sind, herzen, herz-delirieren. Gar nicht zu reden von der Arbeit, die das Herz selber leistet und von der wir ein Leben lang wissen, daß sie eines Tages plötzlich aufhören wird.

Bei Völkern der Dritten Welt beobachtet man häufig, daß sie ihr „Herz" durch eine permanente unterschwellige Herzlust, Herzlichkeit ins Spiel bringen, aber sie machen ganz selten, praktisch nie daraus einen echten Herz-Diskurs, so wie wir ihn suchen. Dieses dauernde Das-Herz-auf-der-

Zunge-Haben führt zwar einerseits zu einer warmen, verbindenden Herz-haftigkeit (auch Herzigkeit, wie die Österreicher sagen), aber es kann jeden Moment umschlagen in reine Emotionalität, spontanen Affekt, wofür das Herz ja der „Sitz" ist, in aggressive Beherztheit, in Impulsivität. Sahen wir nicht schon bei den Psychotikern, daß sie praktisch nie einen Infarkt bekommen, weil sie dauernd impulsiv sind, sozusagen das Herz im Hirn haben, aber dafür eben auf Kosten eines Lebens in dieser genormten Kultur? Ein reiner, blinder Herzdiskurs ist also zu nichts nütze, so wie eine Herz-Erotik zu diffus und eine Herz-Arbeit zu unrealistisch ist. Herz-Lust dagegen würde es schon treffen, wäre es nicht etwas zu romantisch, idealistisch.

Wir haben also die Deutung in ihrer vollen „Bedeutung", in ihrer vollen Resonanz noch nicht. Daß der Moment dazu erreicht wäre, ist ohne Zweifel, denn wir haben genug Widersprüchliches aufgelistet. Nichts markiert treffender den rechten Zeitpunkt einer Interpretation in der Analyse als die Momente, in denen der Analysand sich in Widersprüche, Unklarheiten und Kuriositäten verwickelt. Und nichts zeigt deutlicher als diese Tatsache, daß, wenn die Kardiologen und Psychologen sich widersprechen, das „Herz" hier ein unbewußtes Drittes ist, das als Objekt der Übertragung wirkt wie der Analytiker in der Analyse.

3.2 Übertragung und Deutung. Das Herz als Signifikant

Unter Übertragung versteht man in der Analyse etwas, „welches mit dem Kranksein im Innersten zusammenhängt"[705]. Gefühle, „Bilder", unbewußte Einstellungen werden auf die Person des Arztes übertragen. Es handelt sich um „den Vorgang, wodurch die unbewußten Wünsche an bestimmten Objekten im Rahmen eines bestimmten Beziehungstypus . . . aktualisiert werden"[781]. „Es handelt sich um die Wiederholung infantiler Situationen, die mit einem besonderen Gefühl von Aktualität erlebt werden"[781]. Doch wo genau sollte diese Aktualisierung unbewußter Wünsche stattfinden bei der so theoretischen Erörterung über das Herz, die wir bisher gemacht haben? Fordert Übertragung nicht ein aktives Subjekt, das zwar unbewußt, aber doch aktiv etwas tut, nämlich übertragen?

Zuerst einmal kommt uns auch hier schon wieder Freud selbst zu Hilfe, der sagte, daß – genauer betrachtet – die Übertragung ein Vorgang ist, der nicht nur bei Kranken und Nervösen vorkommt, sondern eine allgemeine menschliche Eigenschaft ist, die wir dauernd und überall antreffen können[706]. Haben wir nicht im Falle einer zu großen Vertrauensseligkeit genauso wie im Fall zu großen Mißtrauens etwas auf die Person des anderen übertragen? Positiv im ersten, negativ im zweiten. Wir haben also keinen Grund, daran zu zweifeln, daß sie auch bei all den Äußerungen über das Herz von Ärzten und Patienten mitschwingt, die wir zitiert haben. Tatsächlich bestreitet heute auch kein Psychoanalytiker, daß sich Übertragungen in allen menschlichen Beziehungen herstellen[707]. Und können wir nicht berechtigt sagen: Wer diese Zeilen liest, immer noch liest, ist er nicht ein bißchen in einer Übertragungsposition? Wohl noch in einer positiven. „Wo Übertragung ist, ist ein Subjekt, das wissen soll"[708]. Dieses Subjekt, das der Analytiker ist, den wir lieben, wenn er weiß, und den wir hassen, wenn er nicht weiß – Kitzel der Oszillation der Übertragung – stellt für uns das „Herz" dar, dessen Wissen (das könnte ein Schulmediziner fast genauso sagen) wir herauskitzeln müssen. Aber wir fanden in unseren Untersuchungen, daß es andererseits schon zuviel gekitzelt worden ist (Herzkatheter, Ergonovintest, Bypassoperation). Schließlich wollen wir ja zeigen, daß es noch eine Lust gibt, eine direkte, weil jeder doch ein Herz-Wissen selber hat, es sprechen zu lassen.

Denn wir können zudem zeigen, daß das Herz als Subjekt des Unbewußten in den Aussagen all der Ärzte, Psychologen und auch Patienten das Wesentliche des Unbewußten sogar „verschließt"[709], weil sie durch ihr Sprechen (das das Hantieren mit ihren Geräten und ihre Psychotests mit einbezieht) die Vorwegnahme einer idealen Einheit[709] erzeugen und nicht den Betreffenden selber sprechen lassen, wissen lassen. Sie glauben eben, das Herz als Ganzes in der Hand zu haben, wenn sie dem Herzen neue Kranzgefäße einpflanzen, deren Verstopfung doch die Koronartheorie als Ursache des Krankseins ausweist. Wenn die neuen Gefäße eingesetzt sind, ist das „Ganze" wiederhergestellt. Und der Patient macht da oft mit, weil er selbst sein „Herz" verneint, um diesen Ausdruck Freuds hier anzuwenden (die Verneinung als radikaleren, intellektuelleren Weg gegenüber der Verdrängung), und sich lieber in der Rolle des passiven Teils sieht. Wir haben bei der Beschreibung der Psychologie und Psychotherapie des Herzinfarkts gesehen, daß gerade die Psychoanalyse es schwer hat, mit Herzkranken umzugehen, da sie nur die Ebene des Sprechens hat, während das Herz doch schon als Ganzes „schreit", schon längst artikuliert ist, schon längst „weiß". Es ist zu mühevoll und zu spät, eine verdrängte Lust herauszukitzeln, nur damit dann ein Herz-Wissen sich einstellen kann, das zur Heilung führen könnte. Klar, daß da Arzt und Patient sich in einer Idee zusammentun, das „Herz" als ideale Einheit vorweg kassieren und mit der Idee verengter Gefäße oder der einer falschen Lebensart durch Tabletten oder Verhaltenstherapie kurieren wollen.

Die Übertragung führt also „den Anspruch auf die Identifizierung zurück"[710], beim Chirurgen auf die Identifizierung mit der Natur, der Materie, beim Psychologen mit einer geistigen Einheit, die er Psyche nennt. An Übertragung mangelt es also nicht, auch nicht an Identifizierungen. Das Problem liegt hingegen in den damit verbundenen nächsten Schritten, nämlich der bereits erwähnten Deutung, die ja zu dem führen soll, was man die Auflösung der Übertragung nennt. Letztlich soll der Patient aus dieser Übertragungsbeziehung zum Arzt seine Neurose erkennen und lösen können, den Arzt dann also auch nicht mehr brauchen, weil diese unbewußten Übertragungsprozesse, Gefühle etc. nicht mehr bestehen und dafür ein „Herz-Wissen" eingetreten ist. Ein Element unserer Herz-Sprache soll bewirken, daß da wirklich am Herzen des Kranken sich eine entscheidende Besserung einstellt, auch wenn das erst komplizierter erscheint, als Tabletten zu nehmen oder sich sein Fehlverhalten (falschen Streß) therapieren zu lassen. Der Patient muß die Deutung ja annehmen können, einsehen, akzeptieren dadurch, daß er etwas spürbar, klar, wissend, eben bedeutend erfährt. Daß er herz-spricht.

Trotzdem brauchen wir hier nicht zu kapitulieren. Eine Deutung wollen wir ja geben, und wenn sie richtig ist, wird sie auch zu einer Lösung führen. Doch wie kann sie richtig sein im Sinne eines „Wissens"? Ohne daß wir irgendeinen Kunstgriff anwenden, einen Begriff einführen oder ähnliches, wird es uns nicht gelingen, das scheinbar Persönlich-Individuelle, das die Psychoanalyse ausmacht, für so viele Herzkranke auf einmal mit einer Sprache, nur mit dem Erlernen einer Herzsprache zu lösen. Beim Einführen eines Kunstgriffes wird man uns zudem vorwerfen, daß wir etwas machen, was man eine Intervention in die Übertragung nennt, d. h., daß wir scheinbar etwas zu betont Künstliches, Gemachtes in diesen Vorgang einführen, um es dann allerdings wie in der Chemie bei einem Katalysator nach Vollendung des Vorganges wieder herauszuziehen. Denn natürlich können wir Übertragung nicht so handhaben wie in der analytischen Sitzung. Wie wir schon sagten: Wir müssen etwas Zusätzliches einführen, wir müssen genau inmitten dieses Übertragungsvorganges intervenieren.

Eine Intervention in die Übertragung findet allerdings praktisch immer statt, auch in der normalsten Analyse. Gerade weil wir den Übertragungsvorgang als so universell erkannt haben, finden wir ihn schon im Gange, bevor der Patient je die Türe des Arztes geöffnet hat. Und die Aufforderung des Arztes zur sog. Grundregel, nämlich zu sagen, was immer einem gerade in den Sinn kommt, stellt schon eine

Intervention in die Übertragung dar. Dieses Thema findet man auch immer wieder auf Psychoanalysekongressen diskutiert[711]. Meist muß der Analytiker diese Grundregel im Verlauf einer Behandlung mehrmals modifizieren, um keine starre, von vornherein schon durch eine rigide Regel beeinflußte Situation entstehen zu lassen und dadurch also in die Übertragung zu stark einzugreifen.

Eine Intervention in die Übertragung stellt auch die sogenannte Gegenübertragung dar, also Übertragungseffekte, die vom Analytiker ausgehen. Man kann sogar sagen, daß „die Übertragung das (unbewußte) Begehren des Patienten ist in Begegnung mit dem Begehren des Analytikers"[712]. Letztlich, könnte man formulieren, ist das Weiterschreiten der Psychoanalyse ein ständiger Kampf, diese Intervention, die es eben doch gibt, möglichst klein zu halten.

Und warum sollte man nicht überhaupt in der Tatsache, daß die Psychoanalytiker nichts für die psychosomatisch Kranken, die Herzkranken tun (genausowenig wie für die Psychotiker), einen Widerstand (Übertragungswiderstand) sehen, weil sie sich nicht einmal in der Weise zu intervenieren trauen, wie Freud dies selbst getan hat[713]? Intervention und Übertragung sind also aufs engste miteinander gekoppelt und bedürfen in jedem Falle einer eigenen Methode, im Falle unseres Herzens also einer neuen Art ihres Ineinandergreifens.

In diesem Sinne führte Freud biologische und physikalische Modelle in die Analyse ein, weil dies zu seiner Zeit die gängige wissenschaftliche Vorgehensweise war. In der Analyse des Rattenmannes intervenierte er sogar mit zahlreichen Ausführungen seiner Theorie, nicht ohne allerdings dann die Sache noch so zu drehen, daß sein Analysand neues Material zutage fördert. J. Lacan führte die Linguistik F. de Saussures in die Psychoanalyse ein und kam so auf treffendere Begriffe. Einer seiner wichtigsten ist der „Signifikant". Im Gegensatz zum Signifikat, der reinen Bezeichnung, ist der Signifikant der/das Bezeichnende, der/das unterschwellig dauernd unsere Signifikate in ihren Bedeutungen beeinflußt, abändert, zu etwas Eigentlichem hin modifiziert. So ist in der Psychoanalyse der Signifikant das, was Freud das „infantil Sexuelle" nannte: eben alle jene Strebungen und Regungen – wie wir schon oben hörten – jenes unbewußte Begehren, das seine Wurzeln noch im kindlichen Psychismus hat und noch nicht als überholt, verjährt eingesehen werden kann. Indem der Anspruch (das Ansprechen) des Kindes an die Eltern, des Analysanden an den Analytiker nicht auf dieser bewußten Ebene beantwortet wird, sondern gedeutet wird als noch herstammend aus früheren Beziehungen, können diese alten Wünsche, Gefühle, Triebe bewußt werden und entweder aufgegeben – weil zu kindlich und überholt – oder eben noch einmal zugelassen, ausgesprochen werden. Kann in irgendeiner Weise zu ihnen gestanden werden.

Auch F. Dolto interveniert in die Übertragung, wenn sie in ihren Kinderanalysen Knetmasse, Buntstifte und Papier anbietet. Aber sie führt aus, warum das bei Kindern notwendig ist. „Man braucht ein Material, das zwischen dem Körper des Kindes und ihm selbst vermittelt, damit es zur symbolischen Suche nach der komplementären Ergänzung kommt, solange die Struktur noch nicht voll ausgebildet ist"[714]. Kinder vor dem 7. Lebensjahr können nicht wie ein Erwachsener still auf einer Couch liegen und vor sich hin reden, sondern wollen agieren oder würden einschlafen, wenn man sie zwänge, still zu liegen und sprechend zu assoziieren. Genauso sind wir also berechtigt, in die Analyse der psychosomatisch Kranken (und vielleicht auch Psychotiker) etwas einzuführen, das ihrer Struktur entspricht. Wir werden später noch genauer darauf eingehen, daß und warum es etwas sein wird von der Art eines „Bildwortes", eines Logographen.

Auf der Freudschen Triebebene, die nichts mehr mit dem Instinkt oder Trieb im rein biologischen Sinn zu tun hat, ist das „Herz" eben auch nichts Biologisches und schon gar kein Organ. Um mit J. Lacan zu sprechen, muß man sagen: Es ist ein Signifikant. Es ist eher Insistenz, etwas, das drängt, sich einschreibt, einfügt, rein-setzt in das Textische, wie Foucault sagte, in den Diskurs, den Herz-Diskurs. Es ist eher eine Frage, die insistiert: Was ist „Herz", was ist Ich als Herz? Sowie in der analytischen Stunde das Subjekt konfrontiert ist mit seiner Grundfrage: Wer bin ich, ja wer *ist* Ich, wer bin ich als Ich, als (Freudsches) Es, als Subjekt, als Begehrender, als Eigentlicher (das, was wir oben mit F. Morgenthaler als das Sexuelle diskutierten, was uns dann aber schon zu stark Interpretation war)? Herz-Begehren ist gleich Herz-Fragen. Insofern schreiben sich Chirurg und Psychologe durchaus ins „Herz" ein jeweils mit ihrer Methode zu fragen, aber nie als Ganzes, nie als Eins (was ihr eigenes Begehren bis zum letzten zu hinterfragen einschlösse). Genau mit dieser Frage, die ohnehin schon insistiert, müssen wir also intervenieren. Es ist die Frage, die das Sein „an der Stelle des Subjekts stellt"[715], „mit dem Subjekt stellt", für uns: mit dem „Herzen" stellt. Mit dem „Herzen" als Signifikanten.

Uns braucht das aber im Detail gar nicht genauer zu interessieren. Wir haben es doch viel einfacher, denn nichts ist für uns klarer nach all dem Vorhergehenden, das wir zusammengestellt haben, daß die Herz-Frage schon signifikant gestellt ist. Unser Herz-Begehren, unsere Herz-Frage ist irgendwie schon brisant formuliert, schon wie ein brisantes Wort, ein Name geformt. Ein Name als Signifikant ist mehr als eine Bezeichnung, als eine Benennung, wie wir das bisher in den Wissenschaften, in der Kardiologie, der kardiologischen Psychosomatik etc. gesehen haben. Wenn wir ihn in seinem vollen Wert nehmen, „übt der Name", wie J. Lacan sagt, „im Subjekt eine strukturierende Funktion aus"[716]. Überhaupt liegt darin das Wesen des ganzen analytischen Vorganges: Indem das Subjekt bei irgendeinem Namen genannt wird, z. B. indem man ihm seine bis dahin unbewußte Homosexualität darlegt, muß es in diesem brisanten Namen antworten, indem es ihn ablehnt oder anerkennt, wonach der Diskurs in beiden Fällen weitergeht. Allein wer uns in diesem Text bis hierher gefolgt ist, wird den Namen Herz schon etwas anders ansehen als bisher, vielleicht etwas signifikanter.

Wir sind nun so weit, daß wir effektiv von einer Psychoanalyse des Herzens sprechen können, so wie G. Bachelard von einer „Psychoanalyse des Feuers" sprach. Übrigens betont er in diesem Buch, daß er keine neuen Erkenntnisse liefert, sondern lediglich bewußt macht, daß der chemische Prozeß der Verbrennung, der Verbrauch von Sauerstoff, die Oxydation von Kohlenstoff das wenigste von dem ist, was das Feuer ausmacht. Schließlich haben wir heute das Feuer ja „gezähmt", worin sich schon wieder ein subjektiver Bezug ausdrückt. Wenn wir das „Herz" nicht gezähmt haben, so nicht, weil wir zuwenig Kathetermeßplätze haben, sondern weil wir es nicht richtig deuten, ver-namen. Das wird den Chirurgen nicht abschaffen (das könnten wir auch nicht wollen), aber es wird ihn vielleicht relativieren. Es wird ihn die „Signifikanz" seiner Ergebnisse mehr hinterfragen lassen, denn, wie wir sahen, steht da nicht alles zum besten. Wie finden wir Herz-Signifikanz, das Herz als Signifikanten? *Das* Herz?

Halten wir fest: Übertragung und Intervention in dieselbige sind universelle Phänomene. Wir sind da immer schon mitten drin. „In einer Analyse intervenieren wir nicht nur, insofern wir den Traum des Subjekts deuten – vorausgesetzt, daß wir ihn deuten –, sondern da wir als Analytiker bereits im Leben des Subjekts sind, sind wir auch schon in seinem Traum"[784]. Es gibt nichts, was wirklich feststünde, alles besteht nur im „übertragenen Sinne", die Koronarien sind nicht der Dreh- und Angelpunkt des Herzinfarkts, die Prognose der Bypassoperation läßt sich durch nichts verifizieren. Was uns bleibt, ist einfach immer nur das „Herz", das Herz, das selbst Übertragungsfunktion hat, das Herz, das im Schnittpunkt der Lebens- und Todestriebe sich uns immer wieder entzieht, das Herz als „ein subjektiv anderer Zustand"[787], eine Befindlichkeit, die sich aber nicht halten läßt. Als H-E-R-Z, als Name. Als genau das, was die Mystiker beschrieben, das sich aber mit den üblichen Vokabeln nicht sagen läßt. Warum versuchen wir es dann doch? Nun, es gibt Annäherungen, z. B. durch das Autogene Training.

Weder die reine, übliche Psychoanalyse also noch die mehr experimentell ausgerichtete Psychosomatik, die das Subjekt des signifikanten „Herz" mit dem lebenden Objekt Herz verwechselt, eignen sich dazu, unsere Herz-Sprache zu finden. Der Mensch handelt eben, wenn auch unbewußt; Verhalten birgt nur eine sekundäre Sichtweise. Das Wesentliche des psychosomatisch Kranken dringt gar nicht ins Verhalten durch, es spielt sich innerlich ab zwischen etwas Mentalem, Affektivem und Körperlichem. „Das Subjekt des Unbewußten rührt an die Seele nur durch den Körper, indem es darin das Denken einführt . . . Denken dadurch, daß eine Struktur, die der Sprache, den Körper zerschneidet, eine Struktur, die nichts mit Anatomie zu tun hat"[814]. Manche Forscher meinen, man müsse es jedem immer an der Mimik absehen können, was sich an Gefühlen und Gedanken im Menschen abspielt. Dabei ist gerade der Herzinfarktkranke ein typisches Beispiel für die Verleugnung seines Innenlebens, auch seiner Schmerzen, so daß manche Hilfe zu spät kommt, weil dann selbst noch im Zustand des Infarktes verleugnet wird, daß es etwas Bedeutenderes sein könnte. Aber zwischen Hypochondrie und Verleugnung – wie da das richtige Maß finden? Wie den Signifikanten in die Realität umsetzen? Wie Herz-Sprache sprechen?

3.3 Anknüpfung beim Autogenen Training

Kehren wir nochmals dahin zurück, daß wir mit der Herzfrage, die drängt, die insistiert, die der Freudsche Trieb auf der Ebene des Signifikanten ist, in die Übertragung intervenieren müssen, d. h. eigentlich diese todestriebige Frage sich stellen lassen müssen. Ein solches Fragenstellen kennt man auch vom Autogenen Training. Im Gegensatz zur Psychoanalyse und zur experimentellen Psychosomatik hat sich das Autogene Training für den einzelnen, der scheinbar mehr körperlich erkrankt ist, oder den Gesunden, der aber doch nervös ist (z. B. den Schlafgestörten), der also nicht so eine greifbare neurotische Struktur besitzt, wie sie für die Analyse geeignet ist, besser bewährt. Es hat meist nur den Nachteil, daß es zuwenig effektiv ist, und zwar gerade deswegen, weil man darin nur vordergründige, insignifikante Fragen darin zu stellen weiß. Die Suggestionen, die dabei verwendet werden, sind zu vordergründig, sie enthalten schon die Antworten. Aus diesem Grund sind es eben auch Suggestionen, die dem Wesen der Analyse konträr entgegengesetzt sind. Daher hat sich schon von Anfang an die sog. Oberstufe des Autogenen Trainings gebildet, die es ermöglichen soll – wenn man einmal so sagen will –, eine weitergehende „Entrückung" in tiefere seelische Bereiche zu erzeugen, um den Nachteil des suggestiven Effektes zu umgehen. Analytisch gesprochen: um auf echte innere Widerstände zu treffen (d. h. eigentlich, – wie man fairerweise sagen müßte –, um auf diese gerade nicht zu treffen). Leider haben dadurch praktisch alle diese Oberstufenverfahren den Nachteil, daß sie etwas Mystisches, Religiöses, Intuitives an sich haben, etwas Unwissenschaftliches. Wer hat schon den Mut, einfach eine Frage an sein Unbewußtes zu stellen? Und selbst wenn er es täte, könnte er in ganz schöne Spinnereien kommen. Die Oberstufe des Autogenen Trainings hat eben nichts mehr mit der Auflösung des analytischen Widerstandes zu tun, der ja dadurch, daß er – wenn auch als zäh Widerstrebendes – so doch eben als ein *Etwas* bewußt wird, und nicht durch etwas schon Benanntes wegtrainiert werden kann. Der Widerstand ist dieses *Es*, dieses H-E-R-Z, von dem wir vorhin sprachen. Das *Es* ist. Exist.

Ein wirklich wissenschaftliches Vorgehen ist im Autogenen Training der Oberstufe nicht gewährleistet. Rosa hat in seinem Buch „Das ist die Oberstufe des autogenen Trainings" zwar psychoanalytisches Material herangezogen, schafft aber auch hier nur mehr analoge, vergleichende, rein durch gewisse pauschale analytische „Wahrheiten" abgestützte Formeln, die dann wie üblich eingeübt werden[715]. Mit Psychoanalyse hat das letztlich nichts zu tun, und es führt auch nicht dahin, wohin wir wollen. Es kommt über jenen „subjektiv anderen Zustand" nicht hinaus. Und trotzdem gibt es eine Annäherung. Wir meinen nicht jene Unterstufenübung, die sich auf eine Herz-Befindlichkeit richtet, sein Herz-Befinden zu spüren und durch Wortformulierungen zu beeinflussen. Aber man ist da nah dran.

Der knifflige Punkt ist doch der, an dem die Übertragung kippt, z. B. am Übertragungsende, wo jenes Zähe, Hemmende auftritt, das Freud den Widerstand nannte und wo die Deutung ihre ganze Macht entfalten kann. Auf der Widerstandsseite der Übertragung, vereinfacht gesagt. Doch wenn etwas in uns widersteht, den „Herz"-Knoten zu lösen, so ist es hier nicht das Ich wie bei den üblichen Neurosen, auch nicht das Überich, was mehr bei den Psychosen eine Rolle spielt, sondern das Unbewußte als solches, das Es, die Todestriebseite. Schon Freud sprach daher vom Es-Widerstand. Es ist das „Herz", das hier Widerstand macht als Signifikantes. Gerade deshalb wird es ja ignoriert, läßt man sich lieber operieren. Und man mag seine Herz-Befindlichkeit noch so sehr durch autogene Trainingsformeln beeinflussen, deswegen wird „Es" sich nicht plötzlich mitteilen, sondern man wird brav jeden Tag üben müssen, weil „Es" als „Herz" in der Form des Widerstands insistiert. Man wird nach jedem Üben den Widerstand nur als Widerstand, als dieses pulsierende Etwas wiederherstellen („Herzschlag ruhig und kräftig", wie die Formel heißt), als diese „süße Pein" der Mystiker, anstatt „bestätigendes Material" geliefert zu bekommen, d. h. daß die Analyse weitergeht[788] (Die rechte Deutung des Analytikers fördert beim Analysanden neue Einfälle, sogenanntes „bestätigendes Material" zutage und läßt so den analytischen Prozeß fortschreiten.), die „süße Pein" in Sprache übergeht, daß aus dem Herzpochen Silben werden.

Wie kann man ein derartig komplex abgestimmtes Vorgehen, wie es die Analyse ist, in eine einfache Frage, Silbe oder Formel packen, die nur einzuüben wäre wie im Autogenen Training, ohne den Widerstand durch dauerndes Anrennen nur zu verstärken? Ein derartiges Unterfangen erscheint ziemlich aussichtslos. Tatsächlich liegt hier die empfindliche Stelle des Autogenen Trainings, die sich schon in dem Begriff Formel oder besser „formelhafte Vorsatzbildung" ausdrückt. Schon das Wort „Vorsatz" sagt hier ja, daß es um eine bewußte Handlung geht, in der das Unbewußte ausgeschlossen ist. Eben diesbezüglich ändert auch die Oberstufe nichts. Es ist schon zuviel Absicht in diesen Formulierungen, zuviel Sinn. Vorgefaßtes. Es ist wie bei den Gebeten, die deswegen nie erhört werden, weil sie schon zuviel bewußten Sinn und Absicht enthalten, weil sie sozusagen Gott gar nicht die Möglichkeit geben, seinen Sinn zu artikulieren. Da hilft auch das „Dein-Wille-Geschehe" nicht viel, denn dann kann wieder alles geschehen – man weiß ja nie, was sein Wille ist. Das ist letztlich nur ein Trick, mit dem ich ihm meinen Willen unterschiebe, um ihn zu seinem zu machen. Ein Trick, den die Stoiker schon benutzten: Man ertrug alles, was kam, in der Annahme, daß hier ein jenseitiger Wille schon weiß, was man wollen soll. Doch wie soll sich dieses Jenseits dem stoischen Diesseits vermitteln? So mußten die guten Stoiker jede Unbill, z. B. jede Naturkatastrophe ertragen, von der wir heute wissen, daß sie nichts anderes als vielleicht geologische Naturkräfte sind, die man berechnen kann.

Selbst wenn wir also – wie oben gesagt – mit der Intervention in die Übertragung irgendwie fertig würden, könnten wir das mit dem üblichen Autogenen Training nicht erreichen. Wir können keine Formel, keinen „Namen", überhaupt nichts, was irgendwie, irgendwoher verfaßt ist, keine Anknüpfung an was auch immer verwenden. Und mit den vier Buchstaben „Herz“, auch wenn man sie sich noch so oft vormurmelt, wird auch niemand glücklich, und der Es-Widerstand wird nicht gelöst. Baren Un-Sinn können wir auch nicht anbieten, nur um dem Un-Bewußten (Anders-Sinnigem) entgegenzukommen. Man müßte einen Namen haben, der aber keine Benennung ist und doch treffend, den Namen als solchen, den Namen des Namens, wenn man mal so sagen darf. Das heißt eigentlich genau das, was das mathematische Symbol ist. Letztlich ist „unsere physische Natur bloß eine Hervorbringung des Geistes, deren Instrument das mathematische Symbol ist“[716]. Nur haben wir ja schon an der experimentellen Psychosomatik gesehen, daß entweder bei der Erstellung dieses Symbols, einer Zahl z. B. oder einer Deutung des Experimentes Unmöglichkeiten dazwischen liegen. Das mathematische Symbol ist zwar in seiner Struktur genau das, was wir brauchen, für unsere Praxis aber zu abstrakt. Wir waren da schon näher dran, als wir vom Herz-Namen sprachen.

Schließlich handelt es sich mehr um das, was Freud das „Erinnerungssymbol“ nannte[789]. Der Begriff der Freudschen Erinnerung ist durch eine Art von Nicht-Erinnerung gekennzeichnet, nämlich durch Verdrängung, Verschiebung, durch ein „Bahnungsarrangement“[790], in dem diejenigen Bahnen am intensivsten gespeichert sind, die nie erinnert werden können: Das Unbewußte ist das beste Gedächtnis. Im Autogenen Training wie in allen Meditationsformen versucht man daher, diese Bahnen wiederzubeleben, indem man sie durch Formulierungen aufruft, durch Formeln neu bahnt. Da aber die Formeln aus den gleichen Bahnen stammen, nämlich aus dem Gedächtnis, das nichts behalten hat, „bahnt“ man immer wieder nur die gleichen Erinnerungen, die eigentlich nichts erinnern, sondern nur bahnen. Daher die Unbrauchbarkeit des mathematischen Symbols, das nur eine Bahn liefert, wenn auch die exakteste. Daher die Unbrauchbarkeit des Autogenen Trainings und anderer Meditationen, die nur ihre eigenen Bahnen vertiefen. Daher auch die Problematik des Freudschen Erinnerungsbegriffes, der eigentlich eine grundlegende Symbolisierung bedeutet, die nicht symbolisiert werden kann. Unser „Herz" war schon symbolisiert in Leidenschaften, Herzhaftigkeiten und weiß Gott was, aber um es wirklich zu gebrauchen, müssen wir es wiedererinnern in seinem ureigenen Namen.

3.4 Der Logograph als Wesen des Seins?

„Herz" – Brisanz – Trieb – Wissen – Namen, alles haben wir schon versucht. Der Chirurg wird uns nur belächeln, wo er doch das Herz-Vitale in der Hand hält und unter diesem Aspekt eines Vitalismus sein Messer ansetzt. Der Psychologe wird uns bemitleiden, wo er doch die ganze Erkenntnis hat, die Kognition. Doch während der Chirurg mit dem Vitalistischen nur einen Teil in der Hand hat, führt der Psychologe willkürlich eine „bedeutsame Einheit" ein[717]. Kognition ist genau die Ebene, wo das Subjekt sich als Ich erkennt, und sie ist der der Psychoanalyse exakt entgegengesetzt. Dort soll das Subjekt wissen, wissenschaftlich erfahren. Man kann Tausende von Dingen erkennen, deshalb hat man noch nichts wirklich, wissenschaftlich erfahren. Wenn es ums Wissen geht, so ist es nicht das des Arztes und auch nicht das des Patienten, sondern das des „Herzens", das wir allerdings etwas anders aufzufassen hätten als bei Pascal. Die Weisheit des Herzens ist bei Pascal eine mitfühlende, intuitive, humane Lebensform, die sich willkürlich irgendwo Grenzen setzt, denn man kann unmöglich überall mitfühlen: dieses Überall, das die Wissenschaft für sich beansprucht. Was Pascal und die meisten Autoren meinen, die ähnliches wie er versuchten, ist eine Sprache des Herzens, eine Herz-Gefühl-Sprache, Intuition, keine wirkliche wissenschaftlich zu begründende Herz-Sprache.

Sagen wir es nochmals anders: „Die Schwierigkeit, wenn

man von der Subjektivität (vom einzelnen als Subjekt, d. Verf.) spricht, ist, das Subjekt nicht zu entifizieren (zu ver-ein-nahmen)"[718]. Die letztliche Entifizierung müssen wir dem Subjekt selbst überlassen. Wir können ihm nur ein mathematisch genaues Symbol oder etwas Analoges in die Hand geben, aber damit muß es dann seinen Es-Widerstand selber knacken, sein „Herz" selber öffnen. Exakt, präzise muß es sein, weil es ja um diese so hartnäckige, träge Todestriebseite des Herzens geht. Aber es darf natürlich nicht eine tatsächlich nur mathematische Formel sein, eine Subtraktion, ein Integral. Ausgerechnet da, wo es ums Herz geht, muß es schon „geherzt" verpackt sein. Es muß echt erinnert sein.

Das kann nur ein Name, ein Logograph (ein Bild-Wort, wie wir oben schon andeuteten) sein, der als solcher eben nicht eine „bedeutsame Einheit" ist, sondern scheinbar keine Bedeutung hat, so wie es in der Psychoanalyse der Traum oder der Versprecher ist, die auch aus Wort-Bildern bestehen. Traum und Versprecher sind scheinbar unsinnig und haben doch Sinn, verborgenen, unbewußten Sinn, indem sie unsere „Einheit" wiederherstellen, uns ganz machen, unsere einseitige Wahrnehmung korrigieren. Wir müssen genau umgekehrt vorgehen wie in der Psychoanalyse und doch gleich, indem wir den Logographen selber herstellen und ihn dann so lange wirken lassen, bis wir das „Herz" wahrnehmen und ihn dann wieder zurückziehen; d. h., wenn die Interpretation ihre Wirkung getan hat, muß der Analytiker auch wieder schweigen. Wir müssen – wie Lacan das nennt – einen „linguistischen Kristall" haben[720]. Dieser garantiert, daß im Diskurs nichts ins Subjekt, in den Analysanden, ins „Herz" hineininterpretiert wird, sondern der Diskurs nur verschoben wird[720]. Gerade dadurch aber erzeugt sich ein Effekt, der wichtig, ja entscheidend ist. Denn es ist der Effekt der Sprache selbst, wenn wir der Formel J. Lacans folgen, daß das Unbewußte strukturiert ist wie eine Sprache. In der psychoanalytischen Sitzung liegt diesem linguistischen Kristall die Wirkung der Deutung des Analytikers und seinem anschließenden Schweigen zugrunde, und nur er hat überhaupt im psychoanalytischen Sinne die Wirkung von Heilung.

Ein solcher „linguistischer Kristall", der ebenso konstruiert, gebildet, kalkuliert ist, findet in der Psychoanalyse ohnehin schon lange Beachtung: der Witz. Der Witz ist ein kalkulierter Lapsus, ein kalkulierter Versprecher, der am treffendsten zeigt, wie ein unbewußter Gedanke, ein Logograph, ein Affekt bewegt wird.

Im Witz wird man sozusagen in seinen unterschwelligen Gedanken vom anderen überrascht, genauso wie uns das „Herz" überrascht, wenn es plötzlich einen Affekt vermittelt, aber auch, wenn es etwas tut, was wir nicht so rasch übersetzen können, wenn es z. B. „zieht" (was aber die Mystiker konnten, indem sie ihre Herzenspein in das Nahen des Gottes umdeuten konnten und eine „süße Pein" daraus machten). Wenn es bei uns heute zu ziehen anfängt, schlucken wir sofort ein paar Pillen. Wir haben keinen Herz-Kristall mehr, der die Strahlen der „Spektralzerlegung des Ichs"[791] sammeln würde, damit das „Herz" sich vermitteln kann, z. B. als ein Asket an einen Gott, als ein Trieb an ein Subjekt, als ein Ich an ein Du.

Das Du ist nämlich nicht spontan ein Ich-Du, oder geht wie bei M. Buber über ein religiöses Empfinden. „Du bist kein Signal, sondern eine Beziehung auf den anderen, es ist Gebot (zur Sprache, d. Verf.) und Liebe"[792]. Diese doppelte Beziehung gilt es einzufangen. Kehren wir daher wieder zum Autogenen Training und unserem Logographen, unserem Kristall zurück, der den Es-Widerstand brechen, dieses Doppelte des Herz-Eros-Todestriebs lösen soll. Dieser Kristall ist dort nicht so ganz unbekannt. Bekanntlich müssen die dort angewandten Formeln eine einfache, rhetorisch einprägsame Form haben. Sie müssen wie in der Dichtung sich reimen oder Widerhalleffekte haben wie im Gebet, um ins Unbewußte einzudringen. So konnte H. Lindermann sich retten, indem er, als er seine Atlantiküberquerung im Faltboot machte, im Autogenen Training sich dauernd suggerierte: Kurs West! Als er nun doch einmal einschlief, träumte er, daß Räuber sagten: „Der Boß ist im Westen!" West! Sofort war er wieder hellwach und konnte sein Boot steuern: Kurs West! Diese vier Buchstaben haben sich im Sinne eines linguistischen Kristalls ausgewirkt. Vielleicht hätten in einem anderen Zusammenhang auch nur drei oder zwei gereicht, in einem anderen wieder mehr nötig sein müssen. Das Wesentliche scheint ein fast optischer Struktureffekt zu sein, der den Diskurs dreht, verschiebt und doch weitergehen läßt. Ein Kristall, der aber – wie wir oben sagten – keine direkte Bedeutung haben darf, nicht so eine schon vorher festgelegte Bedeutung wie bei Lindermann. Auch nicht eine durch eine religiöse oder sonstige Vorstellung schon fixierte.

Die französische Analytikerin F. Dolto hat Begriffe entwickelt, die geeignet sind, auf unseren Kristall, Logographen zu verweisen. Aus Kinderbildern isolierte sie nämlich den Begriff des unbewußten Körperbildes, das genau diese Vermittlerposition einnimmt, nämlich Affekte, Unbewußtes zu verschieben, zu transportieren. „Es handelt sich um die Darstellung einer Empfindung, die aus dem Körper stammt, die bei jedem Individuum verschieden beschaffen ist und die sich im Unbewußten als symbolisches Substrat der eigenen Existenz widerspiegelt"[721]. Dieses außerhalb von Raum und Zeit stehende Körperbild ist also symbolisch, d. h. sprachbildlich verfaßt, und genauso eines müssen wir irgendwie hervorzaubern.

Ja, F. Dolto hat sogar davon gesprochen, daß sich diese eigentliche Körpersprache aufs „Herz" bezieht, und sie auch Herzliebe genannt im Gegensatz zur normalen Liebe, der sie den Haß gegenüberstellt[722]. Zu diesem „Herzwortbild" kommt man letztlich, wenn man alle anderen sich davorschiebenden Körperbilder deutet. „Das ‚Herz' ist für den Menschen das Symbol eines imaginären, auf Dauer angelegten Ortes, eines Kontinuums, an dem sich sein Narzißmus festmacht; hier wird die Frage nach dem Sinn der komplementären Ergänzung seiner sensorischen Empfindungen gestellt und auch die Antwort erwartet. Man nennt diesen Ort der Affekte nach dem pulsierenden Organ, das hinter der mütterlichen Brust liegt und zwischen ihren Armen, die uns zuerst umfangen; es ist mit den frühesten körperlichen Austauschprozessen verbunden und lebte schon vor dem ersten Atemzug und wird erst nach dem letzten sterben"[722].

Trotzdem haben wir bei all diesen Bemühungen noch keinen Buchstaben dieses Namens, dieser Deutung, dieses Logographen. Noch keinen Strich dieses „Herzwortbildes", das uns das „Herz" wiedergeben soll. Wir haben einen Kristall in der Hand, eine Art metrisches, mantrisches Gebilde, eine Art Reim, der unsere Affekte strukturiert und nahe am Körper sein Bild trägt. Wir haben etwas von der (fast mathematischen) Form, um das „Herz" als „Eins" wahrzunehmen, denn „die Macht, die Objekte zu benennen, strukturiert die Wahrnehmung selbst"[719]. Doch diese unbewußte Macht ist „nicht ontisch, sondern ethisch verfaßt"[723]. Das Sein der Psychoanalyse – wie das uneres „Herzens" – ist nicht zu erfassen in einer Ontologie, sondern in einer Ethik, welche die der Sprache des anderen ist. Es geht beim Herz-Sein erst einmal um eine Herz-Ethik. Wir haben nun mal diesen Umweg über die Psychoanalyse gewählt, weil sie uns mit ihrem Konzept der Triebe oder deren Objektbeziehungen, mit dem Todestrieb usw. ein wissenschaftliches Vorgehen ermöglicht, ein Vorgehen anhand eines exakt ausgearbeiteten begrifflichen Instrumentariums. Wir halten uns damit auch an das, was Lacan die vier Grundbegriffe der Psychoanalyse nannte: Unbewußtes (Ethik), Wiederholung (Autogenes Training), Trieb (Todestrieb) und Übertragung (Herz-Name).

3.5 Wie zu einer Ethik des Namens kommen?

Wir müssen also den Inhalt, den wir in unser Wort-Bild, „Namen", hineinstecken, wissenschaftlich-ethisch ver-antworten können, wenn wir ihn vorher so kalkuliert (wie beim Witz) in Worte gebracht, ver-wortet haben. Wir brauchen eine Ethik der Psychoanalyse, eine Herz-ethik. E. Fromm meint, sie bestehe darin, dem anderen zu zeigen, daß er autonom ist, daß er sich selbst bestimmen kann. Doch wo soll diese Autonomie sitzen? Jedenfalls nicht im Ich, wie das die Ich-Psychologie nach Hartmann versuchte, wo doch das Ich mit seinen Abwehrmechanismen nur der Selbst-Verwirklichung im Wege steht, der „Herz"-Verwirklichung. Denn an die Stelle des Ichs ein Selbst zu setzen, wie das viele Psychologen tun – heißt das nicht wieder nur ein anderes Wort fürs Ich nehmen? Vielleicht helfen diese Bücher mit den Titeln: „Mut zum Selbst-Sein", „Mut zum Ich-Sagen" dem Ganz-schwachen, dem total Gehemmten einen Moment. Und vielfach ist das Autogene Training ja auch mit solchen Sprüchen aufgebaut: positive Psychotherapie à la Murphey, positives Denken – so einfach ist das. Doch mit solchen banalen Tricks wollen wir niemandem kommen. Sie werden denen, die von der Manie des Positivismus in nur immer neue Depressionen gestürzt werden, genausowenig helfen, wie den Herzkranken, die sich mit einem beruhigenden: „Es wird schon nicht so schlimm sein" sowieso schon gefährlich positivieren. Und das Herz einfach so schlagen zu lassen, wie es halt schlägt, ist natürlich auch keine Ethik.

Die Ethik der Psychoanalyse ist schon im Freudschen Ödipuskomplex angelegt[724]. Diese Dreierstruktur im Unbewußten verweist darauf, daß es eben kein Tête-à-tête zu zweit gibt, daß da immer ein gewichtiger Herr noch mitspricht, der an den Herrn mit dem unmöglichen Namen im Alten Testament erinnert und der in der Sitzung durch den Analytiker repräsentiert ist. Nicht mit einem autonomen Ego kommt man da heraus, das dann wieder alles machen kann, was Es-Ego will. Erst muß man all die Verschachtelungen seiner Bilder- und Gefühlswelt durcharbeiten, ehe man geläutert herausgeht. Man muß zuerst etwas eingestehen, ein Begehren benennen, eine Interpretation akzeptieren, seine Übertragungen aufgeben, dem Tod auf seiner Trieb-, seiner Herzebene begegnen. Wenn man erkennt, daß die Triangularität (Dreieckstruktur) des Ödipuskomplexes etwas ist, an dem man immer mitwirkt, indem man den Schwarzen Peter (den Freudschen Trieb) im Dreierkreis mit herumschiebt und damit nie zu einer wirklichen Beziehung zwischen zweien kommt (zwischen Mensch und Mensch, Mensch und Herz z. B.), ist er erste Schritt zur Ethik schon getan.

Andere Autoren sahen in einem „reifen Ich-Ideal" die Lösung der psychoanalytischen Ethik[725]. Ein derartiges Verfahren ist aber etwas gefährlich, weil das Ich-Ideal auch oder sogar eigentlich pathologisch ist. Der Autor erklärt nicht schlüssig, wie das Ich-Ideal auch gleichzeitig eine reife Persönlichkeit darstellt. Dies wird insbesondere da ersichtlich, wo er diese Ethik, die für den Jungen noch einigermaßen nachvollziehbar ist, auch für das Mädchen versucht. Es gelingt ihm hier nicht, ein weibliches Ich-Ideal, eine weibliche reife Persönlichkeit zu schildern[726]. Da greifen schon diejenigen Autoren besser, die die Frage der Ethik mit der Frage der Weitergabe, der Vermittlung der Psychoanalyse selbst verbinden: mit dem Ursprung des Symbolischen als solchem[727], indem Freud dieses aus dem Sprechen der Leidenden selbst herausgezogen hat. Ethik heißt, den Ursprung des Symbolischen als Diskurs offenzuhalten und nicht durch irgendeinen Begriff zu schließen[727]. Das Ich-Ideal ist zu nahe am Arztideal, von dem wir ja gesehen haben, wie man sich darin gefährlich verstricken kann.

Nein, die Ethik der Psychoanalyse ist die des „Gut-Sagens". „Was sich gut sagt, wird klar erfaßt"[728], auch wenn fast nichts zu verstehen ist. Es geht in der analytischen Sitzung nicht ums Verstehen, sondern darum, daß beim Analysanden der Diskurs sich verschiebt, daß ein volles Sprechen entbunden wird, indem es immer wieder an den besagten Kristall stößt, der ihm seine eigene Botschaft in umgekehrter Form wieder zurückspiegelt. Etwas wie ein Versprecher, wie „geehrter Herr Prozessor" statt „Professor", wo das Computerhafte, mechanisch prozeßhafte des Professoralen herauskommt, das man eigentlich verschweigen wollte. Dieses Verschieben, Oszillieren der Bedeutung, des Signifikanten, darauf zu hören, es nicht zu verschweigen, zu verdrängen, macht die Ethik der Psychoanalyse aus. Ein solcher ethischer Logograph, ein Sprech-Schreibgebilde für unsere Herzkranken wäre z. B. ein HER-ZS-EIN, wo es endlich EIN ist, das Herz, und doch sein SEIN behält. Denn auch ein Logograph ist noch dualistisch, doch HER-ZS-EIN wäre nur noch EINs, ein Wort, ein zweifelsohne noch der Sprache Zugehöriges, wenn auch Ent-zerrtes. Und das genau brauchen wir, wo doch das Unbewußte strukturiert ist wie eine Sprache – ethisch. Ent-stellt.

Die französische Analytikerin F. Dolto spricht von der Ethik des Körperbildes[729]. Sie unterscheidet dabei den physischen Körper als Körperschema von den durch früheste Erfahrungen entstandenen psychischen Körperbildern. Zwei davon, Basisbild und funktionelles Bild, sind für unsere Infarktkranken von besonderem Interesse, weil sie gerade jene ethischen Spuren enthalten, die für die psychosomatische Krankheit so wichtig sind. Die „Ethiken" dieser frühen Körperbilder sind natürlich für uns in keiner Weise nachvollziehbar (sie könnten evtl. nur in einer tiefgreifenden Analyse verifiziert werden). F. Dolto zeigt jedoch, wie es z. B. möglich ist, nur durch den entschiedenen Gebrauch des Vornamens bei einem Kind in der Analyse diese frühesten Bilder neu zu ordnen, zu integrieren. Denn die Worte bekommen einen Sinn nur, wenn „sie in einem entsprechenden Körperbild verankert sind", wobei hier der Vorname eine „besondere Wichtigkeit hat, indem es den narzißtischen Zusammenhalt des Subjekts sicherstellt"[729]. Diese

„Stabilität" eines Sicherstellens nennt sie eine Ethik, weil sie auf der letztlichen Reifestufe (die Freud die „genitale" nannte) ein komplexes soziales Beziehungsgefüge regelt, das sexuelles Begehren und verschiedene Formen der Liebe einschließt[730].

Das ist also die Ethik der Psychoanalyse, daß die Buchstaben, die ohnehin schon in einer bestimmten Weise ins Körperbild interveniert sind, nur in einer ebenso bestimmten Weise wieder verschoben, aufgerufen werden müssen, damit man „sich in den Phonemen dieses Wortes wiedererkennt"[731]. Diese doppelte Bewegung, Verschiebung ist es auch, die z. B. beim Witz als Doppeldeutigkeit aufblitzt, die macht, daß der Versprecher HER-ZS-EIN klar wird: „Klar bedeutet, daß das seinen Weg geht"[728], daß das weiterläuft, daß diese Verschiebungen, Oszillationen wie automatisch weiterlaufen, wenn sie z. B. in einer Art Autogenem Training geübt werden. Lacan hat dies meisterhaft in seiner Formel über „les noms du pere" (die Namen des Vaters) vorgeführt. Gemeint ist natürlich der Name der Analyse, des Analytikers, daß wir eben im Namen des Vaters der Analyse sprechen, analysieren. Doch auf Grund einer Homophonie im Französischen steckt hier auch „les non du pere" (die Nein des Vaters) darinnen, also das ödipale Nein zum Inzest, widergespiegelt im Nein der Abstinenzregel des Analytikers. Und weiter noch das „les non dupes errent" (die Nicht-Blöden irren), d. h. auch die, die brav sind, angepaßt, nicht blöde, dem Vater alles recht machen, irren: Man muß selbst sehen, wo und wie Vater oder Herr zu werden (zu wissen, was das heißt). Her(r)-(z)-sein.

In dieser dreifachen Homophonie verschiebt sich, gleitet also der Signifikant des Vaterrätsels, der Vatermetapher, und dadurch stellt sich ein ethischer Effekt her, nämlich selber zu sehen, wie und wo Vater, Meister zu werden, wie und wo diesen dreifach-einen Satz zu meistern. Her(r)-(z)-sein, wie wir sagen könnten. Doch nehmen wir jetzt für unsere Studie über das Herz einen anderen Logographen, dessen ethisch-wissenschaftliche Verankerung für unsere Zwecke besser ist, in dem wir uns „besser wiedererkennen (-erinnern)" können: Wie wäre es z. B. mit SEI -N- AME? Ein Wort, ein Logograph, ein Signifikant ganz besonderer Art, indem er ebenfalls wieder mindestens drei Bedeutungen vereint und dabei keiner den Vorzug gibt und gleichfalls auch unseren Körperbildern, analytischen Texten entnommen ist.

Nach J. Lacan kehrt nämlich der Prozeß der Signifikantenerstellung nach dem zweiten Signifikanten, also beim dritten zirkulär zum ersten zurück, ein Prozeß, der schon bei Freud in der Dreiecksituation des Ödipuskomplexes begründet war. Man kann in SEI -N- AME genau jene Dreiteilung und Sprachfunktion erkennen, wie sie dem Wesen des Unbewußten entspricht und wie wir es schon in dem Beispiel mit dem „nom du pere" gesehen haben. Erst einmal sieht man sonst gar nichts als ein paar Buchstaben, Silben. Nach einem kurzen Moment (dem Moment, den Freud Nachträglichkeit nannte) bemerkt man aber, daß SEIN und NAME darin stecken, der Name des Seins, also dessen, was wir suchten, des Herz-Seins, des Seins unserer Kranken. So ist es also auch SEIN NAME, der Name in der 3. Person Singular, so wie es der Name des Herzens ist. Liest man es aber wörtlich-buchstäblich, steckt das Wesen der ganzen Psychoanalyse darin, so wie es Alexander Lowen einmal formulierte: „Sei dein Wort"! Sei dein Name, sei das, was du heißt auf der Ebene des Unbewußten! SEI NAME! Vielleicht findet sich noch eine vierte Bedeutung – je mehr, desto besser. Überdeterminierung nannte das Freud; doch für den Effekt, den wir benötigen, reicht die Arithmetik des Unbewußten, die nur bis drei geht, um dann zirkulär zu werden ...

Dieses Silbengebilde ist der Vermittler, den wir suchten, der uns die Frage vermittelt, den Namen, das Sein, das „Herz". Es ist das logische Übergangsobjekt (im Gegensatz zum realen Übergangsobjekt, das der englische Psychoanalytiker Winnicot bei den Kindern beschrieb und das den

Übergang von der Mutter zu anderen Objekten vermittelt: Tuch,.Teddybär). Logisches Übergangsobjekt, weil es „ausgetauschte Worte – dem Normalen zuwiderlaufend" sind, wie F. Dolto sagt[732], und gerade deswegen, weil sie ein „nicht entzifferbares Lexikon"[732] sind, wirken sie vermittelnd, ermöglichen sie den Übergang. Das würden sicher auch Buchstaben tun, die wir rein zufällig durch eine Maschine herstellen lassen, aber sie würden nur die Ethik der Maschine vermitteln, die keine ist bzw. die die irgendeines beliebigen Symbols ist. Symbol und Maschine haben eine gewisse Ähnlichkeit, indem sie etwas vermitteln, transportieren, verdichten, z. B. eine Botschaft. Aber wir wollen hier eine bestimmte, die des „Herzens", wozu genügt, daß wir drei seiner Signifikanten in einer Struktur kreisen lassen, um den Übergang von Herz zu „Herz" zu finden.

3.6 Sein – Name – Sein

Fassen wir kurz zusammen: Drei Elemente in einem vereint, ohne daß eines Priorität vor den anderen genießt, das genau ist die Struktur des Ödipuskomplexes, die Struktur der analytischen Situation. „Wenn das Sprechen als Zentralpunkt der Perspektive begriffen wird, so muß sich in einem Dreierverhältnis und nicht in einer Zweierbeziehung die analytische Erfahrung in ihrer Gänze formulieren"[734]. Dieser Dreierstruktur haben wir, eben weil es ums Sprechen und die Sprache schon von jeher geht, eine Wort-, Namens-, Logographenstruktur gegeben, in der nicht nur formal, sondern auch inhaltlich die Ethik der Psychoanalyse ver-wortet, vernamt, logographiert ist. Und nochmals: „Um diese (kombinatorische) Struktur zu stützen, finden wir hier die drei Signifikanten, in denen das andere im Ödipuskomplex sich identifizieren kann. Sie reichen aus, die Bedeutungen der geschlechtlichen Fortpflanzung unter den Signifikanten der Beziehung von Liebe und Zeugung zu symbolisieren"[733].

Und uns reichen sie aus, die Bedeutung des „Herzens“, das 1. das Sein benamt als muskuläres Hohlorgan, Zentrum der Gefühle, soziale Membran (wie Lynch das nennt) etc. als auch 2. als „Herz“-Ich, als Psychisches, als der Name, der wir sein sollen (wie Freud sagte: da wo Es [Herz-Es] war, soll Ich [Herz-Ich] werden) zu finden. Und als 3. schließlich ist das „Herz“ noch da in Seinem Namen, d. h. im Namen des Andern, als das es uns erscheint (ist es uns nicht oft fremd, wie etwas anderes in uns?).

Dieser Andere ist es ja, in dessen Namen alles geschieht und alles geredet wird, obwohl man ganz andere Dinge behauptet (daß es im Namen eines Muskelorgans oder im Namen des Psychischen ist). Dabei ist es wirklich im Namen des Andern, von dem Lacan meint, daß er häufig identisch sei mit dem Vater als Toten (bei den Urvölkern als Totem). Es handelt sich um den unbewußten Andern, „der wie ein Diskurs artikuliert ist“. Wie ein Diskurs als solcher, nicht wie ein Herzorgan- oder Psychodiskurs oder, um einmal etwas Neues zu sagen – wie ein theologischer Diskurs. Deswegen brauchen wir ja einen „Herz“-Diskurs, deswegen bedarf es ja einer bestimmten Methodik. Denn der Diskurs als solcher ist „blöde“ (oder wie Freud sagte: Er weiß; denkt, kalkuliert und urteilt aber nicht). Und der theologische Diskurs oder irgendein anderer – nun, sie sind nie blöde. Es ist aber der Diskurs des Herzens als „blödem“, als einfältigem (wie es in der Bibel steht), als Anderem, als „Totem“, als SEI -N- AME, wodurch es zu Weisheit und zum Leben finden kann.

Wenn wir also ausgehen vom ersten Signifikanten, sagen wir – um mit dem Psychoanalytiker Kohut zu sprechen – womit das Leben beginnt: vom „Glanz im Auge der Mutter“; dann „sieht“ das Kind den Glanz im Mutterauge, d. h., es konstituiert sich in diesem Moment als Subjekt (auf der Ebene des Schautriebes). Dieser Signifikant gibt aber letztlich seinen Sinn nicht ganz preis (es gibt kein brauchbares, sich länger haltendes Signifikat)[735], „indem ihr (der Mutter)

Begehren diesseits oder jenseits von dem ist, . . . was sie als Sinn aufkommen läßt"[736]. Mit anderen Worten: Ihre „Augensprache" funktioniert nicht so gut, daß dieser Glanz sich bewahren ließe für das Kind wie etwas, was schwarz auf weiß steht. Andersherum: Die Mutter kann keinen Sinn aufkommen lassen, denn das Kind kann ja noch nicht sprechen. Dadurch tritt aber für das gerade eben erst entstehende Subjekt ein Schwinden auf, eine Spaltung, von der man sagen könnte, daß sie im Sehfeld (das das Subjekt am besten symbolisiert) des Kindes lokalisiert ist. Kein Glanz im Sehfeld mehr, kein guter Blick (Licht-Blick), keine „Augensprache", die lange genug hielte. Es bleibt dem Kind nur noch der glanzlose, der „böse" Blick[737], mit dem es sich dann an seiner Umgebung schadlos halten wird, Wahrnehmungsidentitäten aufbauen wird. Es hat sozusagen den Namen des Seins verfehlt, den die Mutter durch das Auge übertragen hätte können (wohl kaum eine Mutter allerdings – wie gesagt – kann das).

Wenn das Subjekt sich nicht halten kann, da es auf der Ebene des Schautriebes den guten Blick, den Glanz nicht integrieren kann, weil es seinen Sinn nicht weiß, nicht verworten kann (so wie später auf der oralen Ebene die „gute Brust", das gute Objekt bei M. Klein), taucht ein neuer Signifikant auf, der zweite, der, den Freud Vorstellungsrepräsentanz nannte[738]. Dies alles gemäß der Formel Lacans, daß ein Signifikant ein Subjekt für einen anderen Signifikanten repräsentiert. (So z. B. repräsentiert unser „Herz" das Subjekt Patient für den Arzt.) Die Vorstellungsrepräsentanz ist jene „Vorstellungsreihe, an welche sich der Trieb im Laufe der Geschichte des Subjekts fixiert und durch deren Vermittlung er ins Psychische niedergeschrieben wird"[815], also die Verdrängung. Sie hat wieder eine Schwindenswirkung auf das Subjekt, und eben von der soll es ja befreit werden, wenn ihm in der Analyse eine Deutung, Be-deutung zuteil wird. Statt der Repräsentanz tritt ihm dann die Vorstellung in reiner Form, als Begehren vor Augen (die Vorstellung ist hier keine aktive, keine gewollte Imagination, sondern eine direkte, primäre, mehr ein Zu-sehen-Geben, als ein Sehen, z. B. so etwas wie ein „Visieren").

Wenn der Analysand also in der Sitzung dieses Begehren realisieren kann, indem er es akzeptiert oder verwirft, hat er sozusagen SEINEN NAMEN gefunden. Er kann sein bisher unbewußtes Begehren benennen, was ohnehin schon alles ist, was er eigentlich tun kann. Deshalb unser zweiter ethischer Schritt, ihm SEI -N- AME anzubieten, auf daß das Subjekt jetzt nicht mehr schwinden muß, haltlos zu werden braucht, sondern inmitten der Verbalisierung, der Signifikant-Signifikats-Wirkung, der Zeichen-Sinn-Gebung sich halten kann, indem es diese „Buchstaben", Silben, Logographen in sich wiederholt. Ja, innerhalb der Psychosomatik, um die es uns hier ja geht, ist es sogar die einzige Möglichkeit sich fortzubewegen, weil hier die Schwindenswirkung zwischen dem ersten und zweiten Signifikanten nicht faßbar und daher einer normalen Analyse gar nicht zugänglich[739] ist, wie wir im 1. Teil schon zeigen konnten. SEI -N- AME ist wie ein Kunstherz, das wir anbieten, es so lange übend zu benutzen, bis das „Herz" sich selber mitteilen kann und man das Kunstherz nicht mehr braucht (ein Schritt, der beim realen Kunstherz nicht mehr rückgängig zu machen ist).

Nunmehr können wir uns leicht denken, wie es weitergehen wird zum dritten Signifikanten. Auch hier wird uns das SEI -N- AME helfen, die Kluft zu überwinden, wenn es uns ein SEI NAME zuruft, sei dein Wort, steh zu deinem Begehren, das sich uns jetzt im meditativen Training, im „Visieren" vorstellt, bewußt wird. Aber wie wird es uns bewußt? Sehen wir da ein Bild, hören wir da eine Stimme? Wie kann es uns bewußt werden, wenn die Triebe gar nicht da sind? Denn bei Freud ist schon ausdrücklich klargelegt, daß dies der einzige Weg ist (der Weg des Triebes), das Lustprinzip und auch die Sekundärprinzipien zu überschreiten[740]. Ansonsten würde unser Training nichts anderes sein als das Drehen einer Gebetsmühle. Und auch wenn dieser Text hier langweilig wird, dann deswegen, weil wir nur Worte wie durch eine Mühle drehen, anstatt Herzsprache zu sprechen. Also was heißt hier wieder Trieb? Freudscher Trieb, Todestrieb? Wir werden auf den Triebbegriff gleich noch einmal eingehen, damit er uns seine Brisanz, seine Pikanthcit wieder zurückgibt, von der wir ganz am Anfang ja ausgegangen waren.

Vorerst ist ohnehin ein weiterer wichtiger Punkt angeschnitten, nämlich die Frage nach der Wiederholung des Logographen SEI -N- AME. Zwar sind wir vom Autogenen Training her gewohnt, daß Formeln dort wiederholt, gedanklich vorgesagt werden, um damit offensichtlich einen Trainingseffekt zu erzielen. Es soll sich irgendwie einprägen, das kritische Bewußtsein soll überrumpelt werden, so daß die Formeln in der Tiefe, im „Unter"bewußten sitzen, wie manche sagen, d. h. im Freudschen Vorbewußten. Heißt das auch, sie sitzen im Unbewußten, so wie die Psychoanalyse dies versteht? Sicher nicht. Man kann nicht etwas Bewußtes durch Wiederholung zum Unbewußten machen. Aber der Begriff der Wiederholung ist der Psychoanalyse sehr vertraut. Freud sprach zwar noch vom Wiederholungszwang, einem fast krankhaften unbewußten Mechanismus. Doch neuere Forschungen sehen in dem Begriff der Wiederholung eher etwas, das unseren Zwecken sehr entgegenkommt.

Lacan setzt die Wiederholung auf der gleichen Ebene an wie die „signifizierenden Markierungen" der frühesten Wahrnehmungen[741]. Eigentlich kann man hier noch gar nicht von Wahr-nehmungen sprechen, es geht mehr um ein reines Aufnehmen, wie wir es oben beim Glanz im Mutterauge so genannt haben. Dieser Glanz konnte nicht integriert, festgehalten werden, er wird daher einfach aufgenommen und von anderen Aufnahmen abgelöst, vermischt, verwirrt. Schon in diesem frühen Stadium tritt aber das auf, was wir Identifizierungen nennen. Ineinssetzungen mit diesem Aufgenommenen, und da beginnt der Wiederholungsmechanismus, den wir später wiedererkennen, wenn wir beobachten, wie die Kinder immer wieder die gleichen Geschichten vorgelesen haben wollen. „Das Drängen nach Konstanz . . . wird zum Prinzip der Wiederholung“[741]. Ja, in gewisser Weise führt die Wiederholung sogar dazu, bestimmte Instanzen wie das Ich aufrechtzuerhalten durch unbemerkte, unbewußte Wiederholungen von Stützungen (Abwehrmechanismen) dieser Ich-Struktur.

Dabei also „ist die Wiederholung ein beim Subjekt ganz normal auftretender Vorgang . . . bei dem es sich nicht um einen neurotischen Vorgang handelt“, wie wir schon sagten[742]. Die Wiederholung bei Lacan z. B. ist die Insistenz (Einschreibung) des Unbewußten in die alltägliche Gegenwart. Wir können es vielleicht am einfachsten erfassen, wenn wir die symbolische Wiederholung von der Wiederholung des Symbols unterscheiden. Symbolische Wiederholung hieße, daß etwas im Sinne eines bestimmten Symbols dauernd wiederholt, mechanisch wieder betrieben wird. Die Wiederholung des Symbols dagegen hieße, daß man ein mächtiges, evtl. uraltes, wirksames Symbol wiederheraufholt, wiederbelebt, wiederholt – also fast das Gegenteil vom ersten. Die erste Auffassung ist die von Freud, weshalb er sie auch mit dem, was er den Todestrieb nannte, zusammengehen läßt. Diese mechanische Wiederholung ist tödlich. Aber schon bei Freud dient der Todestrieb dem Lebenstrieb. Und die Auffassung Lacans wäre zwischen der ersten und zweiten anzusiedeln, indem die Wiederholung eine von Signifikanten ist, diese mit immer neuen Beziehungsgeflechten in die Realität einzubringen, damit man sich dort besser signifizieren kann. Im Gegensatz dazu sogar „hält beim psychotischen Menschen die Identität stiftende Wiederholung gleichsam inne“[742]. Der Psychotiker wird wiederholt, er holt sich nicht selbst immer wieder aufs neue in die Welt, er wird repetiert und übt sich nicht selber ein in einen Namen, der zu verantworten wäre.

Jetzt verstehen wir auch, warum die Formeln im Autogenen Training nur symbolische, mechanische Wiederholungen sind, nicht wirkliche Wiederholungen im Sinne der Psychoanalyse. Eine solche ist nur möglich mit Elementen des Signifikanten, und die eben repräsentieren ein Subjekt für einen anderen Signifikanten. Sie repräsentieren das „Herz" als Subjekt auf der Ebene des SEINS, aber auch den NAMEN des Subjekts bis hin zur psychoanalytischen Ethik im SEI NAME. Nur durch diese scheinbar unsinnige Buchstabenkonstellation (Bild-wort) läßt sich etwas wirklich wiederholen, d. h. ins Innerste des Unbewußten einschreiben. Eine bewußte Formel kann dies genausowenig wie ein Gebilde, das mit der Struktur von Sprache überhaupt nichts mehr zu tun hätte, z. B. ein Bild allein. Ein Bild mag zwar sicherlich tief ins Unbewußte eindringen, so wie auch Musik, aber es kann sich dort höchstens wieder mit anderen Bildern überlagern, ähnliche anregen etc., also genau das Auf und Ab der Signifikanten bewirken, der frühen „Wahrnehmungszeichen", wie Freud sie nannte, ohne irgendeine für die Realität verbindliche Signifizierung, ohne Ethik. Und der Psychotiker, den wir oben nannten, ist deswegen einer, weil er weder Bild noch Musik, noch einen gemeinen Namen, noch ein SEI -N- AME hat – er hat an dieser Stelle einfach nichts (oder nur Bild und Ton vermischt)!

Auch andere Autoren sind der Ansicht, daß es eine Art Grundtendenz der Wiederholung gibt, ein „Wiederholungsbedürfnis", das sich im üblichen analytischen Vorgehen und in der Theorie nie fassen läßt[747]. Wir fassen es auch nicht, nähern uns ihm aber von einer anderen Seite, direkter, wie jedes repetierende Gemurmel, wie im Refrain sich wiederholender Gesang – nur ohne Signifikat, ohne bewußte Aussage, was wesentlich für die analytische Situation ist. Wir können auch zeigen, daß wir mit SEI -N- AME genau auf der Ebene des Metonymie- und Metaphereffektes geblieben sind, wie sie in der Lacanschen Interpretation des Unbewußten wesentlich ist. Die Metonymie (ein Begriff aus der Linguistik) ist jener Verschiebeeffekt, der sich in den drei Teilen SEI, N, und AME darstellt, der bewirkt, daß das

Begehren sich hier von einem Term zum anderen schwingen kann (unter „Auslassung" des signifikanten Seins), und der sich mit dem Metaphereffekt kreuzt, was für das Unbewußte konstituierend ist[743], hier aber konstituierend sein wird für etwas Neues. Der metaphorische Teil besteht in eben der „übertragenden" Bedeutung des Seinsnamens mit dem NAME SEIN und SEINEM NAMEN, der verursacht, daß dieses Neue die Ethik der Psychoanalyse tragen wird, indem es in diesem „produktiven" Sinne „poetisch oder schöpferisch" sein wird – wie Lacan sagt. Denn es wird genau jenes „ich denke an das, was ich bin, wo ich nicht denke zu denken" erfüllen[746], weil bei der Wiederholung von SEI -N- AME zwar gesprochen, d. h. auch gedacht wird, aber nicht so vordergründig (rationalistisch), sondern metaphorisch-metonymisch, d. h. ethisch (irrational).

Zusammenfassend können wir also sagen, daß wir gezeigt haben, wie es möglich ist, das Unbewußte, die Übertragung und die Wiederholung – Grundbegriffe sowohl bei Freud wie bei Lacan – in eine Art von Autogenes Training zu überführen, indem man sich des besonderen Kunstgriffes von SEI -N- AME bedient. Wenn man diesen Logographen in das bisher mehr theoretisch abgehandelte Feld der Psychoanalyse einbringt, läßt sich eine neue Praxis ermöglichen, deren Auswirkungen auf die Psychoanalyse zu bedenken wären. Uns interessieren sie jetzt aber zuerst einmal auf dem Feld der Psychosomatik der Herzkranken. Dazu müssen wir noch dem vierten Begriff, dem Trieb, wieder erneut Rechnung tragen.

3.7 Der „Laut", das universale Gemurmel, und das „Licht", das imaginäre Oszillieren

Um wirklich zu unserem Kristalleffekt zu kommen, benötigen wir noch etwas mehr als eine linguistische Bezugnahme in Form des SEI -N- AME. Wir brauchen etwas, das uns in der Dynamik des Freudschen Unbewußten gründen läßt, etwas von den Objektbeziehungen, von den Trieben. Wir sind zwar ausgegangen vom Wesentlichen der letzten Freudschen Triebkonzeption, dem Todestrieb, aber das hat uns wegtriften lassen von jenem Kitzel, mit dem wir unser „Herz" in diese ganze Dynamik eingeführt haben. Denn es war doch nicht ohne Reiz, Pfeffer, nicht ohne Triftigkeit (Trift = Trieb), daß wir die Widersprüchlichkeiten von Medizin und Psychologie bezüglich der Herzkranken aufgezeigt haben. Zu dieser Triftigkeit, zu diesem Treiben, Brisanz – wie wir sagten – müssen wir zurück. J. Lacan unterscheidet – Freud folgend – vier Grundtriebe, denen vier psychische Objekte zugeordnet sind: Der Oraltrieb, der sozusagen dadurch entsteht, daß am Beginn des Lebens bei der Nahrungsaufnahme an der Brust der Mutter im Zusammenhang mit der Mundzone (Mund = lat. oral) durch ein jetzt nicht näher zu definierendes Geschehen (Trauma) etwas sich verselbständigt, was einen sexuellen, suchtartigen Charakter hat: das Lutschen, Ludeln. Das heißt, daß das Kind zwar satt geworden, aber irgendwie nicht ganz befriedigt ist, sondern daß hier eine „Frage" offengeblieben ist, ein Trieb entstanden ist, der um ein psychisches Objekt kreist, das man die „Brust" nennt, obwohl es mit der realen Brust der Mutter nichts mehr zu tun hat (vgl. das Beispiel mit dem gespitzten Mund). Ähnliche Vorgänge spielen sich dann im Zusammenhang mit dem anderen Ende des Verdauungstraktes ab: der Analtrieb und sein Objekt: das, was man hergibt und nicht hergibt zugleich (z. B. bei der Sauberkeitserziehung die faeces), worin man unschwer das erkennen kann, was später Geld heißen wird.

In der Unterstufe des Autogenen Trainings finden diese beiden Triebe und ihre Objekte auch bereits eine gewisse Beachtung. Wenn man sich dem Training unterzieht, verändert sich bekanntlich das Körperbild, das Bild, wie man seinen Körper spürt, wie es unbewußt in uns vorhanden ist. Unweigerlich gerät man mit der Zeit des Übens auch in diese psychoanalytischen Bereiche des oralen und analen Objekts: „Das Objekt ist immer mehr oder weniger wie das Körperbild des Subjekts strukturiert"[748]. Tatsächlich kann das Autogene Training dann beim Auftauchen dieser suchtartigen Objekte für etwas stärker neurotische Personen zum Problem werden. Sie können sich dann nicht mehr ruhig halten, besonders, wenn das Training in der Gruppe geübt wird und die Umgebung in diese Trieb-Objekt-Beziehung mit hereingenommen erscheint.

Daran sieht man aber auch – und insofern leisten wir für die Psychoanalyse etwas Neues –, daß das Konzept der Trieb-Objekt-Beziehung, wie es in neuerer Zeit immer mehr an Boden gewinnt, problematisch ist. Freud legt die Betonung eindeutig auf den Trieb, während für ihn „das Objekt das Variabelste am Triebe ist"[749]. Mit der Einführung des Partialobjekts (dem ein Partialtrieb zugeordnet war) durch Abraham rückte das psychische Objekt als etwas für eine gewisse Phase Typisches, ja gar für einen bestimmten Patienten Typisches in den Vordergrund. Bei Kernberg oder Volkan z. B. wird von Objektbeziehungen in Form von „Gedächtnisspuren" oder von „dauerhaften Schemen" gesprochen[750]. Dadurch wird immer mehr „eine reale Beziehung mit der Umgebung für das hauptsächlich Determinierende gehalten"[751]. Demgegenüber kommen wir durch unser „Training" wie von selbst wieder zur ursprünglichen Triebtheorie zurück, weil wir die „Triebe" ja hier nicht in ihrer Objektform in unsere Übung einbeziehen können (dazu müßten sie wieder ver-wortet, also bewußt benannt sein), sondern sie sozusagen möglichst in ihrer Originalform einbeziehen müssen.

Wir nähern uns dabei denjenigen zwei „Trieben" (zwei haben wir bereits genannt – Oral- und Analtrieb mit ihren Objekten Brust und faeces –, vier sind es insgesamt), die in letzter Zeit eine viel größere Bedeutung erlangt haben: der Schautrieb (wie ihn schon S. Freud nannte) und sein Objekt der „Blick", und der Sprechtrieb (J. Lacan: Invokationstrieb) und sein Objekt die „Stimme". Bei diesen Trieben kämen wir mit dem üblichen Autogenen Training völlig ins Schleudern, und auch mit der üblichen Psychoanalyse hat man da so seine Schwierigkeiten. Von vielen Autoren werden hier modifizierte Verfahren angegeben, und eine klare Linie läßt sich hier nicht absehen[752,753]. Wenn man sich allerdings mit dem Triebbegriff weiter auseinandersetzt, kann man hier einen Weg finden. Lacan z. B. übersetzt zeitweise den „Trieb" nicht nur wie üblich mit „pulsion", sondern auch mit „derive" ins Französische. Derive, englisch drive, ist doch eigentlich viel treffender als das, was Freud mit Trieb meinte. Draufsein, im drive sein läßt nicht dauernd dieses Biologische eines tierischen oder pflanzlichen Triebes aufkommen, sondern etwas, was man rückübersetzt im Deutschen mit dem Wort Trift, Triftigkeit (übrigens auch der gleiche Wortstamm) bezeichnet. Trift trifft besser. Hier bekommt der Trieb seinen triftigen Grund. Triftigkeit ist etwas, das dauernd da ist (Freud nannte den Trieb noch eine konstante Kraft), wie eine „Stimme", die einem dauernd etwas Triftiges zuraunt (Sokrates Daimonion z. B.) oder ein „Blick", unter dem man sich dauernd triftig gesehen glaubt.

Es ist nämlich keine Triebhaftigkeit (die leicht etwas Perverses an sich hat), sondern Triftigkeit, die aus diesen zwei Grund„trieben" erwächst und die bei ihnen auch deutlicher zu sehen ist als bei den bisher in der Theorie und Praxis der Psychoanalyse so geläufigen Oral- und Analtrieben. Auge- und Ohrfunktionen sind schon in den ersten Lebenstagen des Kleinkindes sehr viel weiter ausgeprägt, als man das bisher annahm[754,755]. Die frühesten „Triebe", Triftigkeiten, sind Bilder- und Lautkombinationen, die in der Form des „zerstückelten Körpers" auch in Träumen immer wieder aufscheinen[756]. Die Psychoanalytikerin M. Montrelay schreibt: „Das Hören ist dem Auge sehr nahe, das vom Kind wie ein Auge-Ohr empfunden wird"[757]. Daß früheste Bilder, Geräusche, Blicke, Berührungseffekte geradezu „buchstäblich" die ersten Triebe des Kindes sind, hat Lacan dazu veranlaßt, vom Buchstaben des Körpers zu sprechen. Und in genau diese Buchstaben wollen wir mit unserem SEI -N- AME intervenieren, buchstäblich. Deshalb sind Logos und Graph in diesem Namen verschmolzen. Doch gehen wir weiter mit dem Schau- und Sprechtrieb.

Wie bringen wir den Kristalleffekt dieser zwei Grundtriebe, diese Trift, Triftigkeit im Autogenen Training unter? Nach dem, was wir vom Autogenen Training selber kennen, sind dazu gewiß Ansätze vorhanden, aber keine wirkliche Ausarbeitung auf der Ebene der Konstituierung des Subjekts, des Signifikanten, des „Herzens", so wie wir sie bis jetzt durchgehalten haben. Es gibt da in der Oberstufe Beziehungen zur Mystik, zum Yoga, wo etwas „gesehen" wird, Licht, Farben, die Einübung in die sog. Eigenfarbe etc. Gott weiß, was das wirklich ist, eine Eigenfarbe, so etwas wie der charakteristische Geruch jedes einzelnen, nur als optisches Phänomen? Man sieht hier am besten, wie spekulativ die Oberstufe des Autogenen Trainings ist. Durch absolut nichts läßt sich die Farbe zu irgend etwas Psychischem auf wissenschaftlichem Wege in Beziehung setzen. Es bedürfte da vielleicht einer Psychoanalyse der Malerei, ein sehr, sehr heikles Unterfangen.

Zum zweiten lauert bei einer Meditation des Schautriebs, wenn man das mal so nennen will, unweigerlich das halluzinatorische Panoptikum. Denn natürlich führt uns der Schizophrene mit seinen optischen Halluzinationen die Materialisierung des Schautriebs in reinster Form vor Augen. Andererseits lohnt es sich hier durchaus zu fragen, was denn eine Halluzination eigentlich ist, wenn man einmal davon absieht, sie als irgendeinen mechanistischen Vorgang im Gehirn, z. B. im Bereich der Sehrinde, aufzufassen. Freud sah in ihr eine Art Umkehrung des Wahrnehmungsprozesses, der nicht nach vorne durch Verarbeitung und motorische Abfuhr, sondern rückwärts, regressiv in den psychischen Apparat verläuft und sich dort im Sinne des von ihm so formulierten Lustprinzips entlädt. Man wird aber möglicherweise dem Phänomen der Halluzination besser gerecht, wenn man auf den Begriff des Körperbildes zurückgeht. Während es beim „Normalen" ein ausreichend „gutes", „gemeines" Körperbild gibt, tritt beim psychotischen Menschen ein „ungemeines", „schlechtes", nicht „faszinierendes" (siehe später) auf, das nicht integriert werden kann. Oder besser, es tritt eben dazwischen und verwendet den Trieb regressiv.

Gerade dadurch aber haben wir einen Hinweis für unser Feld gewonnen: Der Psychotiker „visiert" sozusagen auf der Ebene des unbewußten, ungemeinen Wunsches, während der Normale auf der Ebene des gemeinen, bewußten Wunsches „visiert", den er dann auch integrieren kann und darf. Was uns aber interessiert, wäre ja das „Visieren" als solches, in Reinform. Wir brauchen das Auge in Reinform, als Augen-Schau-Trift, und nicht den Blick, der Unbewußtes mit sich führt, und auch nicht den, der durch bewußte Wünsche aufgehalten ist. Wir brauchen das vom Blick gereinigte Auge, um dadurch zum reinen Herz zu kommen, zum „Herz". Da, wo es seine Trift selbst mitbringt, triftig.

Dazu müssen wir durch so etwas wie eine Psychoanalyse des „Flecks" hindurch. Auf dem Sehfeld repräsentiert der Fleck etwas dem Ich Vergleichbares[758]. Wenn wir uns im Kindesalter als Ich erkennen, sind wir – wie Lacan im Spiegelstadium beschreibt – von uns fasziniert, so wie der Blick zuerst einmal fasziniert ist von einem bestimmten Fleck, der ihn anzuschauen-anzugehen scheint. Dadurch entsteht Identität; Freud sprach von Wahrnehmungsidentität. Diese Identität schwindet (wir schilderten das schon oben mit dem ersten und zweiten Signifikanten) jedesmal, wenn es unlustvoll, „dunkel" wird, d. h. das Auge nicht mehr rein, sondern gespalten ist, die Spaltung des Subjekts darstellt. Das „Licht" (man muß das in Anführungszeichen setzen, denn es ist nicht nur das physikalische Licht) spielt hier die Rolle des idealen Flecks oder des lustvollen, „guten Blicks", d. h. dessen, was der „Blick an Faszinierendem einführt"[759]. Was wir also ins Autogene Training einführen müssen, ist nicht der Blick, der das psychische Objekt des Schautriebes wäre – gut oder böse –, auch nicht das Auge, das ein Symbol für das Subjekt wäre, sondern das „Licht". Das Licht jedoch nicht als physisches, nicht als irgendein Bild, sondern das Licht als solches, reines, als „nacktes" Licht, als idealen Fleck, als „Licht-Blick", als Schautriftigkeit. „Licht" ist die Triftigkeit des Sehens. Im Trift-Punkt erhält das Wort „Licht" (das wir fälschlicherweise für etwas Nur-Materielles halten) erst seine wirklich wahre Bedeutung.

Einer solchen Ausdrucksweise bedient sich auch der Naturforscher J. Eccles, wenn er „mit der Erfahrung beginnt, daß jeder von uns eine Art innere Erleuchtung besitzt"[760]. Für ihn ist das diejenige Erfahrung, mit der er ausgestattet ist, sich selbst zu erkennen. Und er ist hier also mit Freud ganz konform, indem er durch den Schautrieb geht und nicht wie bei Hegel vorgeht (auf den manche moderne Analytiker zurückgefallen sind), bei dem ein Ich oder Selbst oder der Geist sich selbst erkennt, indem er sich als wirklich imaginiert. Dieses „Licht" existiert also, und es erscheint hier bei Eccles als der eigentliche Verknüpfungspunkt von Geist und Materie. Es ist nicht Imagination, die etwas Bewußtes, Künstliches wäre, auch nicht die Blick-Triftigkeit der optischen Halluzination. Es ist das Ich als „Licht", wenn man das einmal so sagen darf, das Funkeln des Narzißmus, weil auf der Ebene des Schautriebes das Ich ja so schwer festzumachen ist. Es ist das „Licht", das den Blick zähmt[761]. Und wenn Lacan sagt, daß „der Blick über das Auge triumphiert"[762], so deswegen, weil „Ich" durch ihn im „Licht" sein kann[763].

Denn das ist nicht automatisch so. Der Normalzustand ist der, daß „Ich einen Fleck im Bild macht"[819] und daß das Ich da nicht herauskommt, „imaginär verhaftet" ist, wie Lacan sagt. Nicht nur jede Nacht, auch jeden Tag verstrickt es sich wieder in neue Bilder. Manchmal sind die Bilder des Nachts allerdings sogar heller als die am Tag; dann haben wir das Gefühl, einen besonders guten Traum gehabt zu haben, den wir dann meist auch spontan deuten können. Freud selbst spricht von dem „überraschenden Licht auf alle Teile des Traums", das durch eine Fülle von Assoziationen dazu entstehen kann[820]. Dieses „Licht", von dem schon in fast allen alten Religionen die Rede ist, ist nicht allein das Licht des Verstandes, sondern ein Licht ohne Schatten, ein Licht, das Zusammenhänge erhellt, ein schattenloses Licht.

Wir hätten das alles auch gleich vom Ödipusmythos ableiten können. Allerdings nicht von dem, auf den Freud sich hauptsächlich stützt, nämlich auf die Geschichte, in der Ödipus seinen Vater erschlägt und seine Mutter heiratet, ohne es zu wissen, sondern auf jene Geschichte von Ödipus auf Kolonnos. Dort nimmt sich nämlich Ödipus das Augenlicht (er interveniert in den Schautrieb) und wird zum eigentlichen Sprechen geboren (Sprechtrieb). Als Blinder erst (wie der blinde, greise Seher Theiresias) „sieht" er, und als Nichtsseiender fängt er an, durch sein Sprechen zu leuchten: „Ist es denn erst jetzt, da ich nichts bin, daß ich anfange ein Mensch zu werden"[764]? Erst indem er durch diese beiden Triebe hindurchgeht, kommt er zum „Licht" als dem Signifikanten des Schautriebes und zum „Ton" als dem des Sprechtriebes (besser als der Signifikant wäre hier allerdings Freuds „ein einziger Zug" zu setzen, der Zug der Primäridentifizierung, der Anfang allen psychischen Seins)[831].

Darum also nicht ein Bild meditieren, weil das Bild ein Ich ist, nur eine Weiterentwicklung des „Flecks", eine imago, ein imaginäres Objekt, das noch dazu von irgend jemandem erstellt werden müßte. Denn mit welchem Bild fängt man sonst an? Dagegen ist das reine Auge, wenn es das Subjekt symbolisiert, eine Weiterentwicklung des Lichtpunktes, Lichtblick, wirklicher „Augenblick des Sehens"[765], Licht, das blind vor Nacktheit ist, das das Subjekt in sich selbst eintauchen läßt und das Ödipus erst sehend macht. Das Bild vermag den Schautrieb zu fesseln, zu fixieren, während das „Licht" ihn befreit. Lassen wir das vorerst so einmal stehen.

Wir sehen hier auf jeden Fall, wie alle Meditationsformen, die mit Bildern beginnen, von vornherein zum Scheitern verurteilt sind.

Man könnte vielleicht vorsichtig dieses „Licht" etwas metaphorisieren, aber nur, um deutlicher werden zu lassen, was damit wirklich gemeint ist. Der Psychoanalytiker T. Moser läßt in seinem Buch „Stufen der Nähe" einen der Akteure sagen: „Ich verschleiße immer wieder Freundschaften, weil ich jenseits der Erbarmungslosigkeit wechselnder Bündnisse noch immer keinem Menschen vertrauen kann. Es hat nie einen Polarstern für mich gegeben. Die Sternbilder, an denen andere sich orientieren, befanden sich für mich immer in verstörender Bewegung"[766]. Um genau so einen Polarstern geht es. Er ist ein Lichtquell, aber kein physischer, sondern der eines psychischen Haltes – der Polarstern, der Fixstern, der das Zentrum des Universums wäre, der Licht-Stern, der das Wesen des Schautriebes ist. „Ich kenne kein festes Firmament"[766] heißt, daß die Akteurin nicht Herzsprache spricht, die Licht-Übung nicht kennt, ihren Schautrieb nicht analysiert hat. Schon Hildegard von Bingen benutzte die gleiche Metapher, wenn sie das Firmament sich mit großer Geschwindigkeit drehen läßt, vor dem Sündenfall aber war es unbeweglich und bot Halt, so wie es am „Jüngsten Tag" wieder unbeweglich und Halt bietend dastehen wird[767].

Wenn wir also SEI -N- AME üben, indem wir es innerlich wiederholen, so achten wir darauf, ob wir „Licht" wahrnehmen, z. B. bei geschlossenen Augen, und gleichzeitig üben wir SEI -N- AME, um den Blicken ihre Richtung zu geben, nämlich wieder hin zum Licht. Oder – noch besser – um dem Blick sein Licht zu geben, während wir uns vermittels SEI -N- AME in die signifikante Struktur des Unbewußten vertiefen. Nicht, daß die primären Bildobjekte, frühesten Identifizierungen des Kleinkindes, dies nicht auch in gewisser Weise täten, daß „gute Blicke" nicht vorhanden wären, partiell. „Der visuelle Einschlag mag Verwirrung auslösen, aber auch formen"[768]. Doch er formt nicht gleich in die Richtung einer analytischen Ethik. Es muß noch etwas dazukommen, das eine Verknüpfung mit unserer verbalen Sprache im SEI -N- AME hat, was ja auch die Deutung des Analytikers tut, wenn sie im Namen des psychischen Seins ein Wort in den Raum stellt. Nirgends spürt man so deutlich wie hier, daß „die eigentliche Zeitlichkeit, in der die Beziehung zum andern sich situiert, hier, in der Dimension des Sehens, die eines terminalen Augenblicks ist"[769], d. h., daß hier etwas zum Abschluß kommt. Der Analysand in der Sitzung, wenn er „sieht", einsieht, in die Zusammenhänge hineinsieht, kann einen Teil seiner Analyse abschließen, die Deutung hat gefruchtet. Manchmal schafft das Einsehen aber wieder nur neue Probleme, weil sich eine neue Sicht auftut. Dies hängt jedoch mit der Deutung zusammen: Ist sie treffend, hat sie die Worte erschöpft, ausgelotet, aufgebraucht? Wir müssen SEI -N- AME aufbrauchen, bis nichts mehr davon da ist.

Fassen wir nochmals kurz die Bedeutung dieser „Licht"-Übung zusammen: „Wenn das außen wahrgenommene Objekt seine eigene Einheit hat, versetzt diese den Menschen, der sie sieht, in einen Spannungszustand (Fleck-Blick-Identität; d. Verf.), weil er sich selbst als Begehren wahrnimmt, und zwar als unbefriedigtes Begehren. Umgekehrt, wenn er seine Einheit erfaßt (hier bei uns als Herzeinheit, als schattenloses Licht; d. Verf.), ist es im Gegenteil die Welt, die sich für ihn zerlegt, ihren Sinn verliert und sich unter einem entfremdeten und zwiegespaltenen Aspekt darstellt. Es ist dieses imaginäre Oszillieren, das jeder menschlichen Wahrnehmung die dramatische Grundlage gibt, auf der sie erlebt wird, insofern sie wirklich ein Subjekt betrifft"[792]. Und dieses „imaginäre Oszillieren" ist unser „Licht", das uns unseren Herz-Sinn wiedergibt!

Wir haben somit jetzt tatsächlich schon ein kleines Verfahren zusammengestellt, das man wie im Autogenen Training einüben kann. Man sitzt wie beim Autogenen Training mit geschlossenen Augen und in bequemer Haltung und wiederholt langsam in Gedanken: SEI -N- AME. Gleichzeitig achtet man auf das Auftreten von „Licht", um sich dem Wahrgenommenen immer wieder zuzuwenden, wodurch Konzentration entsteht. Diesen zwei Übungen, die man täglich eine bestimmte Zeit durchführen kann, wollen wir jetzt noch eine dritte zufügen, die wir vom Sprechtrieb ableiten.

Gegenüber dem Schautrieb ist der Sprechtrieb ganz anders konstruiert. Er ist nicht so determinierend, ihm wohnt eine Hast inne, die sich ja auch im Versprechen ausdrückt als eine – „in der Dialektik von Signifikant und Gesprochenem" – Projektion nach vorne[765]. Wenn auch unser SEI -N- AME aus dem gleichen Feld ist, nämlich dem des Sprechens, so ist er doch durch seine Dreierkonstruktion und seine dem Unbewußten entsprechende ethische Verfassung in der Lage, dem Signifikanten Widerhall und Dauer zu verleihen, ja Kontingenz, wenn man darin das Wissenschaftsphänomen der Psychoanalyse überhaupt sehen will.

Dennoch merkt man gleich, daß noch etwas fehlt. Eine petitio principi ist berührt. Wir gehen vom Sprechtrieb aus, konstruieren dann SEI -N- AME und behaupten anschließend, daß das sein Name sei, der Name des Sprechtriebes! Das wäre freilich ein Hohn. SEI -N- AME ist lediglich ein Kunstgriff, mit dem wir das Eine herstellen wollten, sozusagen die Signifikanten unter den Signifikanten „Ein" bringen wollten. Ein-bringen, einbringen. Das Herz oder auch weiß Gott irgend etwas als Eins. Realität und Wahrheit, geschlossen, vereint.

Aber wir haben dem Sprechtrieb ja noch nicht Genüge getan. Wir müssen ihm genauso wie dem Schautrieb eine „materielle", besser materiale Unterlage geben (den „einzigen Zug"!). Was bietet sich mehr an, wenn wir schon von „Licht" gesprochen haben, vom „nackten Licht", vom „Stern", hier vom „Laut" zu reden, vom „Ton"? Dieser „Ton" ist hörbar, d. h. wahrnehmbar, so wie die akustischen Halluzinationen, die ja auch nicht wirklich akustisch sind, sondern „Stimmen", d. h. psychische Objekte, die unbewußte

Gedanken des Subjekts laut werden lassen, indem sie sich – vergleichbar wie auf dem Sehfeld – um den „Ton" gewickelt haben. Im Gegensatz allerdings zum „Licht", das eröffnet, konzentriert, sammelt der „Ton". Überhaupt, der „Ton" ist der treffendste Ausdruck der Insistenz des Unbewußten! Er sitzt im Zentrum des Wiederholungsvorganges, „weil jeder Signifikant, vom Phonem bis zur Schrift, als chiffrierte Botschaft dienen kann"[816]. Der „Ton" „stimmt" uns in unsere Chiffrierungen ein, die wir mit SEI -N- AME dechiffrieren können. Deswegen werden wir ihn ebenfalls in unser Training übernehmen.

Das, was wir hier „Ton" nennen und doch kein physischer Ton ist, auch nicht einer, den man, wie Th. Reick meinte, mit dem dritten Ohr hören kann, ist auf der Ebene des Triebes genau das, was in der Linguistik ein Phonem ist, eine Lautbedeutungseinheit. Wenn wir beim Musiker vom absoluten Gehör sprechen, meinen wir auch nicht ein besonders gutes Funktionieren des Sinnesorganes Ohr, sondern das direkte, unmittelbare Erfassen eines Ton-Laut-Systems, das mit einer Zentrierung, Zentralisierung des Subjekts verbunden ist und mit jenen ersten Lautspuren zusammenhängt, die das Kind aufnahm, als es noch unverfälscht „ganz Ohr" war. Es gibt kein drittes oder viertes Ohr, das zu einer Transaudition (Hörsprech-Übertragung) von Unbewußten zu Unbewußtem dienen könnte[771], auch keinen Sprechtrieb, der einen dahin triebe, schon Fertiges zu sprechen, druckreif sozusagen, aber es gibt so etwas wie einen Ton dazwischen. Einen Ton, der die Musik macht.

Um nichts anderes geht es in der Psychoanalyse, wenn das Subjekt aus seiner Dezentrierung, in der es in der Form seines Ichs sich dartut, herausgeholt werden muß. „Am Grunde der analytischen Erfahrung wird offenbar, daß das Subjekt nur Subjekt ist als Hörigkeit . . . auf dem Felde des Anderen. Das Subjekt geht aus seiner sychronischen Hörigkeit . . . im Feld des Anderen"[772]. Hörigkeit ist genau das richtige Wort, verhaftet sein dem „Ton", dem Laut-Sprech-

Feld. Und daß diese Hörigkeit wie jede andere übrigens auch teuer bezahlt werden muß, ist dem Psychoanalytiker wohl zu Genüge bekannt: Sie muß bezahlt werden mit der Spaltung des Subjekts, genauso wie wir es beim Schautrieb gesehen haben. Deshalb führt uns der „Ton", der „resonanzlose Ton" (wie das schattenlose Licht) aus der Spaltung heraus!

Die in der Psychoanalyse so wichtigen Abwehrmechanismen sind nichts anderes als Resonanzwerkzeuge des Ichs, Widerhalleffekte, in denen das Ich hin und her geworfen wird. Indem der Analytiker diesem Hin und Her beim Analysanden zuhört, ruft er ihm im rechten Augenblick SEI -N-AME zu, d. h. den Namen SEIN, denn psychoanalytisch gesehen sind wir nichts anderes als Trieb und Abwehr, als Herz und Hirn. Nie gibt es wirklich HERZSEIN. Oder er erfaßt exakt die Klangnische, in der zum ersten Mal SEI NAME eines unbewußten Begehrens auftönt, damit man es in SEINEM NAMEN (dem des Analytikers, der Freudschen Analyse) verantworten kann.

Wenn wir also das „Hören" des „Tones" als eine weitere wichtige Grundübung in unser Training einbeziehen, so aus gutem Grund und mit einem großen Vorteil dazu: Wir haben so etwas wie die causa materialis, die Materialursache des Unbewußten, schon in der Hand bzw. im Kopf, in uns, im „Herzen". Das enthebt uns zwar nicht der Schwierigkeiten, die jeder in einer Analyse durchmachen muß – schließlich soll unser Training ja zu etwas dienen –, in keiner Weise stellt es eine fertige Analyse dar. Aber es ermöglicht uns einen Zugang sozusagen ohne Real-Gegenwart eines Analytikers. Schließlich genügt es, wenn der Analytiker in der signifikanten Gegenwart der Dreiheit von SEI -N- AME, „Licht" und „Ton" vorhanden ist. D. h. in der Form, „wo das Symbolische Körper macht und wo es egal ist, ob die Körper (des Analytikers z. B.) tot oder lebendig sind"[773]. Den Analytiker benötigen wir bis zu einem gewissen Punkt, nämlich bis zur Auflösung der Übertragung, wobei er sich am besten selber auflösen würde, weil er mit seiner Gegenübertragung hier nur Widerstand erzeugt. Denn es ist „die Abwesenheit (Enthaltsamkeit des Analytikers, d. Verf.), die den Zugang des Sprechenden zum Realen macht"[794]. Es ist der Tod, der uns sprechen lehrt, und mancher Herzinfarkt hat schon dahingehend gewirkt, daß man sein Leben total ändert. Aber muß es erst soweit kommen?

„Das Unbekannte des Todes", sagt der Philosoph Lavinas, „bedeutet nicht, daß der Tod eine Region ist, aus der niemand zurückgekommen ist und die folglich in der Tat unbekannt bleibt: das Unbekannte des Todes bedeutet, daß die Beziehung zum Tod sich nicht im Licht vollziehen kann; daß das Subjekt in Beziehung ist zu dem, was nicht von ihm kommt"[817]. Wenn wir die physische Präsenz des Analytikers entbehren können, so deshalb, weil wir das „Licht" anbieten, in dem die Beziehung zum Tod als Todestrieb, als das Aufblitzen des Herztodes, als Herz-„Geheimnis", als schattenlos sich vollziehen kann. Denn, so sagt Levinas weiter über den Tod: „Wir könnten auch sagen, daß das Subjekt in Beziehung mit dem Geheimnis steht." Beim Lösen dieses Geheimnisses versucht der Analytiker den Analysanden zu begleiten, aber es genügt, wenn er dazu in der Form der „symbolischen Ordnung" von SEI -N- AME präsent ist, schattenlos und ohne die Resonanz seines eigenen Ego. Jedes „empathische Mitfühlen" ist dabei genausowenig vonnöten, wie „Erleben" oder „Affekte" eher stören, weil das wahrhafte Sprechen das Sprechen von niemand ist[821], das Sprechen des „Tones".

Das geht nicht daran vorbei, daß die Realität des Unbewußten eine geschlechtliche ist, wie S. Freud sagt. Gerade diese haben wir ja in den den Primärprozeß ausmachenden Grundtrieben in unser Training eingeführt. Und speziell im „Ton" haben wir dieses Insistieren, Drängen (S. Freud, Drängen des Sexuellen auf der Ebene des Primärprozesses) treffend beschrieben, als wir den Ausdruck „Hörigkeit" hierfür übernahmen. Doch macht uns dies keine Angst, denn eben der „Ton" ist es ja, der uns auch eine Chance bietet gegenüber der Hörigkeit, denn die Hörigkeit verknüpft das Feld der Libido mit dem Feld des Anderen. Durch den Anderen lernen wir sprechen, d. h. uns in das Netz von Signifikantem und Signifikat einspannen, anstatt daß wir auf der Ebene des „Tones" geblieben wären, wo wir sozusagen – ohne An-Spruch, An-Sprechen unsere Bedürfnisse befriedigen könnten (allerdings sprachlos wie Tiere). Wenn S. Freud sagt, daß der Trieb bei der Sublimierung (Veredelung, Kulturleistung) befriedigt werden kann ohne Verdrängung, aber zielgehemmt (!), so haben wir doch im „Ton" etwas vor uns, das das Ziel schon erreicht hat! Allerdings nur strukturell! Erst wenn wir üben, indem wir uns auf den Ton konzentrieren und dann die Lichtübung mit dem SEI -N- AME wiederholen, können wir das wirkliche Ziel erreichen, den Namen „Herz" im vollen, in seiner Fülle.

Es geht uns hier nicht darum, die Psychoanalyse abzuändern, im Gegenteil, wir versuchen ja, sie Wort für Wort zu bestätigen, daß man sie auch so, z. B. bei psychosomatisch Kranken sogar nur so anwenden kann. Wir gewinnen hier etwas für die Psychoanalyse und für die Psychosomatik. Andere Autoren haben direkt von einer „tonalen" und rhythmischen Verbindung des Triebs auf der frühesten Ebene (präspekularen) gesprochen, und die Anziehungskraft der Musik ist, wie auch Ragland-Sullivan bemerkt, sicher auf diese „früh formenden Perioden zurückzuführen"[774]. In diesem Sinn hatte schon Schopenhauer die Musik als den „Willen selbst" bezeichnet, also als etwas wesentlich Strukturierendes, und der Neurologe O. Sacks beschreibt mehrere Fälle neurologisch gestörter Persönlichkeiten, denen durch die Musik wenigstens eine menschliche Grundstruktur erhalten blieb[775]. Gerade darin aber zeigt sich auch, daß die Musik allein kein ausreichendes Hilfmittel ist; es fehlt das Diskursive, das mit Bestimmtheit, Gewißheit Sagbare, wie wir es durch SEI –N– AME erreichen wollen.

„Auch verläßt der Signifikant die akustischen Spuren, die

dem visuellen Geschehen anhaften"[776]. Das heißt, daß gerade auf der Bahn des Sprechtriebes immer wieder neu intoniert werden muß; wir müssen uns immer wieder auf den Ton einstimmen, der unsere Botschaft tragen soll. Ja, wie Marshal McLuhan in seinem Buch „Das Medium ist die Botschaft" ausdrückte, ist der „Ton" geradezu schon das Wesentliche der Mitteilung, was wir im Alltag ja auch häufig spüren, wenn wir sagen, daß der Ton die Musik macht, der Tonfall schon die ganze Mitteilung enthält. Nur so ist auch der Lacansche Begriff der Botschaft als „eines Zeichens in Bewegung" zu verstehen: Wir müssen uns zuerst auf den Ton einstimmen, wodurch wir dann SEI -N- AME in Bewegung bringen, wenn wir es wiederholen. So bringt der Analytiker durch seine logographischen Deutungen, seine Deutungen im Namen des analytischen Seins, unsere scheinbar ausgereiften Sprüche in Bewegung, um durch eine Umstellung der Zeichen letztlich ihren wahren Gehalt zu entziffern.

Der Ton ist jenes „universale Gemurmel"[795], auf dessen Hintergrund Freud die dreiteilige Formel auftauchen sah und hörte, ja geradezu heraussog, mit der er das Wesen des Traums entdeckte (Die Formel Triäthylamin im Irmatraum). Wir haben noch kein Wort für das Herz, aber wenn wir uns auf den „Ton" einstellen, d. h. in einer Art von Meditation alle jene persönlichen Gedanken, jenes private Gemurmel abstellen, bis sich das „universelle" einstellt – eben als jener Ton, Laut –, wird uns in dessen Zentrierung dann SEI -N-AME das Wort freigeben, das Lösungs-wort. Das „Herz", das im Namen von niemandem mehr spricht als in seinem eigenen.

Für unsere Herzkranken ließe sich das alles noch einmal ganz einfach nach Ragland-Sullivan[777] zusammenfassen: Zuerst (auf der Ebene der frühesten Triebe, Objektbeziehungen) versinnlicht der Körper (als früheste Libido, dem Körper noch verbunden wie bei der von Freud so genannten Organlibido und dann durch die Beziehung zur Außenwelt, die schon im Mutterleib beginnen kann als „Begehren"), versinnlicht also der Körper die Sprache (hier unsere Ebene von „Licht" und „Ton"). Später dann versinnlicht die Sprache den Körper. D. h., durch ihre Signifikanten, in denen sich auch Chirurg und Psychologe einschreiben, besetzt sie dann hintenherum wieder das „Herz" (unsere Ebene von SEI -N- AME). Dieser ständig wechselnden Versinnlichung, Ver-schreibung, Verdeutung können wir uns nur durch ein derartiges Training entziehen, unser „Herz" nur durch ein derartiges Training reinigen. Denn „der Körper ist alleine durch die Struktur (also durch diese falschen Einschreibungen in sein Fleisch; d. Verf.) affiziert"[818].

3.8 Von der Psychoanalyse zur Lyse Anna und zurück zum Herzen

Als Einstimmung in unser Training kann man grundsätzlich die Unterstufe des Autogenen Trainings empfehlen. Nötig ist das aber nicht. Es genügt, sich zuerst auf das „Licht" einzulassen, d. h. am besten wie beim Autogenen Training zuerst mit geschlossenen Augen dazusitzen und zu warten, wie und wo sich „Licht" zeigt. Da es zum Schautrieb gehört, muß man es nicht irgendwie imaginieren, das wäre sogar falsch. Es ist da, es muß dasein, und es bedarf nur einer allgemeinen Entspannung, um es wahrzunehmen. Selbst wenn man anfängt nur die „Dunkelheit" zu „sehen", ist dieses Phänomen schon erreicht. Es geht ja nicht um ein Sehen mit den physischen Augen, sondern um ein Aufleuchten, ein „Sich-sehen-Machen"[778], ein auf den Prozeß des Blickens schauen, hier übrigens deutlich machend, was der Unterschied zwischen Blicken und Schauen ist. Während man so wartend, in „schwebender Aufmerksamkeit" (!) dasitzt, wiederholt man ruhig, notfalls in Intervallen SEI -N- AME. Nach einiger Zeit des Übens wird auf das „Hören" des „Tones" übergegangen, der nichts mit irgendwelchen Ohrengeräuschen zu tun hat, sondern mit eben jener Manifestation des Sprech-Invokationsbetriebes. Viele Leute gehen in die ärztliche Sprechstunde mit angeblichen Ohrgeräuschen, die nur eine ungenaue, unreinere Form dieses „Tones" sind. Sicher gibt es auch wirklich krankhafte Ohrgeräusche, die der Ohrenarzt abklären muß. Hier geht es aber um ein Einstimmen im wahrsten Sinne des Wortes Ein-stimmen.

Die Zeit des Übens für die jeweilige Übung richtet sich nach dem, was zu einer angenehmen Vertiefung führt, ohne daß Widerstände in Form von Verkrampfungen auftreten. Am besten erlernt man es in einem Einführungsseminar oder bei einem Arzt oder Psychoanalytiker, der die Methode kennt. Vom geschriebenen Text her allein ist das Training wahrscheinlich nur schlecht anzueignen. Dennoch ist es nicht unmöglich. Wir können jetzt leicht zeigen, daß in unserem SEI -N- AME alles bereits enthalten ist. Wenn wir den Umweg gemacht haben, die Licht- und Tonübung noch einzuführen, so deshalb, weil durch die theoretische Erörterung des Signifikanten, der Ethik etc. der Faden der Brisanz, des Herz-Begehrens, von dem wir ausgegangen waren, drohte verlorenzugehen. Das „Licht" in uns, der „Laut" aus der Tiefe des Herzens hat uns diese Strahlkraft, dieses Klingeln wieder etwas zurückgebracht.

Eigentlich war nämlich in dem Konzept vom Todestrieb, diesem Herzziehen, tödlichen Begehren schon alles enthalten. Denn was ist unser Laut anderes als jene „stratosphärisierte Stimme", was unser Licht anderes als jener „suggestive Blick", von dem Lacan sagt, daß es diese zwei Objekte sind, die zunehmend das Verhältnis der Psychoanalyse zur Wissenschaft erklären, jene zwei Objekte, die ihren Platz „in einer fundamentalen Dreiheit" haben[787]. Es sind *die* Objekte schlechthin. „Stratosphärisierte Stimme" – ein Laut, der wie von jenseits her kommt aus dem Diesseits unserer Triebe, „suggestiver Blick" – ein Licht, in dem wir wirklich zu sehen anfangen. Das „Herz" ist es, das sieht und hört, nicht das Auge und das Ohr. Das Herz-Auge. Es ist eigentlich alles schon da, nur wir üben es erst einmal wieder in seiner Dreiheit von Licht, Laut und SEI -N- AME.

Wir können jetzt zum Abschluß auf all die Versprechen eingehen, die wir weiter oben gegeben haben. Die Übertragung hatten wir als einen universellen Faktor bei jedem Menschen erkannt. Wie steht es jetzt aber mit der Auflösung der Übertragung, die uns doch Schwierigkeiten machte, weil sich ja nicht zwei Menschen in einer Sitzung begegnen, sondern scheinbar einer alleine da ist, der Herz-Sprache spricht. Schon Freud sagte, daß die Auflösung der Übertragung mit einer Art Abtragung, Zersetzung einhergeht[779]. Genau das erreichen wir durch die gewisse Stetigkeit, Übbarkeit unserer „Formeln". Hier findet tatsächlich ein Abtragen, Zersetzen aller bewußten und unbewußten Gedanken und Formeln statt, und auch die versteckt in SEI -N- AME enthaltene Ethik des Namens trägt dazu bei, wenn sie entsprechend der ödipalen Struktur die Dreiheit des Namens (Sei Name, Sein Name, Name des Seins) zirkulieren läßt, so daß kein einzelner vorherrschen und so zum bewußten Signifkat gerinnen kann.

Lacan schlägt ein anderes Vorgehen zur Auflösung der Übertragung vor. „Das Begehren des Analytikers (solle) in die der Identifizierung entgegengesetzte Richtung" gehen. Der Analytiker selbst muß den „Hypnotisierten", ja „den Toten verkörpern"[780], mit der „Stimme eines Toten sprechen". Auch diese Definition eignet sich für uns in geradezu hervorragender Weise. Wer würde nicht bestätigen, daß SEI -N- AME wie von jenseits kommt, wie hypnotisiert ist von den drei Signifizierungen des Namens, ja, der Name eines Toten ist, den man immer wieder vor sich hin spricht, bis er – was erweckt? Herzsprache, Seinssprache – mit der wir den Übenden sich überlassen. Die stratosphärisierte Stimme und der suggestive Blick genügen im Zusammenhang mit unserem Logographen wirklich – um es nochmals zu sagen –, um in einem gewissen Ausmaß einen Analytiker zu repräsentieren.

Viele Autoren sind der Ansicht, daß die Auflösung der Übertragung wesentlich mit deren Entstehung zusammenhängt[782]. Technische, situative Elemente lassen bestimmte Übertragungen entstehen, und danach richtet sich auch die Möglichkeit deren Auflösung. Man ist nicht mehr der Ansicht, daß hier völlig unabhängig vom Therapeuten im Patienten etwas entsteht, sondern daß das Zusammentreffen von zwei „Personen" etwas Bestimmtes bewirkt. Es entstehe nicht nur eine sog. Übertragungsneurose, die etwas mit dem Vatersymbol zu tun hat (dem Arzt), sondern „unanstößige Übertragung"[783], auch mit einem Vertrauens-Erfahrungshintergrund, wie er von der Mutter herkommt. Diese widersprüchlichen Aussagen haben schon Lacan dazu geführt, vom „Namen des Vaters" zu sprechen als dem Angelpunkt, um den sich die Übertragung dreht. Diese Drehung hat er, wie wir oben schrieben, schon in der Wahl der Silben, Buchstaben, ja Signifikanten so ausgedrückt, die sie das Verschieben, Zirkulieren innerhalb der Dreiheit, Trinität miterfaßte (los noms du pere, les non du pere, les non dupes errent). Wir sehen damit, daß die Übertragung sich wesentlich auf diesen Namen des Namens bezieht, dessen Wesen natürlich auch durch die physische Gegenwart des Arztes, Sprechzimmer, also der sog. Realität bestimmt ist, was sie aber trotzdem nicht hindert, durch so etwas wie SEI -N-AME optimal repräsentiert und eben für ein übendes Verfahren geeignet zu sein.

Warum darüber streiten, ob mehr die Realität des Analytikers oder sein Vateraspekt im Vordergrund der Übertragung stehen, was zu dem Begriff des Analytikers als „Subjekt-Objekt"[784] geführt hat – zweifellos auch ein sinnfälliger Logograph, der aber gefährlich an Blödheit grenzt? Er geht parallel zu dem Begriff der Einfühlung, Empathie, von dem zwar Freud selbst ausgegangen war und die viele Psychologen heute für die wichtigste Eigenschaft eines Psychotherapeuten halten. Doch handelt es sich hier um das narzistische Feld, auf dem man sich einfühlt, d. h. erst einmal in sich selbst, narzistisch, in ein analoges System der Gefühle, der Mutter- und Vatergefühle, Gefühle kollegialer, nationaler, Natur etc. – aber bloß nicht wirklich in den anderen, in den wirklich anderen, dessen Sein von einem Namen chiffriert wird und nicht von einem Gefühl.

Überhaupt ermöglicht uns unsere Abhandlung nicht nur ein neues Verständnis der physiologischen Vorgänge beim Herzinfarkt, indem wir eben gezeigt haben, wie kompliziert sie sind, daß mehrere physiologische Wege möglicherweise überlagert beteiligt sein können und es letztlich also unmöglich ist, nur eine physiologische Beschreibung, nur einen naturwissenschaftlichen Zugang zum Infarktproblem zu haben. Vielmehr muß man erst eine Herzsprache haben – wobei wir uns allerdings nicht großen Illusionen hingeben, daß sehr viele Infarktforscher unser Training erlernen. Auch wird die Medizintechnik nicht stehenbleiben, und die Versuchung, durch neuere Medikamente und Operationstechniken schnell seine Herzprobleme loszuwerden, ist groß. Wie gesagt, wird ein guter Hausarzt immer noch der beste Ansprechpartner sein; aber sind ihm nicht auch die Hände gebunden? Bei mehreren hundert Beratungsgesprächen in einem Verein für Herzkranke konnten wir in den Jahren 1986/87 wiederholt die erstaunliche Erfahrung machen, wie viele Menschen trotz neuester Techniken und moderner medizinischer Versorgung einfach immer noch total verunsichert sind, wie sie ihre Herzprobleme lösen sollen, und sich gerade von einer kleinen, neutralen Organisation einen persönlichen und zugleich fachlichen Rat erhofften. Man traut dem Namen nicht, in dem das universitäre Sein ganz groß daherkommt, und sucht Kompetenz bei einer vertrauten Person. Aber auch der beste Hausarzt, Arzt des Vertrauens, kann nicht aus dem Wissenschaftsbetrieb heraus, d. h. einer wissenschaftlichen Sprache vom Herzen. Deswegen muß eine Herzsprache bis zu dem Dreh kommen, wo man sich das Letzte an Herz-Wissen selbst erüben muß.

Auch noch ein Wort zur Ethologie auf der einen und zur

Theologie auf der anderen Seite des menschlichen Spektrums. Wenn heute oft behauptet wird, der Schimpanse sei unser nächster Verwandter (auch durch seine Fähigkeit, eine gewisse Signalsprache zu lernen), oder wenn noch immer behauptet wird, Gott sei allwissend, allmächtig etc., so sind beide Behauptungen (die in Richtung Natur und in Richtung Geist) ungenau, nicht notwendig, einfach nicht signifikant. Allmächtig genügt doch schon, daß von etwas Ungeheuerlichem gesprochen wird, warum es dann noch Gott nennen und ein überstrapaziertes Wort noch weiter strapazieren? Ein Schimpanse ist nur physisch, biologisch (das schließt eine gewisse Funktionssprache ein) unser nächster Verwandter, im Eigentlichen, Signifikanten, in dem der Mensch ein „sprechendes Sein" ist, hat er mit uns nichts zu tun. SEI -N- AME ist uns da vielleicht sogar näher und enthält auch ein großes Wissen und eine gewisse Mächtigkeit.

Schon viele Autoren hat es gereizt, die Trinität des Ödipuskomplexes mit dem christlichen Trinitätsbegriff zu verbinden. Aber man kommt dann dazu, so ähnliche Dinge wie das TAO mit der Quantenphysik in Zusammenhang zu bringen, nur weil da faszinierende Analogien bestehen. Selbst die bestechendste empirische Analogie ist etwas völlig anderes als ein wirklich wissenschaftlicher Beweis. Wenn F. Weinreb, ein Kenner der jüdischen Mystik und Theologie, sagt: „Das Wort in seiner Drei-Einigkeit ist tatsächlich heil, ganz"[785], dann trifft das nur auf unseren Logographen zu. Seine mystisch-theologische Spekulation bleibt dem Philosophischen verhaftet oder der Träumerei, d. h., daß er entweder nur Ein-Worte verwendet (also keine Dreiheit da ist), oder, so er doch eine findet, diese rein mystisch, spekulativ, verfaßt ist. D. h., er weiß eigentlich nicht ganz genau, was er sagt.

Nichts hindert uns zu sein, nichts uns zu sprechen. Wenn wir aber nicht reinen Unsinn von uns geben wollen, indem wir sagen, daß beides durch das „Herz" verbunden sein soll, sondern daß „Herz" wirklich das „sprechende Sein" des

Menschen ist, dann muß man durch dieses Drei-Wort hindurch, das nach längerem Üben ein Wort ergeben wird, das jeweils gesuchte, das Wort des betreffenden Subjekts. „Alles ist gebunden an die symbolische Ordnung, seit Menschen auf der Erde sind und seit sie sprechen. Und was sich übermittelt und sich zu konstituieren trachtet, ist eine immense Botschaft, in der das gesamte Reale nach und nach umgesetzt, neu erschaffen, umgearbeitet wird"[786]. Daran wollen wir uns mit diesem – wenn auch nur bescheidenem – Versuch einer Herzsprache beteiligen. Der EIN -S- AME ist nie allein.

Literaturverzeichnis

1 Schmidt F., Medical Tribune, Nr. 45 (1983), S. 54
2 Brembach, H. Notabene Medici 14 (1984) S. 613–616
3 v. Hummel G., Vortrag auf der Medizinischen Woche in Baden-Baden, Kardiologische Gesellschaft, Nov 1981
4 Selecta Nr. 49 (1981), S. 3618
5 Herz und Gefäße 3 (1983), S. 250
6 Münchn. Med. Wochenschrift 49 (1982), S. 13
7 Hau, T. F., Zeitschr. Psychosomat. Med. 10 (1964), S. 26–36
8 Seemann, W. F., Westfäl. Ärzteblatt 5 (1964), S. 320–326
9 Revers, W., u. Revers, R., Herzinfarkt und Psyche (1987), Verlag Huber Bern
10 Siegrist, J., Med. Klinik 22 (1980), S, 769
11 Siegrist, J., Der Internist 25 (1984), S. 659
12 Tobiasch, V.: Lebensversicherungsmedizin 36 Nr. 8 (1984), S. 173–177
13 Roseman R. H. in: Psychosozialer Streß und Koronare Herzkrankheit, Springer (1981), S. 31
14 Schmidt, TH. H. MMW 127 (1985), S. 428–431
15 Dembrowski, T. Metal, Psychosomat. Med (1985)
16 M. Friedman, in: Psychosozialer Streß und Koronare Herzkrankheit, Springer (1981), S. 169
17 Medical Tribune 52 (1983), S. 3
18 Mod. Medizin 10 (1982), S. 1186
19 JAMA 15 (1982), S. 790
20 Ärzte Zeitung Nr. 17 (1984), S. 9
21 Praxiskurier Nr. 43 (1983), S. 4
22 Rentrop, P., Cohen M., in: 58th Scientific Session of the AHA 11.–14. 11. 1985
23 Parker, J. O. et al. Circulation 40 : 79 (1969)
24 Thomas D. J. et al.: Lancet, Nov 5 (1977), S. 941–943
25 Sorlie P. D., Am. Heart J. Nr. 4 (1981), S. 457–461
26 Medical Tribune Nr. 45 (1981), S. 67

27 Luban-Plozza B., Pöldinger W., Der psychosomatisch Kranke in der Praxis, Springer Verlag (1977), S. 33–44
28 Üxküll Th. Lehrbuch der psychosomatischen Medizin, Urban u. Schwarzenberg (1979) S. 549–594
29 Psyche Nr. 6 (1980) S. 579–827
30 Larsen J. A., Herz-Kreislauf Nr. 10 (1979), S. 505
31 Internationales Selen-Symposium, Mineraloskop 1 (1989)
32 Ärzte Zeitung Nr. 91 (1985), S. 16, zitiert aus Lancet
33 Selecta supplement Nr. 4 (1985), S. 6
34 Ladwig K. H., Kardiovasculäre Hyperreaktivität und Depression, Springer 1986
35 Kronmal R. A., JAMA 253 Nr. 14 (1985), S. 2091–2093
36 Fortschritte d. Medizin Nr. 19 (1985), S. 25
37 Doehrman, ST. R., A. review. Soc. Sci. Med. 11 (1977), S. 199–218
38 Ärztliche Praxis Nr. 38 (1985), S. 1
39 Ärzte Zeitung Nr. 135 (1985), S. 6
40 Praxiskurier Nr. 28 (1985), S. 10
41 Diagnostik 18 (1985), Nr. 12, S. 7
42 Hahn P., Ärztliche Praxis Nr. 77 (1982), S. 2571
43 Mühlberger V. et al., Retrograd kollaterale Versorgung einer Koronararterie bei Ergonovin induziertem Spasmus, Herz-Kreislauf 5 (1985), S. 257–260
44 Eng, G. et al., Coronary collateral funktion during exercise, Circulation 66 (1982), S. 309
45 Kluge P., Hyaluronidase. MMW (Münchner Mediz. Wochenschrift) 21 (1989), S. 561
46 Theresa von Jesu, Die Seelenburg, Kösel 1973
47 Jurbom K. H., Med. Praxis 79 (1984), S. 56
48 Moss A. J., Am. Intern. Med. Jan. 102 (1985), S. 121–123
49 Heidbreder, E., Psychomentaler Streß, Herz-Kreislauf 5 (1984), S. 231
50 Interview Prof. Kannel, MMW Extrablatt vom Nov. 1984, S. 3
51 MMW Extrablatt vom Mai 1984, S. 5
52 v. Emmerich A. K., Visionen und Leben, Wewel Verlag 1874
53 Praxiskurier 17 (1983), S. 18
54 Chappell, A. G., Br. J. Dis. Chest 78 (1964) 2, S. 174
55 Holte D. A., Bericht vom Psychologenkongreß, Ärztezeitung vom 26. 9. 1984
56 Conen D., Schweiz. Med. Wochenschrift 113 (1983), S. 368
57 Isner, J. M. et al.: New Engl. J. Med. 315 (1986), S. 1438–1443
58 Kranland W., Kassenarzt 18 (1985), S. 34–46
59 Hamer H., Der Hamersche Herd, 1984
60 Selecta Nr. 18 (1983), S. 1652

61 Vorträge Diskussion des Jahrestags der Am. Heart Ass. 14.–17. 11. 1983
62 Ärzte Zeitung Nr. 174 (1984), S. 1
63 Ärzte Zeitung Nr. 191 (1985), S. 14
64 Moderne Medizin Nr. 9 (1985), S. 55
65 Veenrink et al., Br. Heart J. 53 (1985), S. 30–35
66 Patterson R. E., et al., Am. J. Cardiol. 49 (1982), S. 1127–1135
67 Ärzte Zeitung Nr. 73 (1984), S. 1
68 Herz-Kreislauf Nr. 5 (1984), S. 231
69 Ärztezeitung Nr. 184 (1985), S. 1
70 MMW Extrablatt Nr. 38 (1985), S. 6
71 Mörl H., Herzinfarkt, Springer 1981, S. 57–58
72 Freedman, S. B. et al.: Amer. J. Cardiol. 57 (1986), S. 1261
73 Ärztliche Praxis Nr. 37 (1983), S. 1146
74 Riecker G., Koronare Herzerkrankung, Springer 1988, S. 6–12
75 Eber, B. et al.: Herz u. Gefäße 10 (1990), S. 614–619
76 Mineraloskop, G. N. Pharm, 1 (1990), S. 5
77 Mörl H., Herzinfarkt, Springer 1981, S. 97
78 Halhuber, C., Ambulante Koronargruppen, perimed Verlag (1981), S. 115–119 und 131
79 Halhuber, M., Rehabilitation des Koronarkranken, perimed Verlag (1982)
80 Handbuch der Koronargruppenbetreuung, perimed Verlag (1980), S. 143–147
81 Selecta 38 (1985), S. 3368–3382
82 Herz und Gefäße 3 (1983), S. 460
83 Medical Tribune Nr. 6 (1983), S. 63
84 DNÄ 22 (1985), S. 9
85 Ärztezeitung Nr. 176 (1983), S. 9
86 v. Hummel G., Ärztliche Praxis, Nr. 39 (1983), S. 1225–1226
87 Cowley M. J. et al., Am. J. Cardiol. 53 (1984) 12 C
88 Carson, P. K. et al.: Brit. Med. Journal 249 (1987), S. 1525
89 Aldor E., Kainz E., Ventrikelfunktion nach Lysetherapie, Herz-Kreislauf 2 (1984), S. 59–64
90 Schmidt-Voigt J., Der Koronarpatient, Pharmedia Verlag, 1979
91 Panutti, F. et al., Pan. Med. 25 (1983), S. 1–6
92 Cipriano, P. R., Myocardial infarction in: patients with coronary artery spasm. Am. Heart Journal 105 (1983), S. 542
93 Ärztliche Praxis Nr. 42 (1987), S. 1382–1384
94 Freeman, J. L. et al., Brit. Med. J. 291 (1985), S. 851
95 Hackett, D. G. et al., New Engl. J. Med. 317 (1987), S. 1055
96 Stierle, V. et al., Herz-Kreislauf 7 (1988), S. 271–279
97 Rasmussen, K. et al., Lancet I (1986) 8474, S. 174–176
98 Medical Tribune Nr. 5 (1991), S. 22–25

99 JAMA 248 (1982), S. 1465, und 249 (1983), S. 1435
100 Therapie d. Gegenwart 126, Nr. 10 (1987), S. 41
101 Opherk D., R. O. Cannon: Circulation Nr. 6 (1989), S. 1610–1616 und 1909–1911
102 Fortschr. Med. 108 (1990), Supplem. 91, S. 15
103 Kardiol. Akzente Nr. 85, Chem.werk Homburg, Frankfurt/Main
104 Runge, M. et al., Dtsch. Med. Wschr. 108 (1983), S. 109–113
105 Ärztliche Praxis Nr. 49 (1985), S. 2259
106 Ärztliche Praxis Nr. 24 (1985), S. 966
107 Alexander, F., Psychosomatische Medizin, Berlin, 1951
108 Hahn, P., Der Herzinfarkt in psychosomatischer Sicht, Göttingen, 1971
109 Bräutigam, Christian, Psychosomatische Medizin, Stuttgart, 1975
110 Kaplan, J. R., Arteriosclerosis 2 (1982), S. 359–366
111 Langosch, W., Beitr. zur Diagnostik Psychophysiol. Reaktivität bei Herzinfarktpatienten, Dissertation, Freiburg 1977
112 Ladwig, K. H., Kardiovasculäre Hyperreaktivität und Depression, Springer 1986, S. 30–32
113 Grombach, H. Psychosom. Aspekte der KHK, in: Ambulante Herzgruppen (1983), Medizin u. Information, A. Schmid Neuhaus GmbH
114 Myrtek, M. et al., J. Psychosomat. Res. 28/6 (1984), S. 455–466
115 Ladwig, K. H., Kardiovasc. Hyperreaktiv. u. Depr. Springer 1986, S. 38–40
116 Ebd., S. 132 und 146–147
117 Pittner, M. S. et al., J. of Personality and Social-Psychology 39/1 (1980), S. 147–157
118 Reindell, A. et al., in: Zander, Experiment. Forschungsergebnisse in der Psychosomatischen Medizin, Verl. Med. Psych. (1981), S. 27
119 Engel, R. R. et al., ebd. S. 113
120 Williams, R. B. et al., 53. Wissenschaftl. Sitzung der American Heart Association, Miami, 17.–20. 11. 1980 in: Praxiskurier 10 (1981), S. 17
121 Langosch, W. Psychosomatik der Koronaren Herzkrankheit, edition med (1989), S. 134
122 Ebd. S. 137
123 Buchmüller, J., Münch. Med. Wochenschr. 132 (1990), S. 67–68
124 Ärztliche Praxis Nr. 73 (1988), S. 2175
125 Siegrist, J., Med. Klinik Nr. 22 (1980), S. 770–777
126 Ärztliche Praxis Nr. 11 (1988), S. 223
127 Ruppli, A. et al., Schweiz. Med. Wochenschr. 120 (1990), S. 339–344
128 Fortschri. Med. Nr. 7 (1987), S. 28

129 Der Kassenarzt Nr. 4 (1985), S. 66
130 Ärzte Zeitung Nr. 222 (1990), S. 10
131 Oudhof, J. Therapiewoche Nr. 4 (1989), S. 169–170
132 Halhuber, C. Rehabilit., in: Amb. Koronargruppen, Springer (1980), S. 89
133 Kümmell, H. Ch., Die Herz-Kreislauf-Idee, Urachhaus, 1985
134 Palmer, J. R., New. Engl. J. Med. 320 (1989), S. 1569
135 Mühlberger, V. et al., Herz-Kreislauf Nr. 5 (1985), S. 257–260
136 Doerr, W., Deutsches Ärzteblatt Nr. 20 (1983), S. 45–59
137 Muller, J. E., Circulation 79 (1989), S. 733–743
138 Saeger, W., Fortschritte Med. Nr. 14 (1985), S. 367–369
139 Medical Tribune Nr. 28 (1990), S. 9
140 Ärztliche Praxis Nr. 49 (1989), S. 1842
141 Schwartzkopff, S. B. et al.,: Münch. Med. Wschr. 27 (1989), S. 523–527
142 Ärzte Zeitung Nr. 201 (1987), S. 16
143 Konkenvouo, M. Brit. Med. Journal Nr. 16 (1986), S. 294
144 Ärzte Zeitung Nr. 61 (1987), S. 18
145 Rumbolldt, Z. et al., Münch. Med. Wschr. Nr. 37 (1990), S. 567
146 Ärztliche Praxis Nr. 12 (1983), S. 283
147 Pousta, F. et al., Asthma, Bronchitis, Emphysem 8 (1990), S. 34–36
148 Glatzel, H. Ärztliche Praxis Nr. 34 (1984), S. 922
149 Selecta Nr. 50 (1990), S. 1792–1793
150 Medical Tribune Nr. 37 (1983), S. 44
151 Holtmeier, H. J., Cardiol. Angiol. Bulletin 4 (1988), S. 73–85
152 Forette, B. et al., Lancet 1 Nr. 8643 (1989), S. 868–870
153 Selecta Nr. 32 (1983), S. 2815
154 Hartz, A. J. J. Am. Med. Ass. 246 (1981), S. 851
155Bräuer, H., Münch. Med. Wschr. Nr. 18 (1984), S. 15–16
156 Schmidt, G., Zeitschr. f. Allgemeinmed. 29 (1990), S. 789–794
157 Ärzte Zeitung Nr. 202 (1990), S. 14
158 Kunze, D., Ärztliche Praxis Nr. 13 (1991), S. 35
160 Kaplan, G. A. et al., Brit. Med. J. 301 (1990), S. 1121
161 Yokode, M. et al., Science 250 (1990), S. 1273–1275
162 Ärzte Zeitung Nr. 31 (1991), S. 2
163 Clemens, M. R., Münch. Med. Wschr. Nr. 24 (1989), S. 472–474
164 Lembke, A. Ärztliche Praxis Nr. 43 (1982), S. 1741
165 Cholesterinspiegel, Jahrg. 1, Sondernummer, pmi Verlag (1990), S. 18
166 Matthew, et al., Brit. Med. Journal Nr. 6747 (1990), S. 309–314
167 Vaglia, A. et al., The Lancet Vol 336 (1990), Nr. 8762, S. 1315–1316
168 Die Neue Ärztliche, Nr. 207 (1990), S. 5
169 Diät-Therapie, pmi Verlag, Jahrg. 9, Nr. 5 (1989), S. 1–2
170 Köhnlechner, M., Man stirbt nicht im August, Droemer, 1976

171 Salonen, J. T., Lancet Nr. 8553 (1987), S. 269
172 Schumacher, M., Mediz. Welt 37 (1986), S. 1427–1431
173 Circulation Nr. 63 (1983), S. 939–950
174 Brit. Med. Journal 301 (1990), S. 83–85
175 Silber, S., Der Internist 30 (1989), S. 322–330
176 Silber, S., Der Internist 27 (1986), S. 525–540
177 Münch. Med. Wschr. 129 (1987), Beilage 45, S. 2–3
178 Lehmann, M., Dtsch. Zschr. für Sportmed. 35 (1984), S. 414–417
179 Krüger, P., Herz und Gefäße Nr. 3 (1987), S. 126–133
180 Der Praktische Arzt Nr. 11 (1983), S. 931
181 Medical Tribune Nr. 9 (1988), S. 28
182 Ärztliche Praxis Nr. 11 (1991), S. 17
183 Ärzte Zeitung Nr. 202 (1986), S. 40
184 Rost, R., Herz u. Gefäße Nr. 8 (1982), S. 489–497
185 Schuler, G. et al., Circulation Nr. 1 (1988), S. 172–181
186 Kaltenbach, M., DIA 2 (1982), S. 22–26
187 Rost, R., Klinik + Praxis Nr. 43 (1983), S. 1
188 Forsch. und Praxis, Nr. 94 (1989), Beil. d. Ärztezeitung, S. I u. VII
189 Baardman, T. et al., European Heart Journ. 11 (1990), S. 722
190 Löllgen, H., Dt. Zschr. für Sportmed. 40, 6 (1989), S. 212
191 Ärzte Zeitung Nr. 33 (1983), S. 1
192 Medical Tribune Nr. 40 (1986), S. 3
193 Hartman, A. et al., Herz-Kreislauf Nr. 8 (1990), S. 281–285
194 Ärzte Zeitung Nr. 103 (1988), S. 12
195 Lösse, B., Therapiewoche Nr. 39 (1989), S. 3812–3818
196 Der Kassenarzt Nr. 18 (1985), S. 43
197 Ärztezeitung Nr. 207 (1986), S. 14
198 Serruys, P. W. et al., New Engl. J. Med. 324 (1991), S. 13
199 Rüddel, Medwelt 2 (1991), S. 142–146
200 Christian, W. Deutsches Ärzteblatt (1971), S. 2949
201 Williams, L. D., Penn. med. J. 62 (1959), S. 1113
202 Selecta Nr. 11 (1991), S. 17
203 Jordan J., Psychosomat. Med. und Psychoanalyse 4 (1983), S. 380–403
204 Ärztliche Praxis Nr. 94 (1989), S. 3272
205 Ärzte Zeitung Nr. 189 (1989), S. 10
206 JAMA 257 : 17 (1987), S. 2318–2324
207 Therapiewoche 38 : 37 (1988), S. 2629
208 Praxiskurier Nr. 7 (1988), S. 30
209 Brit. Med. J. 517 (1983), S. 6391
210 Fortschr. Med. 105 Nr. 35 (1987), S. 36/684
211 Die Neue Ärztliche, Nr. 216 (1986), S. 7
212 Ärzte Zeitung vom 12. Januar 1987, S. 2
213 Praxiskurier Nr. 40 (1986), S. 4

214 Fortschr. Med. 104, Nr. 11 (1986), S. 20
215 Ärzte Zeitung Nr. 208 (1987), S. 14
216 Ärzte Zeitung Nr. 178 (1988), S. 10
217 Ärztliche Praxis Nr. 63 (1986), S. 1978
218 Ärztliche Praxis Nr. 37 (1987), S. 2
219 Krasemann, Herzinfarktrehabilitation, perimed Verlag (1976), S. 118
220 Grundlagen der Rehabilitation Koronarkranker, perimed Verlag (1987), S. 75–80
221 Krasemann, Herzinfarktrehabilitation, Symposium in Hamburg am 8. 11. 81, S. 191–193
222 Halhuber, Rehabilitation des Koronarkranken, perimed Verlag (1982), S. 177
223 Mündliche Mitteilung von Prof. Dr. Taubert, Wiebaden, bezüglich der Genese des Syndroms X
224 Baroldi G., Annals New York Akademy of Sciences (1969), S. 156
225 Baroldi G., Ärzteblatt Baden-Württemberg 10 (1973)
226 Presseseminar des MPI Bad Nauheim vom 5. und 6. 10. 1981, in Bayerischer Kongreßdienst 42 vom 3. 11. 81
227 Sroka K., Dialektik des Herzinfarkts, Syndikat (1980), S. 109–120
228 Ärzte Zeitung Nr. 207 (1988), S. 15
229 Sroka K., Dialektik des Herzinfarkts, Syndikat (1980), S. 69–70 und S. 111–115
230 J. Americ. Med. Ass. 255 (1986), S. 2841–3044
231 Myocardschädigung und Katecholamine, in: Schriftenreihe Giulini Pharma Nr. 3 (1988)
232 Ärztezeitung vom 16. 1. 1989, S. 12
233 Glatzel H., Zschr. Psychosomat. Med. 33 (1987), S. 252–265
234 Ärztliche Praxis Nr. 7 (1989), S. 148
235 Ärztezeitung Nr. 197 (1988), S. 1
236 Brit. Med. Journal 238 (1981), s. 573–575
237 Ärztliche Praxis Nr. 92 (1988), S. 2851
238 Therapiewoche 38, 48 (1988), S. 3542
239 Kentner, M., Versicherungsmedizin 6, 60 (1988), S. 163–168
240 Ärzte Zeitung Nr. 156 (1988), S. 2
241 Ärztliche Praxis Nr. 6 (1989), S. 99
242 Lantinga L. J. et al. Amer. J. Cardiol. 62 (1988), S. 209–213
243 Herz-Kreislauf, Nr. 10 (1988), S. 406–410
244 Zuber M., Schweiz. Med. Woschenschrift 118 (1988), S. 1793–1796
245 Engel H. J. et al., Koronarangiographische Befunde bei jungen Frauen mit Herzinfarkt in: Hormonale Kontrazeption und Herz-Kreislauf, SMV Verlagsgesll. (1988)
246 Ärzte Zeitung Nr. 229 (1988), S. 4

247 Medical Tribune Nr. 18 (1986), S. 32
248 Michel D., Fortschr. Medizin 107 (1989), S. 20
249 Die Neue Ärztliche, Nr. 62 (1986), S. 7
250 Ärztliche Praxis Nr. 81 (1986), S. 2526
251 Health News, Sanitas GmbH, München (1989)
252 Praxiskurier Nr. 11 (1989), S. 8
253 Ärztliche Praxis Nr. 41 (1989), S. 1419
254 Herz-Kreislauf Nr. 21 (1989), S. 161
255 Ärztliche Praxis Nr. 16 (1989), S. 475
256 Münch. Med. Wochenschr. 125 (1989), S. 88
257 Medical Tribune, Mai 1989, S. 7
258 Praxiskurier Nr. 4 (1989), S. 8
259 Ärzte Zeitung Nr. 190 (1986), S. 32
260 Medical Tribune Nr. 8 (1987), S. 50
261 Ärztliche Praxis Nr. 102 (1982), S. 28
262 Münch. Med. Wochenschr. Nr. 124 (1982), S. 28
263 McCormick et al., Lancet II (1988), S. 839
264 New Engl. J. Med. 320 (1989), S. 904
265 Medical Tribune Nr. 24 (1984), S. 14
266 Ärzte Zeitung Nr. 91 (1984), S. 4
267 Münch. Med. Wochenschr. 130 (1988), S. 870
268 Selecta Nr. 9 (1983), S. 786
269 JAMA 19 (1982), S. 1071
270 Ärztliche Praxis Nr. 39 (1989), S. 1183
271 Eliot, R. S.: Circulation 49 (1974), S. 1127–1131
272 Praxiskurier Nr. 43 (1982), S. 22
273 Praxiskurier Nr. 14 (1989), S. 21
274 Lancet I Nr. 8633 (1989), S. 318–320
275 Lancet II Nr. 8618 (1989), S. 983–986
276 Fortschr. Med. 107 (1989), S. 18
277 Münch. Med. Wochenschr. 131 (1989), Beilage S. 9
278 Herz-Kreislauf 21 (1989), S. 153
279 Deutsch. Ärzteblatt Nr. 86 (1989) 5, S. 230
280 Ärztliche Praxis Nr. 43 (1989), S. 1533
281 Ärztliche Praxis Nr. 58 (1989), S. 2042
282 Die Neue Ärztliche, Nr. 40 (1989), S. 5
283 Ärzte Zeitung Nr. 37 (1989), S. 14
284 Selecta 21 (1989), S. 1258
285 JACC Vol. 12 Nr. 1 (1988), S. 49–55
286 Ärzte Zeitung Nr. 137 (1989), S. 2
287 Ärztliche Praxis Nr. 28 (1989), S. 932
288 Ärzte Zeitung Nr. 43 (1989), S. 24
289 Ärztliche Praxis Nr. 28 (1989), S. 929
290 Fortschr. Med. 107 (1989), Suppl. 56 S. 20

291 Ärzte Zeitung Nr. 23 (1989), S. 12
292 Weyer G., Konditionierbarkeit und Kardiovasculäre Reaktivität, Verlag f. Psychologie (1988), S. 11, 17 und 33
293 Lynch J., Die Sprache des Herzens, Junfermann Verlag 1987
294 Ärzte Zeitung Nr. 9 (1989), S. 15
295 Ärztliche Praxis Nr. 35 (1989), S. 1201
296 Psychiatry Res. 23 (1988) 2 : S. 137–145
297 Medical Tribune Nr. 22 (1989), S. 15
298 Ärztezeitung Nr. 67 (1989), S. 2
299 Selecta Nr. 21 (1989), S. 1258
300 Medical Tribune Nr. 50 (1988), S. 4
301 Die Neue Ärztliche, Nr. 31 (1989), S. 6
302 Ärztliche Praxis Nr. 90 (1988), S. 1
303 Kavanagh, T., Controversies in Cardiac Rehabilitation, Springer Verlag, Berlin 1982
304 Arch. Intern. Med. 142 (1982), S. 1093–1097
305 Münch. Med. Wochenschr. 131 (1989) Nr. 22, S. 75–81
306 Fortschr. Med. 107 (1989) Nr. 16, S. 370
307 Ärztliche Praxis Nr. 83 (1985), S. 1
308 Medical Tribune Nr. 52 (1987), S. 27
309 Ärzte Zeitung Nr. 225 (1987), S. 4
310 v. Hummel, G., Vortrag auf der Medizin. Woche in Baden-Baden (1987) Tagung der Kardiologischen Gesellschaft, Nov 87
311 Circulation 63 (1981), S. 817–895
312 Forschung und Praxis, Suppl. der Ärztezeitung Nr. 46 (1989), S. 8
313 Herz-Kreislauf 21 (1989) Nr. 7, S. 308
314 Foucault Michael, Die Geburt der Klinik, Ullstein (1981), S. 109–111
315 Medical Tribune Nr. 33 (1989), S. 9
316 Revers J., Herzinfarkt und Psyche, Hans Huber, Bern 1978
317 Streß und Koronare Herzkrankheit, Springer, Berlin (1981), S. 55 u. 153
318 Streß und Koronare Herzkrankheit, Springer, Berlin (1977), S. 143 u. 69
319 Michel D., Leitfaden der Koronarangiographie, perimed (1981), S. 104–115
320 Circulation 49 (1974), S. 599–602
321 Zur Psychosomatik von Herz-Kreislauf-Erkrankungen, Springer (1982), S. 61 und S. 83
322 Am. J. Cardiology 46 (1980), S. 922–930
323 Am. J. Cardiology 46 (1980), S. 329–334
324 Medical Tribune Nr. 20 (1989), S. 56
325 Ärzte Zeitung Nr. 155 (1989), S. 1
326 Kardio 7 (1989), Nr. 5, S. 25

327 Sroka K., Dialektik des Herzinfarkts, Syndikat (1980)
328 Ärztezeitung Nr 45 (1989), S. 5
329 Dolto F., Die Bedeutung des Körpers, Quadriga (1988)
330 Handbuch f. Innere Medizin, Bd. Koronarerkrankungen, Springer (1984), S. 827
331 Forschung und Praxis, Suppl. der Ärztezeitung Nr. 86 (1989), S. 2
332 Praxiskurier Nr. 19 (1983), S. 24
333 Medica 8/9 (1983), S. 519
334 Ärztliche Praxis Nr. 65 (1989), S. 2178
335 Medical Tribune Nr. 42 (1989), S. 20
336 Münch. Med. Wochenschr. 130 (1988), Nr. 47, S. 24
337 Ärztliche Praxis Nr. 75 (1989), S. 2523
338 Stocksmeier U., Vortrag auf der Medizin. Woche in Baden-Baden am 1. 11. 1989, Tagung der Kardiol. Gesellschaft
339 Praxiskurier Nr. 19 (1989), S. 12
340 Medical Tribune Nr. 23 (1987), S. 21
341 Deutsches Ärzteblatt Nr. 44 (1971), S. 2929–2936
342 Der Kassenarzt Nr. 32 (1989), S. 49
343 Notfallmedizin Nr. 12 (1986), S. 813
344 Crea, F. et al., Lancet I (1989), S. 683–686
345 Medical Tribune Nr. 35 (1989), S. 12
346 MedWelt 39 (1988), S. 53
347 Therapiewoche Nr. 38 (1987), S. 3584
348 Medical Tribune Nr. 46a (1987), S. 15
349 Die Neue Ärztliche, Nr. 6 (1987), S. 4
350 Deutsches Ärzteblatt Nr. 84 (1987), S. A–1126
351 Münch. Med. Wochenschr. 130 (1988), Beilage 59, S. 8
352 Kleinmann, D., Fortschr. Med. 32 (1987), S. 621–635
353 Ärztliche Praxis Nr. 20 (1987), S. 19
354 Fortschr. Med. Nr. 42 (1986), S. 16
355 Verh. Dtsch. Ges. Inn. Med. 79 (1973), S. 1138
356 Riecker G., Koronare Herzerkrankung, Springer (1988)
357 Ärzte Zeitung Nr. 94 (1990), S. 14
358 Ärzte Zeitung Nr. 37 (1990), S. 1
359 Lancet II (1988), S. 839–841
360 JAMA 262 Nr. 1 (1989), S. 45–52
361 Therapie d. Gegenwart 129 (1990), S. 58
362 Der Kassenarzt Nr. 5 (1990), S. 25
363 Selecta Nr. 6 (1990), S. 237
364 Deutsches Ärzteblatt Nr. 17 (1990), S. 375
365 Lancet I (1988), S. 333–334
366 Ärzte Zeitung Nr. 78 (1990), S. 14
367 Medical Tribune Nr. 41 (1989), S. 27

368 Ärztliche Praxis Nr. 73 (1989), S. 2450
369 Ärzte Zeitung Nr. 238 (1989), S. 1
370 Ärzte Zeitung Nr. 75 (1990), S.
371 J. Clin. Invest. 79 (1987), S. 1729
372 4. Internationales Symposium ü. Kreislaufkrankheiten, 18. 6. 1979, London
373 Bachelard, G., Psychoanalyse des Feuers, Fischer ws Bd. 10253
374 Foucault, M., Die Geburt der Klinik, Ullstein Materialien Nr. 35088, S. 132 u. S. 147
375 Medical Tribune Nr. 3 (1985), S. 28
376 Can. Med. Ass. 121 (1979), S. 1580–1583
377 Schweiz. Rundschau Med. 69 (1980), S. 690–698
378 Medical Tribune Nr. 11 (1990), S. 13
379 Medical Tribune Nr. 13 (1990), S. 4
380 Fortschr. Med. Nr. 6 (1990), S. 22
381 Ärztliche Praxis Nr. 88 (1989), S. 3027
382 Medical Tribune Nr. 48 (1989), S. 3
383 Ärztliche Praxis Nr. 91 (1989), S. 3167
384 Ärzte Zeitung Nr. 219 (1989), S. 14
385 Kardio 8 (1990) 2, S. 50
386 Ärzte Zeitung Nr. 34 (1990), S. 1
387 Medical Tribune Nr. 8 (1990), S. 42
388 Ärztliche Praxis Nr. 8 (1990), S. 16
389 Medical Tribune Nr. 43 (1989), S. 54
390 Ärztliche Praxis Nr. 40 (1990), S. 19
391 Medical Tribune Nr. 22 (1990), S. 43
392 Medical Tribune Nr. 31 (1990), S. 38
393 Medical Tribune Nr. 19 (1990), S. 51
394 Die Neue Ärztliche, Nr. 5 (1990), S. 1
395 Medical Tribune Nr. 42 (1989), S. 4
396 Ärztliche Praxis Nr. 29 (1990), S. 5
397 Brit Med. Journal 299 (1989), S. 1310–1312
398 Ärztezeitung Nr. 210 (1989), S. 13
399 Fortschr. Med. Nr. 10 (1990), S. 201
400 Der Kassenarzt Nr. 15 (1990), S. 37
401 Therapiewoche 40, 18 (1990), S. 1272
402 J. Amer. Ass. 259 (1988), S. 689–695
403 Brit. Med. Journal 301 (1990), S. 309–314
404 Petzold, Reindell, Psychosomatik, utb 991, Quelle u. Meyer (1980), S. 62
405 Forum d. Prakt. Arztes 29 (1990), S. 104
406 New Engl. J. Med. 318 (1988) 2., S. 65–69
407 Siegrist, Matschinger, in: Psychosoziale Kardiologie, Springer Verlag (1988), S. 96–99

408 Geyer, Erhardt, in: Psychosoziale Kardiologie, Springer Verlag (1988), S. 69–79
409 Langosch, W.: Psychische Bewältigung der Chr. Herzerkrankung, Springer (1985), S. 214
410 Petzold, Reindell, Psychsomatik, utb 991 (1980), S. 63–65
411 Langosch, W., in: Halhuber, Herzinfarkt-Nachsorge, Verlag Huber, Bern, (1990), S. 68–71
412 Klapp, Dahme, in: Psychosoziale Kardiologie I, Springer Verl. – (1988), S. 9
413 Muhs, A., in: Psychische Bewältigung der Chr. Herzerkrankung, Springer (1985), S. 8–10
414 Zeitschr. Psychosom. Medizin 10 : 26 (1964), S. 36
415 Karpfhammer, Psychoanalytische Psychosomatik, Springer (1985), S. 166–169
416 v. Üxküll, Lehrbuch der Psychosomatischen Medizin, Urban und Schwarzenberg (1979), S. 368–388
417 Ebd. S. 87
418 Ebd. S. 181–185
419 Lehr U. M., in: Ambulante Herzgruppen, perimed (1984), S. 162–174
420 Stössel, Troschke, in: Gesundheit bis zum Jahr 2000, Galenus Mannheim GmbH, Springer (1981), S. 49
421 Handbuch der Koronargruppenbetreuung, perimed (1986), S. 165–178
422 Schmidt, in: Zur Psychosomatik von Herz-Kreislauf-Erkrankungen, Galenus Mannheim, Springer (1982), S. 35
423 Langosch, W., in: Handbuch d. Inneren Medizin, Koronarerkr., S. 1359–60
424 Geyer, Erhardt, in: Psychosoziale Kardiologie I, Springer (1988), S. 81
425 Halhuber M. J., Herzinfarktnachsorge, Hans Huber Bern (1990), S. 80 u. 133
426 Ohlmeier D., in: Psychische Bewältigung der chr. Herzerkrankung, Springer (1985), S. 351–353
427 Meng H., Internat. Zeitschr. Psychoanalyse, 20, 443 (1934)
428 Fuchs M., in: Psychsomatik von Herz-Kreislauf-Erkrankungen, Springer (1982), S. 158
429 Lysnch J., Die Sprache des Herzens, Junfermann (1987), S. 429–443
430 Ärztliche Praxis, Nr. 72 (1986), S. 2199
431 Schaper u. Pasyk, Circulation 53 (Suppl I), (1976), S. I–57
432 Spain, Bradness, Amer. J. Med. Sci. 240 (1960), S. 701
433 Erhardt et al., Lancet I (1973), S. 387
434 Zuber et al., Schweiz. Med. Wochenschr. 118 (1988), S. 1793

435 Medical Tribune Nr. 14 (1983), S. 57
436 Münch. Med. Wochenschr. Nr. 125 (1983), S. 24
437 Ärzte Zeitung Nr. 7 (1990), S. 1
438 Medical Tribune Nr. 13 (1986), S. 24
439 Ärzte Zeitung Nr. 202 (1990), S. 10
440 Der Kassenarzt Nr. 23 (1989), S. 62
441 Selecta Nr. 42 (1990), S. 1509
442 Münch. Med. Wochenschr. (Extrablatt) 86 (1989), S. 1
443 Acta Pathol. Microbiol. Scand, 49 (1960), S. 426–432
444 Arch. Kreislaufforsch. 42 (1963), S. 172–233
445 Amer. J. Cardiol. 43 (1979), S. 699–707
446 Ärztliche Fortbildung 30 (1980), S. 164
447 The New Engl. J. Medicin 5 (1989), S. 320–224
448 Die Neue Ärztliche, Nr. 232 (1990), S. 4
449 Medical Tribune Nr. 46 (1990), S. 3
450 Ärzte Zeitung Nr. 115 (1990), S. 15
451 Ärzte Zeitung Nr. 215 (1990), S. 11
452 Hypertension 10 (1987) 1, S. 22–28
453 Wendt C., Krankheiten verminderter Kapillarpermeabilität, Haug Verlag (185), S. 26–52 und S. 213–230
454 Brit. J. of Prev. and Soc. Med. 31 (1977), S. 81–85
455 Schmid-Schönbein H., in: Schöffler H. H., Myocardinfarkt, A. W. Gentner Verlag (1980), S. 32–35
456 Ebd., S. 83–85
457 Reindell H., Roskamm H., Herzkrankheiten, Springer (1977), S. 14
458 Ärzte Zeitung Nr. 75 (1987), S. 14
459 Bleifeld W., Hamm Ch. W., Herz und Kreislauf, Springer (1988), S. 48–49
460 Brucker M., Der Herzinfarkt, eni (1987)
461 Chatterjee et al., Circulation 52, 390 (1975)
462 Sroka K., Dialektik des Herzinfarkts, Syndikat, (1980), S. 100–122
463 Wieck et al., Funktionelle Pathologie, Gustav Fischer Verl. (1989)
464 Therapiewoche Nr. 44 (1990), S. 3199
465 Smith et al.: Heart Failure 3 (1987) 2, S. 55–65
466 Kinkel B. et al., Herz-Kreislauf 9 (1984), S. 451–456
467 Schroll A., Vita. Min. Spur. 2 (1987), S. 54–62
468 Medical Tribune Nr. 12 (1986), S. 39
469 Karpanen, Therapiewoche 34, 22 (1984)
470 Therapiewoche 40, 45 (1990), S. 3272–3277
471 Forum Nr. 10 (1990), S. 263
472 Ärzte Zeitung Nr. 123 (1986), S. 16
473 Cherchi, A. et al., Int. J. Clin. Pharmacol. Toxicol. 23 (1985), S. 569–572
474 Notfallmedizin Nr. 13 (1987), S. 662

475 Ärzte Zeitung Nr. 50 (1987), S. 14
476 Der Praktische Arzt Nr. 13 (1987), S. 1040
477 Selecta Nr. 19 (1984), S. 1658–1660
478 Therapie der Gegenwart 12 (1990), S. 36
479 Deutsches Ärzteblatt 47 (1990), S. 3739
480 Ärzte Zeitung Nr. 177 (1989), S. 16
481 Kardio Nr. 8 (1990), S. 42
482 Erdmann, Arzneimittelforschung 35 (1985), S. 1948–1952
483 Kämmerer K. et al., Münch. Tierärztl. Wochenschrift 98 (1986), S. 262–267
484 v. Holst D., Festvortrag bei der Verleihung des E. v. Leyden-Preises, Bonn, Okt. 1990
485 Carmelli, D. et al., Amer. J. Epidemiol. 122 (1985), S. 90–100
486 Eaker, E. et al., Amer. J. Epidemiol. 118 (1983), S. 23–41
487 v. Holst, Münch. Med. Wochenschr. 132 (1990), S. 811–19
488 Siegrist J., Chron. Streß und KHK-Risiko, Vieweg Verlag (1987), S. 36–38
489 Butler J. et al., Brit Med. Journal 6723 (1990), S. 517–519
490 Der niedergel. Arzt 12 (1990), S. 10
491 Der Internist Nr. 12 (1990), Suppl. Antioxydantien, S. 3 und 4
492 Gey, K. et al., Amer. J. Clin. Nutr. 45 (1987), S. 1368–1377
493 Puls, Videoforum 8 (1990), Beiheft, S. 9
494 Selen und Altern, Intern. Symposium, in Mineraloskop 1 (1989), S. 6
495 Tolonen, M., Vita. Min. Spur. 4 (1987)
496 Gesundes Leben Nr. 6 (1989), S. 23
497 J. Nucl. Med. 28, 6 (1987), S. 1058–1060
498 Becker, C. H., Herz und Kreislauf 10 (1990), S. 335
499 Medical Tribune Nr. 46 (1981), S. 69
500 Murao, S. et al., Jap. Heart J. 13 (1972), S. 295–303
501 Ong, L., N. Engl. J. Med. 309 (1083), S. 1–6
502 Medical Tribune Nr. 8 (1985), S. 16
503 Dudley, W. et al., Amer. Heart Journal 108, Nr. 5 (1984), S. 1190–1197
504 Medical Tribune Nr. 28 (1984), S. 3
505 Research News in Science 222 (1983), S. 605
506 Weinhold, CH. et al., Fortschr. Med. Nr. 7 (84), S. 152–154
507 Cashin, W. L. et al., New Engl. J. Med. Nr. 311, Nr. 13 (1984), S. 824–828
508 Praxis Kurier Nr. 6 (1986), S. 16
509 Ärztliche Praxis Nr. 50 (1987), S. 1637
511 Praxis Kurier Nr. 2 (1984), S. 15
512 Ärzte Zeitung Nr. 82 (1986), S. 13
513 Ärztliche Praxis Nr. 3 (1986), S. 1

514 Medical Tribune Nr. 14a (1983), S. 24
515 Ärzte Zeitung Nr. 186 (1986), S. 19
516 Smith, P. L. C. et al.: Lancet I (1986), S. 823–825
517 Forsch.-Wissensch.-Technik d. Süddeut. Zeitung vom 10. 5. 1984, S. 48
518 Medical Tribune Nr. 8 (1984), S. 45
519 Medical Tribune Nr. 22a (1982), S. 4
520 Gehring J. et al., Herz u. Gefäße Nr. 4 (1984), S. 205–223
521 Meffert, H.-J., Medizin. Jahrg. 15, Dezember (1987), S. 28
522 Ärztliche Praxis Nr. 41 (1987), S. 1365
523 Münch. Med. Wochenschr. 129 (1987), Beilage 42, S. 7
524 Ärzte Zeitung Nr. 63 (1986), S. 17
525 Foucault M., Die Ordnung der Dinge, stw, S. 404
526 JAMA (deutsche Ausgabe) Nr. 1 (1985), S. 42–46
527 Ärzte Zeitung Nr. 103 (1987), S. 12
528 Meier, B. et al., Amer. J. Cardiol. 53 (1984), S. 10–14
529 Norell, M. S. et al., Brit. Heart Journal 55 (1986), S. 223
530 Mehmel, H. C., Therapiewoche Nr. 13 (1986), S. 1365–1366
531 Vallbracht, C. et al., Zeitschr. f. Allgemeinmed. 18 (1986), S. 623
532 Medical Tribune Nr. 20a (1983), S. 10
533 Morgenthaler F., Sexualität und Psychoanalyse, in: Homosex., Heterosex., Perversion, Qumran Frankfurt 1984
534 Dolto F., Das unbewußte Bild des Körpers, Quadriga (1987), S. 31
535 Erdheim M., in: Sexualität, Psychoanalyt. Seminar Zürich, Syndikat Verl. (1986), S. 36
536 Lacan J., Schriften Bd. I, Quadriga, S. 425
537 Thomä, H., Kächele, H., Lehrbuch der psychoanalytischen Therapie, Springer (1989), S. 53
538 Ebd., S. 706
539 Medical Tribune Nr. 47 (1989), S. 61
540 Münch. Med. Wochenschr. Nr. 5 (1988), S. 43–45
541 v. Essen R., Fortschr. Med. Nr. 5 (1988), S. 83–86
542 Wink, K., Therapiewoche 36 (1986), S. 4807–4818
543 Medical Tribune Nr. 1 (1988), S. 23
544 Steffenino, G., Brit. Heart Journal 59 (1988), S. 151–158
545 Ärzte Zeitung Nr. 153 (1987), S. 1
546 Ärzte Zeitung Nr. 25 (1988), S. 2
547 Ärztliche Praxis Nr. 19 (1988), S. 1
548 Hahn, Med. Welt Nr. 14 (1977), S. 683
549 Klapp, B. F., Marteria Med. Nordmark 37/1 81985), S. 1–10
550 Morsch, E., Psyche 38/6 (1980), S. 493–500 und 574–582 Moersch
551 Münch. Med. Wochenschr. Nr. 32/33 (1984), S. 17
552 Ärzte Zeitung Nr. 72 (1987), S. 13
553 Maetzel, F. K., Herz/Kreislauf Nr. 7 (1986), S. 329–336

554 Ärzte Zeitung Nr. 79 (1988), S. 15
555 Schmieder, R., Herz/Kreislauf Nr. 5 (1983), S. 211–215
556 Mitterauer, B. et al., Psycho Nr. 9 (1983), S. 649–662
557 Ärztliche Praxis Nr. 88 (1981), S. 3222
558 Williams, R. B., Selecta Nr. 31 (1983), S. 2740
559 Schmieder, R., Med. Praxis Nr. 16 (1984), S. 38–46
560 Scheuch, K. et al., Z. ges. Inn. Med. 39 (1984), 12, S. 273
561 Friedman, M. et al., Amer. Heart Journal 108 (1984), S. 237
562 Ärztliche Praxis Nr. 99 (1982), S. 3367
563 Ärzte Zeitung Nr. 218 (1983), S. 11
564 Ärzte Zeitung Nr. 41 (1988), S. 9
565 Ragland, D. R. et al., New Engl. J. Med. 318 (1988), 2, S. 65–69
566 Selecta Nr. 8 (1988), S. 503
567 Lübecker Nachrichten vom 4. 7. 1986
568 Ärztliche Praxis Nr. 100 (1987), S. 3127
569 Ärzte Zeitung Nr. 195 (1985), S. 2
570 Jonas, A. D., Medica Nr. 11/12 (1984), S. 635–639
571 Der Niedergel. Arzt Nr. 3 (1984), S. 31
572 Ärzte Zeitung Nr. 173 (1987), S. 13
573 Praxis Kurier Nr. 30 (1985), S. 30
574 Pocock, S. J., Lancet II (1987), S. 197
575 Medical Tribune Nr. 16 (1983), S. 52
576 Münch. Med. Wochenschr. 127 81985), Nr. 10, S. 14
577 Ärzte Zeitung Nr. 168 (1986), S. 4
578 Medical Tribune Nr. 14 (1987), S. 3
579 Ärztliche Praxis Nr. 5 (1986), S. 71
580 Praxiskurier Nr. 52 (1982), S. 27
581 Ärzte Zeitung Nr. 187 (1986), S. 17
582 Ärztliche Praxis Nr. 94 (1987), S. 2923
583 Ärzte Zeitung Nr. 39 (1987), S. 13
584 Halhuber, C., Herz u. Gefäße Nr. 2 (1982), S. 675–678
590 Ärztliche Praxis Nr. 4 (1986), S. 60
591 Kardio Nr. 6 (1988), S. 7
592 Ärztliche Praxis Nr. 52 (1988), S. 1771
593 Selecta Nr. 10 (1984), S. 809
594 Selecta Nr. 3 (1987), S. 134–135
595 Danbert et al., Arch. Med. Coer, 68 (1975), S. 599
596 Doamgala, B. et al., Wien Klin. Wschr. 101 (1989), S. 423
597 Schrijvers, A. et al., J. Mol Cell Cardiol. Nr. 9 (1990), S. 653–665
598 Mezzeti, A. et al., J. Mol Cell Cardiol. Nr. 9 (1990), S. 935–937
599 Stiefelhagen, P., Herz u. Gefäße Nr. 12 (1983, S. 800–804
600 Kubicek, F. et al., Therapie d. Gegenwart 112 (1973), S. 747
601 Schonecke, O. W., Psychosomatik funkt. Herz-Kreislauf-Störungen, Springerr 1987

602 Conen, D. et al., Schweiz. Med. Wschr. 113 (1983), S. 368
603 Handbuch d. Inneren Med., Bd. Koronarerkr. Springer 1984, S. 51–58

604 Mörl, Herzinfarkt, Springer 1981, S. 56
605 Handbuch d. Inneren Med., Bd. Koronarerk. Springer 1984, S. 120
606 Schlepper, M., XIV Medicenale 1984, Medice Hausdruck, S. 225
607 Baroldi, G. et al., Amer. Registry of Pathology, Government Print Office, Washington D. C. 1967
608 Baroldi, G., Methods Ach Exp. Pathol. 5 (1971), S. 438
609 Gohlke-Bärwolf, C., Herz u. Gefäße Nr. 2 (1981), S. 102–106
610 Herz/Kreislauf Nr. 20 (1988), S. 82
611 Uppsala J-Med. Sci. 88 (1983), S. 159–168
612 Ärzte Zeitung Nr. 136 (1986), S 12
613 Schmidlin, D. et al., Schweiz. Rundschau Med. 75 (1986), S. 1200
614 Maisch, B., Herz u, Gefäße Nr. 11 (1987), S. 588–602
615 Cor und Coronarien (Bayer), Nr. 3 (1984), S. 9
616 Fortschr. Med. 105 (1987) Nr. 6, S. 24–26
617 Ärzte Zeitung Nr. 119 (1984), S. 8
618 Ärzte Zeitung Nr. 203 (1986), S. 19
619 Isner, J. et al., New Engl. J. Med. 315 (1986), S. 1438–1443
620 Die Neue Ärztliche, Nr. 209 (1986), S. 7
621 Ärzte Zeitung Nr. 51 (1985), S. 12
622 Scheulen, M. E., Münch. Med. Wochenschr. Nr. 37 (1985), S. 862–866
623 Martin, T., Münch. Med. Wochenschr. Nr. 18 (1988), S. 352–354
624 Yahalom, J. et al., Cancer 52 (1983, S. 637–641
625 Kober, G., Diagnostik der Koronaren Herzkrankheit, Hrg. Schwarz Pharma (1981)
626 Eriksson, S., at al., Acta Med. Scand. 223 (1988), S. 27–33
627 Selecta Nr. 48 (1986), S. 3463
628 Münch. Med. Wochenschr. Nr. 45 (1983), S. 44
629 Ärzte Zeitung Nr. 96 (1984), S. 14
630 Medical Tribune Nr. 41 (1987), S. 16
631 Ärztliche Praxis Nr. 64 (1987), S. 1888
632 Medica Nr. 7 (1983), S. 461–462
633 New Engl. J. Med. 310 (1984), S. 1665
634 Ärztliche Praxis Nr. 59 (1989), S. 1
635 Therapiewoche 40, 33 (1990), S. 2285
636 v. Üxküll, Th., Lehrbuch der Psychosomat. Medizin, Urb. u. Schwarzenberg (1979), S. 143
637 Ärztliche Praxis Nr. 51 (1983), S. 1659
638 Brugger, P., Wien. Med. Wschr. 140 (1990), S. 375–382

639 Strian, F., Med. Klin. Prax 78 (1983), Nr. 13/14, S. 24
640 Cruickshank, J. M., Pharmac. Ther. 42 (1989), S. 385–404
641 Ärztliche Praxis Nr. 70 (1986), S. 2127
642 Handbuch d. Inneren Medizin, Bd. Koronarerkr., Springer 1984, S. 213
643 Ärzte Zeitung Nr. 116 (1989),S. 1
644 Nolte, D., Medical Tribune Nr. 36 (1982), S. 30
645 Juchems, R., Münch. Med. Wschr. 130 (1988), Nr. 46, S. 803–804
646 Leiber-Olbrich, Die klin. Syndrome, Urban u. Schwarzenb. 1984
647 Schaefer, H., Erfahrungsheilkunde Nr. 11 (1981), S. 876–881
648 Brady, H. R. et al., Eur. Heart J. 10 (1989) 11, S. 1029–1035
649 Ärzte Zeitung Nr. 36 (1991), S. 34–41
650 Münch. Med. Wschr. 133 (1941), S. 34–41
651 Bresolini, N., et al., Muscle and Nerv 9 Nr. 5 Suppl. (1986), S. 269
652 Ogasahra, S. et al., Neurology 36 (1986), S.108–111
653 Wezler, K., in: Reindell, H., Roskamm, H., Herzkrankheiten, Springer Verlag, 1977, S. 70–94
654 Wollenberger A., Biochem. Biophys. Res. Comm. 55 (1973), S. 446
655 Jansen, Th., Fragen u. Antworten zu tensobon, Schwarz Pharma (1990), S. 40
656 Nager, F., Schweiz Runsch. Med. 75 (1986), S. 1200
657 Samek, L., et al., Med. Klin. Prax. 78 (1983), S. 2
658 Dhingra, R. C. et al., Circulation 60 (2979), S. 33–39
659 Maseri, A., The Lancet vom 2. 4. 1983, S. 746–749
660 Lehmann, M., Herz Nr. 3 (1983), S. 188–197
661 Beck, O. A., Der inf. Arzt Nr. 10 (1983), S. 14
662 Loogen, F., Diagnostik Nr. 5 (1983), S. 14–19
663 Winterscheid, Circulation Res. 12 (1963), S. 76
664 Geisbuhler, Th. P., J. Mol. Cell. Cardiol. Nr. 11 (1990), S. 1325–1335
665 Cohen et al., Am. J. Cardiol. 17 (1966), S. 153
666 Klassen, Cardiology 57 (1972), 56
667 Base, W. et al., Lancet 336 (1990), S. 311
668 Davies, S. W., Lancet 335 (1990) S. 741
669 Mathey, D. G. et al., Dtsch. Med. Wschr. 115 (1990), S. 803
670 Held, P. H. et al., Brit. Med. Journal 299 (1989), S. 1187–1192
671 Horwitz, R. I. et al., Lancet 336 (1990), S. 542–545
672 Nidorf, S. M. et al., Am. J. Cardiol. 61 (1988) 15, S. 1178–1180
673 Praxiskurier Nr. 45 (1986), S. 5–6
674 Schneider, K., Ärztezeitung Nr. 83 (1987), S. 2
675 Schön, H. et al., Schweiz. Med. Wschr. 116 (1986), S. 218–221
676 Ärzte Zeitung Nr. 36 (1986), S. 12
679 Praxiskurier Nr. 36/37 (1988), S. 22
680 Puustinen, T. et al., Acta Med. Scand. 218 (1985), S. 59–62

681 Maciejko, J. J. et al., New Engl. J. Med. Nr. 7 (1983), S. 385–389
682 Ärzte Zeitung Nr. 30 (1991), S. 15
683 Avogaro, P., Laboratoriumsblätter 31, 158 (1981), S. 177–186
684 Medical Tribune Nr. 10 (1991), S. 28
685 Weiner, B. H. et al., New Engl. J. med. 315 (1986), S. 841
686 Medical Tribune Nr. 3 (1984), S. 10
687 Ciampricotti R. et al., Am. Heart J. 120 (1990), S. 1267
688 Herderson, A. Lancet 337 (1991), S. 456
689 Fortschritte Med. Nr. 5 (1991), S. 17
690 Fortschritte Med. Suppl. 108 (1991)
691 O'Neill, S. et al., Ir. Med. J. 74 (1981), S. 138
692 Reindell, H. et al., Herz-Kreislauf-Krankh. u. Sport, Barth, München 1960
693 Lehmann, M. et al., Z. Kardiol. 77 (1988), S. 784
694 Laubinger, G. et al., in: Kardiol. Prävention und Rehabilitation am Wohnort, perimed, Erlangen 1974, S. 54–57
695 Venerando, A., Sports Med. Phys. Fitness 19 (1979), S. 107
696 Pool, J., in: Sports Cardiology, Nijhoff, Dordrecht 1986, S. 223
697 Virmani, R. et al., Am. J. Med. 72 (1982), S. 882
698 Henschen, S., Mitt. Med. Klin. Uppsala (jena), 1899
699 Greenland, P. et al., Quotidien du Medecin 4689 (1991), S. 9
700 Spain, D. M. and Bradness, V. A., Am. J. Med. Science 240 (1960), S. 701
701 Schöffler, H. H., Wissenschaftskrise Herzinfarkt, Kardiologie Verlag 1973
703 Erhardt, L. R. et al., Lancet I (1973), S. 387
704 v. Hummel, G., Vortrag auf dem Intern. Ernährungskongreß der Dt. Herzhilfe, in Selecta 25 (1982), S. 2652–2671
705 Wendt, H., Symposium Alternative Kardiologie am 15. 8. 1981 in A-5301 Engendorf, unveröff. Manuskript
706 Adams, R. J., Nature 296 (1982), S. 167–169
707 Erdmann, E., Arzneimittelforschung 35 (1985), S. 1948–1952
708 Lacan, J., Seminar XI, Walter Verl. (1980), S. 244
709 Pagel, G., Lacan zur Einführung, Ed. Soak (1989), S. 130
710 Lacan, J., Seminar XI, Walter (1980), S. 87
711 Widmer, P., Subversion des Begehrens, S. 158
712 Lacan, J., Seminar XI, S. 267
713 Lacan, J., Seminar XI, S. 134
714 Dolto, F., Über das Begehren, Ernst Klett (1988), S. 83
715 Rosa, K. R., Das ist autogenes Training, Kindler (1973)
716 Lacan, J., Schriften I, Quadriga, S. 128
717 Lacan, J., Schriften II, Walter (1975), S. 245
718 Lacan, J., Schriften II, S. 72
719 Lacan, J., Schriften II, S. 217

720 Lacan, J., Radiophonie, Quadriga (1988), S. 15
721 Dolto, F., Über das Begehren, Ernst Klett (1988), S. 88
722 Dolto, F., Über das Begehren, Ernst Klett (1988), S. 78
723 Lacan, J., Seminar XI, S. 40
724 Ragland-Sullivan, E., Lacan J. und die Philosophie der PA, Quadriga (1989), S. 20
725 Blos, P., Sohn und Vater, Klett Cotta, (1990), S. 234–240
726 Blos, P., Sohn und Vater, S. 249–260
727 Psychoanalyt. Seminar Zürich, Kore Verl. (1987), S. 163
728 Lacan, J., Radiophonie, Quadriga (1988), S. 77 und 94
729 Dolto, F., Das unbewußte Bild des Körpers, Quadriga (1987), S. 31–55
730 Dolto, F., Über das Begehren, Ernst Klett (1988), S. 419–442
731 Dolto, F., Das unbewußte Bild des Körpers, S. 46
732 Dolto, F., Das unbewußte Bild des Körpers, S. 58
733 Lacan, J., Schriften II, S. 81
734 Lacan, J., Seminar I, Walter (1978), S. 19
735 Lacan, J., Seminar XI, S. 203
736 Lacan, J., Seminar XI, S. 230
737 Lacan, J., Seminar XI, S. 125
738 Lacan, J., Seminar XI, S. 229
739 Lacan, J., Seminar XI, S. 239
740 Lacan, J., Seminar XI, S. 192
741 Ragland-Sullivan, E., Lacan J. und die Philos., Quadriga, S. 145
742 Ragland-Sullivan, E., Lacan J. und die Philos., Quadriga, S. 146
743 Lacan, J., Schriften II, S. 41
744 JAMA 265 (1991), S. 1550
745 Kern, F., New. Engl. J. Med. 324 (1991), S. 896
746 Lacan, J., Schriften II, S. 43
747 Laplanche, J., Pontalis B., Vokabular der Psychoanalyse, stw, S. 629
748 Lacan, J., Seminar II, Walter (1980), S. 214
749 Freud, S., Ges. Werke X, S. 215
750 Volkan, D., Psychoanalyse der frühen Objektbeziehungen, Klett Cotta (1978), S. 42–46
751 Laplanche, J., Pontalis B., Vokabular der Psychoanalyse, stw, (1980), S. 343
752 Rhode-Dachser, Ch., Das Borderline Syndrom, Hans Huber Bern
753 Rosenfeld, H., Deutungen und Sackgassen, Verl. Inter. PA, (1990)
754 Efron, Psychoanalyt. Theorie, S. 20/30
755 Schachtel, G. E., Metamorphosis, New York, Basic Books (1959), S. 117, 127
756 Ragland-Sullivan, E., Jacques Lacan und die Philosophie der PA, S. 43

757 Montrelay, M., in: Schneidermann, Returning S. 82/83
758 Lacan, J., Seminar XI, S. 103
759 Lacan, J., Seminar XI, S. 125
760 Eccles, J., Gehirn und Seele, S. Piper (1987), S. 59
761 Lacan, J., Seminar XI, S. 118
762 Lacan, J., Seminar XI, S. 109
763 Lacan, J., Seminar XI, S. 113
764 Sophokles, Ödipus auf Kollonos, Kroener Verlag (1962)
765 Lacan, J., Seminar XI, S, 121
766 Moser, T., Stufen der Nähe, Suhrkamp (1982), S. 129
767 Hildegard v. Bingen, Heilkunde, Otto Mueller Verl. (1957)
768 E. Ragland-Sullivan, J. Lacan und die Philosoph. der PA, I, S. 44
769 Lacan, J., Seminar XI, S. 121, 124
770 Kolata, G., Therapiewoche 36/47 (1991), S. 39
771 Lang, Die Sprache und das Unbewußte, stw (1973), S. 87
772 Lacan, J., Seminar XI, S. 197
773 Lacan, J., Seminar XX, Encore, Quadriga, S. 7
774 Ragland-Sullivan, E., Jacques Lacan und die Philosophie der PA, S. 104
775 Sacks, O., Der Mann, der seine Frau mit einem Hut verwechselte, rororo Sachbuch (1990)
776 Ragland-Sullivan, E., Jacques Lacan und die Philosophie der PA, S. 140
777 Ragland-Sullivan, E., Jacques Lacan und die Philosophie der PA, S. 142
778 Lacan, J., Seminar XI, S. 204
779 Freud, S., GW, Bd. 11, S. 471
780 Lacan, J., Seminar XI, S. 288
781 Laplanche, J., Pontalis B., Vokabular der P, stw, S. 550
782 Thomä, H., Kächele, H., Lehrbuch der PA, Springer (1989), S. 59–82
783 Begriff S. Freuds, in dem die anstößige Übertragung das ist, was anstoßen macht, der Widerstand z. B., also die Form, unter der er die Übertragung entdeckte, die unanstößige das Gegenteil davon, die z. B. nicht mit Widerstand einhergeht
784 Ernst, E., Kardio Nr. 3 (1991), S. 39
785 Weinreb, F., Buchstaben des Lebens, Herder (1979), S. 156
786 Lacan, J., Seminar II, S. 408
787 Lacan, J., Seminar XI, S. 285
788 Bjorn-Hansen, L. S. et al., Europ. Heart J. 10 (1989), S. 177–179
789 Freud, S., GW I, (1894), S. 63
790 Laplanche J., Pontalis, B., Vokabular der PA, stw, S. 140
791 Lacan, J., Seminar II, S. 212
792 Lacan, J., Seminar I, S. 10

793 Lacan, J., Seminar II, S. 213
794 Lacan, J., Seminar XI, S. 304
795 Lacan, J., Seminar II, S. 204
796 KHK-Orientierungen 1 (1985) Schwarz Pharma GmbH
797 Lindberg, G. et al., Brit Med. Journal 302 (1991), S. 143
798 Ernst, E., Perfusion 1/2 (1991), S. 44
799 Therapiewoche Nr. 10 (1991), S. 569–570
800 Füger, K. et al., Herz + Gefäße Nr. 2 (1991), S. 58–66
801 Ärztliche Praxis Nr. 28 (1991), S. 25
802 Ärztliche Praxis Nr. 28 (1991), S. 25
803 Ärzte Zeitung Nr. 30 (1990), S. 1
804 Ross, R. et al., New Engl. J. Med. 295 (1976), S. 369–377
805 Grötz, J. et al., Herz + Kreislauf Nr. 1 (1991), S. 13–17
806 Ärzte Zeitung Nr. 64 (1991), S. 4 und S. 10
807 Ärzte Zeitung Nr. 65 (1991), S. 4
808 Jehle, J., Herz + Kreislauf 2 (1991), S. 41–45
809 Ärzte Zeitung Nr. 65 (1991), S. 1
810 Ärzte Zeitung Nr. 175 (1989), S. 4
811 Ärztliche Praxis Nr. 51 (1987), S. 1670
812 Ärztliche Praxis Nr. 73 (1987), S. 2093
813 Pietropinto, A. et al., Med. Aspects of Human Sex. 3 (1989), S. 100–106
814 Lacan, J., Radiophonie, Quadriga (1988), S. 63
815 Laplanche J., Pontalis, B., Vokabular der PA, stw, S. 617
816 Lacan, J., Radiophonie, Quadriga (1988), S. 67
817 Levinas, E., Die Zeit und der andere (1948), Felix Meiner, S. 43
818 Lacan, J., Radiophonie, Quadriga (1988), S. 76
819 Lacan, J., Seminar XI, S. 102
820 Freud, S., Fischer Studienausgabe Bd. I (1969), S. 455
821 Lacan, J., Seminar I, S. 114
822 Lipshultz, S. et al.: Childhood N. Engl. J. Med. 324 (1991), S. 808–815
823 Ärzte Zeitung Nr. 110 (1991), S. 11
824 Kolloquium Nr. 11 (1991), S. 1
825 Pauls, H. W.: Zeitschr. für Allgemeinmed. 18 (1991), S. 1150–1156
826 Greinacher, W. et al.: Dt. Zschr. Sportmed. Nr. 2 (1991), S. 54–58
827 Ärzte Zeitung Nr. 99 (1991), S. 13
828 Muldoon, M. F., Brit Med. J. 301 (1990), S. 309–314
829 Kaltenbach, M.: Fortschr. Med. Nr. 20 (1991), S. 411–414
830 Kragel, A. H.: Circulation 80 (1989), S. 1747–1756
831 Lacan, J., Seminaire VIII, edition seuil (1991), S. 431
832 Elliot, W. J. et al., American Journal of Medicine, Vol. 91 (1991) S. 247–254

833 Der Spiegel Nr. 12 (1992) S. 280–282
834 Perfusion, 4, Nr. 3 (1991) S. 92
835 Siegrist, J., Forum Cardiologicum, Mannheim (1980)
836 Grombach, H., in Ambulante Herzgruppen, München (1983)
837 Siegrist, J., Braunschweig (1987)

Quintessenz – Buchtips

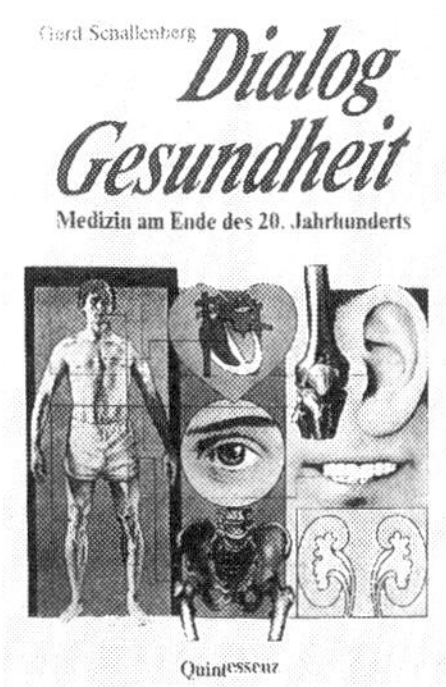

Gerd Schallenberg

Dialog Gesundheit

Alltägliche Probleme von Gesundheit und Krankheit werden aus der Sicht eines praktischen Arztes behandelt. Dabei spielen auch Fragen eine Rolle, wie Alter, Psyche, Depression und psychosomatische Beschwerden.

320 Seiten, gebunden, mit Schutzumschlag
Bestell-Nr. 5059, ISBN 3-928036-25-4

Ute Künkele/Josef Lecheler

Ratgeber Pollenallergie für Patienten und Ärzte

Das Buch gibt einen Überblick zu Vorkommen und Blütezeit allergieauslösender Pflanzenarten sowie Ratschläge zur Reduktion der Beschwerden. Dargestellt werden auch Diagnose- und Therapieverfahren.

160 Seiten mit 67 zum Teil farbigen Abbildungen, gebunden, mit Schutzumschlag
Bestell-Nr. 5105, ISBN 3-928036-27-0

Gerald Wolf

Das Gehirn

Wie fühlen wir? Wie denken wir? Kann das Gehirn sich eigentlich selbst begreifen? Vieles hat die Hirnforschung bis heute zusammengetragen, vieles ist noch offen. Das vorliegende Buch geht den Fragen von Bewußtsein, Denken und Fühlen sowie der Natur unseres Geistes nach.

288 Seiten mit 52 Abbildungen, gebunden, mit Schutzumschlag
Bestell-Nr. 5084, ISBN 3-928036-21-1

Quintessenz Verlags-GmbH, Schillerstraße 7, 8000 München 2

Quintessenz – Buchtips

Nijaz Abadzic

Die Honigapotheke

Als Gesundheitsnahrung nehmen die Bienenprodukte unter den Gaben der Natur eine besondere Stellung ein. Honig; Blütenstaub, Pollen, Weiselfuttersaft, Propolis und andere Bienenprodukte sind eine wahre Schatzkammer kostbarer und heilsam prophylaktischer Substanzen für die Gesundheit des Menschen.

284 Seiten, gebunden, mit Schutzumschlag
Bestell-Nr. 5104, ISBN 3-928036-32-7

Eberhard Hilka

Entzauberte Medizin

Der Arzt ist kein Magier, dessen »Kunst« sich rationalem Verständnis entzöge. Dr. med. Hilkas sachliche Darstellung moderner Heilkunde will ein neues Vertrauensverhältnis stiften zwischen Patienten und Arzt.

328 Seiten, gebunden, mit Schutzumschlag
Bestell-Nr. 5011, ISBN 3-928036-15-7

Helga Hösl

Gesundheit und Fitness durch richtige Ernährung und Sport

Das Buch richtet sich sowohl an Sportler und Sporttreibende als auch an das breite Publikum, das hier Gelegenheit findet, sich schnell und sachlich über Ziele vernünftiger Ernährung zu informieren.

264 Seiten mit 61 Abbildungen
Bestell-Nr. 1850, ISBN 3-87652-850-X

Quintessenz Verlags-GmbH, Schillerstraße 7, 8000 München 2